Entscheidungen

des

Ober-Seeamts und der Seeämter

des

Deutschen Reichs.

Herausgegeben

im

Reichsamte des Innern.

Vierzehnter Band.

Heft 5.

Hamburg.

Verlag von L. Friederichsen & Co.

1904.

Inhalt.

Seite

115. Spruch des Seeamts zu Hamburg vom 19. August 1902, betreffend den Seeunfall des Motorschoners „Mascotte" von Hamburg ... 657
116. Spruch des Seeamts zu Lübeck vom 28. August 1902, betreffend den Seeunfall des Schraubendampfers „Wilhelm Oelssner" von Hamburg ... 662
117. Spruch des Seeamts zu Bremerhaven vom 11. September 1902, betreffend den Seeunfall des Schraubendampfers „Barbarossa" von Bremen ... 668
118. Spruch des Seeamts zu Hamburg vom 27. September 1902, betreffend den Seeunfall der Viermastbark „Euterpe" von Hamburg ... 680
119. Spruch des Seeamts zu Hamburg vom 29. September 1902, betreffend den Seeunfall des Schraubendampfers „Carl Woermann" von Hamburg ... 686
120. Spruch des Seeamts zu Hamburg vom 8. Oktober 1902, betreffend den Seeunfall des Schraubendampfers „Sakkarah" von Hamburg ... 690
121. Spruch des Seeamts zu Rostock vom 15. Oktober 1902, betreffend den Seeunfall des Schraubendampfers „Carl Behnk" von Rostock ... 697
122. Spruch des Seeamts zu Tönning vom 16. Oktober 1902, betreffend den Seeunfall des Gaffelschoners „Carl & Conrad" von Wyk auf Föhr ... 701
123. Spruch des Seeamts zu Königsberg vom 28. Oktober 1902, betreffend den Seeunfall des Schraubendampfers „Ottokar" von Königsberg ... 707
124. Spruch des Seeamts zu Hamburg vom 5. April 1902 und Entscheidung des Kaiserlichen Ober-Seeamts vom 30. Oktober 1902, betreffend die Kesselschäden des Schraubendampfers „Andros" von Hamburg ... 708
125. Spruch des Seeamts zu Brake vom 7. November 1902, betreffend die Seeunfälle der Bark „Nautilus" von Brake, des Vollschiffs „Coriolanus" von Elsfleth und der Bark „Arnold" von Elsfleth ... 722
126. Spruch des Seeamts zu Hamburg vom 17. November 1902, betreffend den Seeunfall des Schleppdampfers „Blitz" von Hamburg ... 727
127. Spruch des Seeamts zu Flensburg vom 18. November 1902, betreffend den Seeunfall des Schraubendampfers „Adelheid" von Flensburg ... 732
128. Spruch des Seeamts zu Bremerhaven vom 20. November 1902, betreffend den Seeunfall des Vollschiffs „Kaiser" von Bremen ... 737
129. Spruch des Seeamts zu Emden vom 20. November 1902, betreffend den Seeunfall der Bark „Silo" von Emden ... 744
130. Spruch des Seeamts zu Emden vom 20. November 1902, betreffend den Seeunfall des Dreimastschoners „Thekla" von Papenburg ... 747

(Fortsetzung folgt auf der dritten Seite des Umschlags.)

115. Spruch des Seeamts zu Hamburg vom 19. August 1902, betreffend den Seeunfall des Motorschoners „Mascotte" von Hamburg.

Der Spruch des Seeamts lautet:

Der Motorschoner „Mascotte" ist am 31. Juli 1901 in der Bukastraße bei den Salomons-Inseln dadurch in Brand geraten und total verloren gegangen, daß die an Bord befindlichen Petroleum-Destillate und Gasolin, welche zum Betriebe des Schiffsmotors bestimmt waren, Feuer fingen.

Ein fahrlässiges Umgehen mit diesen feuergefährlichen Stoffen ist der Schiffsleitung nicht nachgewiesen und es ist nicht aufgeklärt, auf welche Weise der Brand zuerst entstanden ist.

Tatbestand. Der Motorschoner „Mascotte", Unterscheidungssignal RLFD, ist ein aus weichem Holz erbauter Schoner, der mit einem Hilfsmotor von 60 Pferdekräften versehen ist. Das zu 105 britischen Registertons Brutto-Raumgehalt vermessene Schiff ist 1898 in San-Francisco erbaut und ist im Jahre 1899 von der Firma Hernsheim & Co. in Matupi angekauft worden. Auf Kasko des Schoners war bei einer Taxe von 58000 M., 50000 M. und auf die Hilfsmaschine 15000 M. gedeckt. Die Ladung war mit 30000 M. versichert.

Dieses Schiff ist am 31. Juli 1901, während es in der Bukastraße (Salomons-Inseln) ankerte, in Brand geraten und total verloren gegangen.

Zu der über diesen Unfall vor dem Seeamte stattgehabten Verhandlung sind der Kapitän Macco, Inhaber eines Befähigungszeugnisses zum Schiffer auf großer Fahrt, und der erste Maschinist Blaeser (ohne Patent) ordnungsgemäß geladen worden, sind aber auf ihren Antrag vom persönlichen Erscheinen entbunden worden.

Da keine Zeugen vernommen werden konnten, mußte die Untersuchung sich auf den Inhalt der Akten beschränken, denen als wesentlichstes Beweisstück die vor dem Kaiserlichen Gericht in Herbertshöhe abgelegte Verklarung beilag.

Es ist hiernach folgender Hergang des Unfalls ermittelt worden:

Die „Mascotte“ hatte am 31. Juli 1901 11 Uhr 10 Minuten vormittags in der Bukastraße mit 30 Faden Kette bei 10 Faden Wassertiefe geankert, um Arbeiter zu rekrutieren. Nach dem Essen befahl der Maschinist Blaeser den schwarzen Jungen, die in dem Achterdeck des Schiffes eingebauten Gasolin- und Destillatetanks aufzufüllen. Dieses Heizmaterial, welches zum Betriebe des Schiffsmotors dienen sollte, war im leeren Vorderraum aufgestapelt. Das Öl war in verlöteten Zinkbüchsen und diese Zinkbüchsen waren in Holzkisten verpackt. Der Kapitän hatte dies angeordnet, weil es dort luftiger stand und weil ihm die Aufbewahrung in den der Maschine zunächst gelegenen Räumlichkeiten wegen der Wärme gefährlich erschien. Auch war vorher schon wiederholt beobachtet worden, daß Zinkbüchsen leckgesprangen und der Brennstoff durch die Decksnähte in den Maschinenraum sickerte.

Kapitän Macca schreibt an seine Reederei, daß er beim Umfüllen dieses Heizmaterials in die Tanks stets alle Vorsichtsmaßregeln beobachtet habe, welche in den von der Reederei gegebenen Instruktionen vorgeschrieben seien. Diese Instruktionen, über deren Inhalt nichts Näheres gesagt wird, seien in der Kajüte und im Mannschaftslogis angeschlagen gewesen. Insbesondere sei das Verbot, während des Hantierens mit diesen feuergefährlichen Stoffen zu rauchen, stets streng befolgt worden.

Maschinist Blaeser hat in diesem Falle die an Deck befindlichen Eingeborenen zunächst weggewiesen und den zurückgebliebenen das Rauchen untersagt. Während des Auffüllens der Tanks stand er auf der Ladeluke und überwachte das Andeckbringen und Wegschaffen der Zinkkisten, beobachtete auch den Maschinenjungen Hannes, welcher das Destillat in die Tanks einfüllte.

Dieses Füllen der Tanks geschieht in der Weise, daß die Kisten, welche die Zinkbüchsen enthalten, auf Deck geschafft und zu dem Eingußloch der Tanks getragen werden. Dort werden die Kisten und Büchsen geöffnet und dann der Inhalt durch einen Trichter eingefüllt.

Nachdem der Destillatetank gefüllt und vorschriftsmäßig verschlossen war, gab Blaeser den Auftrag, die letzten drei Kisten Gasolin, welche noch in dem vorderen Laderaum lagen, ebenfalls nach hinten zu schaffen. Zwei Kisten wurden sofort gebracht und umgefüllt. Da die dritte etwas auf sich warten ließ, trat Blaeser für einen Augenblick in die Kajüte. Jetzt ertönte sogleich der Ruf „Feuer im Schiff!“

Die Eingeborenen Ratzian, Marowos und Kabore, welche im Laderaum die Kisten mit dem Heizmaterial nach oben gegeben haben, haben ausgesagt, daß sie die letzte Kiste Gasolin nicht gleich hätten finden können. Als sie nach ihr gesucht hätten, sei plötzlich aus einer Kiste Feuer gekommen. Ob dies die Gasolinkiste oder eine der noch im Raum lagernden Destillatekisten gewesen sei, wüßten sie nicht. Die drei Eingeborenen erklären bestimmt, nicht bei der Arbeit geraucht zu haben.

Auf die Feuermeldung lief der Kapitän sofort zu dem Patent-Feuerlöschapparat, um ihn in Bewegung zu setzen, der Apparat versagte jedoch.

Während die Besatzung jetzt fortwährend mittels der an Deck für den Fall der Feuersgefahr bereit gehaltenen Feuerpützen Wasser auf die brennende Kiste goß, ließ der Kapitän Decken holen und versuchte das Feuer zu ersticken, als plötzlich die etwa 15 m von der brennenden Kiste entfernten 50 Kisten Destillate mit einem Puff Feuer fingen. Das Feuer griff jetzt so schnell um sich, daß der Kapitän sich aus dem Schiffsraum entfernen mußte.

Es wurden die Boote zu Wasser gelassen und da nach kurzer Zeit die Flammen aus dem Schiffsraume herausschlugen und das Schiff bei der drohenden Explosion der Tanks verloren erschien, der Befehl: „Rette sich, wer kann!" vom Kapitän gegeben. Der Kapitän barg noch die Journalkladde, einige Gewehre, Äxte, Decken, Messer und Geld, wobei er noch von Eingeborenen, welche in der Kajüte stehlen wollten, bedroht wurde und verließ dann in einem der Boote das Schiff. Man hielt sich in einer Entfernung von etwa 100 m vom brennenden Schiffe an Mangrove-Zweigen fest und beobachtete, daß nach 5 Minuten der Steuerbord-Destillatetank, nach weiteren 5 Minuten der Gasolintank an Backbord mit lautem Knall explodierte. 10 Minuten später legte sich das Schiff auf die Seite und versank.

Die Besatzung der „Mascotte" nebst 16 neu rekrutierten Arbeitern ist dann in den Booten auf Petat zugerudert, wo man den der Neu-Guinea-Compagnie gehörigen Schoner „Senta" zu finden hoffte. Die „Senta" wurde um 5 Uhr morgens unweit der Michigan-Insel gesichtet. Kapitän Störmer der „Senta" nahm die Schiffbrüchigen auf und brachte sie nach Herbertshöhe.

Der Reichskommissar hat anerkannt, daß nach dem vorliegenden Beweismaterial eine Schuld an dem Unfalle niemandem nachgewiesen sei, wenn man es nicht für fahrlässig erachten wolle, daß man die

Eingeborenen ohne Aufsicht mit den feuergefährlichen Stoffen habe arbeiten lassen. Da das Beweismaterial aber lückenhaft sei, beantrage er, die Sache zur weiteren Untersuchung an die Staatsanwaltschaft abzugeben.

Gesetzwidrig sei es jedenfalls, daß sich an Bord nur ein Maschinist ohne Patent befunden habe.

Gründe. Wie das bei den Akten befindliche Gutachten des chemischen Staatslaboratoriums besagt, handelt es sich bei den mit den englischen Namen Destillate und Gasoline bezeichneten Stoffen um Petroleumdestillate. Das Staatslaboratorium nimmt an, daß das mit dem Namen Destillate bezeichnete Öl, welches unter dieser Bezeichnung in Deutschland nicht gehandelt werde, ein unter 150° siedendes Produkt gewesen sein wird. Mit Sicherheit könne das aber nicht gesagt werden, wenn nicht eine Probe eingereicht werde. Unter Gasolin wird ein Petroleum-Destillat verstanden vom spezifischen Gewicht 0,66—0,70, welches unter 80° siedet.

Die Gefahr bei der Benutzung dieser Öle besteht nach dem Gutachten des Laboratoriums darin, daß einmal ihre Dämpfe mit der entsprechenden Menge Luft gemischt durch Feuer entzündliche und explosive Gasgemische liefern und daß ferner die Flüssigkeiten selbst leicht entzündlich und brennbar sind. In nicht zu geringer Menge ausgeflossenes Gasolin oder ähnliche niedrig siedende Destillationsprodukte des Erdöls können, einmal entzündet, nicht mehr gelöscht werden. Man kann das Feuer höchstens durch Sand oder dergleichen ersticken oder wenn das Feuer in einem verschließbaren Raume brennt, durch Absperren der atmosphärischen Luft.

Die Entzündung geschieht nur durch Berührung mit einer brennenden Flamme, dagegen kann durch glimmendes Holz oder Zigarren u. s. w. Entzündung nicht bewirkt werden.

Diese Stoffe sind mithin außerordentlich feuergefährlich und es ist auch das Gasolin unter den im § 82 der Unfallverhütungsvorschriften der Seeberufsgenossenschaft aufgezählten feuergefährlichen Gegenstände genannt.

Auf welche Weise das Feuer entstanden ist, ist unaufgeklärt geblieben. Da nur eine direkte Flamme die Entzündung herbeigeführt haben kann, liegt es nahe, anzunehmen, daß die im Raume nach der Kiste suchenden Eingeborenen ein Schwefelholz angesteckt haben, um damit zu leuchten und so das Unglück verursacht haben. Ein Beweis ist hierfür aber nicht erbracht.

Da die Leute ausdrücklich auf die Feuergefährlichkeit des Stoffes aufmerksam gemacht waren und ihnen das Rauchen ausdrücklich verboten worden ist, würde eine solche, von diesen Arbeitern dem Verbote zuwider verübte Fahrlässigkeit der Schiffsleitung nicht zur Last fallen. Ob es richtiger gewesen wäre, die im Raume mit den feuergefährlichen Gegenständen arbeitenden Eingeborenen durch einen Europäer beaufsichtigen zu lassen, hängt wesentliich von der Persönlichkeit der mit der Arbeit Beauftragten ab. Waren dies dem Kapitän sonst als zuverlässig bekannte Leute, so kann es ihm nicht zur Schuld gereichen, daß er sie ohne Aufsicht arbeiten ließ. Das in den Akten vorhandene Beweismaterial ergibt über diese Frage keinen Aufschluß.

Eine weitere Frage ist die, ob es nicht als eine Fahrlässigkeit anzusehen ist, daß die Kisten im Raume verstaut worden sind.

Es liegt hier, was nicht zu verkennen ist, ein Verstoß gegen den § 84 der Unfallverhütungsvorschriften vor, nach welchem das Gasolin jedenfalls nur auf dem Verdeck hätte verladen werden dürfen.

Trotzdem kann das Seeamt die Handlungsweise des Kapitäns nicht für fahrlässig erklären, weil er gute Gründe dafür anführt, warum er hier der Vorschrift der Seeberufsgenossenschaft entgegen gehandelt hat. Es ist ihm zuzugeben, daß das Verladen dieser zum Teil undichten Kisten an Deck unter der tropischen Sonne und bei den zahlreichen an Deck arbeitenden Eingeborenen, welche rauchten und deshalb mit Schwefelhölzern hantierten, sehr gefährlich gewesen wäre.

Wenn der Kapitän aus einem nicht näher bekannten Grunde diese Mengen Brennstoff mitführte, so kann ihm daraus, daß er die Kisten abseits von den arbeitenden Leuten im leeren Vorderraume kühl verstaute, ein Vorwurf der fahrlässigen Handlungsweise aus dem oben angeführten Grunde nicht gemacht werden.

Es ist aus diesen Gründen ausgesprochen worden, daß ein fahrlässiges Umgehen mit diesen feuergefährlichen Stoffen der Schiffsleitung nicht nachgewiesen ist.

Der Ansicht des Reichskommissars, daß ein mit einem Patent versehener Maschinist hätte an Bord sein müssen, kann aus dem Grunde nicht zugestimmt werden, weil die bestehenden Vorschriften über die Besetzung von Seeschiffen mit geprüften Maschinisten, sich nur auf Dampfschiffe, nicht aber auf Motorschiffe beziehen.

116. Spruch des Seeamts zu Lübeck vom 28. August 1902, betreffend den Seeunfall des Schraubendampfers „Wilhelm Oelssner" von Hamburg.

Der Spruch des Seeamts lautet:

I. Die Strandung des Schraubendampfers „Wilhelm Oelssner" am 1. Juli 1902 auf Marakallen ist dadurch herbeigeführt, daß das Schiff von dem vom Kapitän Sander nach Passieren von Malören gesetzten und von ihm und dem zweiten Steuermanne Thaysen bis zur Strandung gefahrenen Kurse SWzW, sei es durch eine westliche Strömung, sei es infolge einer unbekannten Änderung in der Deviation des Kompasses, sei es durch beides, versetzt ist.

II. Den Kapitän Sander und den Steuermann Thaysen trifft an dem Unfalle das Verschulden, daß der Kapitän den zweiten Steuermann bei Übergabe der Schiffsführung nicht genügend, insbesondere nicht auf der Seekarte orientiert hat, und daß der zweite Steuermann die Führung des Schiffes übernahm, ohne sich über die Örtlichkeit auf der Seekarte zu unterrichten.

III. Den Steuermann Thaysen trifft außerdem noch das schwere Verschulden, daß er dem Befehle des Kapitäns, ihn von gesichteten Gegenständen zu benachrichtigen, zuwiderhandelte.

IV. Der Unfall wäre voraussichtlich vermieden, wenn der Pricken von Marakallen in ordnungsmäßigem Zustande gewesen wäre.

V. Der Antrag des Reichskommissars, dem zweiten Steuermann Thaysen die Befugnis zur Ausübung des Steuermannsgewerbes zu entziehen, wird abgelehnt.

Gründe. A. Der erst in diesem Jahre fertiggestellte, auf der Koch'schen Schiffswerft in Lübeck aus Stahl erbaute, in Hamburg beheimatete, der dortigen Reederei Gerhard & Hey gehörige Schraubendampfer „Wilhelm Oelssner", Unterscheidungssignal RMNL, vermessen zu 1102 britischen Registertons Netto-Raumgehalt, hatte in den letzten Tagen des Juni 1902 in Batskarsnäs (im nördlichen Bottnischen Meerbusen) Holz eingenommen und sollte seine Ladung demnächst in Pitea (Munksund) ergänzen. Nachdem noch am 30. Juni bis abends 9 Uhr Holz geladen war, war das Schiff um Mitternacht seeklar. Es hatte mit seiner damaligen Ladung von 403 Standards

Holz einen Tiefgang von 10′ 10″ vorn und 15′ 16″ hinten. Von Batskarsnäs bis Malören wurde das Schiff gelotst. Nach Ausschiffung des Lotsen am Morgen des 1. Juli 3 Uhr 15 Minuten setzte der Kapitän Sander den Kurs auf das etwa 40 Seemeilen entfernte Nordstromsgrund-Feuerschiff SWzW mißweisend. Es war schönes klares Wetter und wehte eine südwestliche frische Brise. Die Maschine machte 83 Umdrehungen in der Minute, das Schiff 9½ Seemeilen in der Stunde. Bis 4 Uhr morgens behielt der Kapitän die Führung des Schiffes. Eine Peilung von Malören nahm er nicht vor. Um 4 Uhr morgens übergab er die Wache an den zweiten Steuermann Thaysen und zog sich ins Kartenhaus zurück, um dort einige Zeit zu ruhen. Bei der Übergabe der Wache bezeichnete er dem Thaysen den von diesem festzuhaltenden Kurs SWzW mißweisend und gab ihm den Befehl, daß er ihn wahrschauen (das heißt benachrichtigen) solle, s o b a l d e r e t w a s s i c h t e. Er fügte zugleich hinzu: Sie werden zwei Pricken sehen; die lassen Sie an „Steuerbord". Auch sagte er noch, daß Thaysen nicht hinunter ins Kartenhaus zu kommen brauche, um ihn zu benachrichtigen; er solle bei seinem Stande auf der Brücke nur mit dem Fuße auftreten, das werde er — der Kapitän — in dem unter der Brücke befindlichen Kartenhause schon hören. Wenn dieser Feststellung gegenüber, die nicht nur auf dem uneidlichen Zeugnisse des Kapitäns, sondern auch auf den eidlichen Bekundungen des Maschinisten Meyer und des Matrosen Dangl beruht, der zweite Steuermann Thaysen uneidlich behauptet, es habe der Kapitän ihm nur befohlen, er solle Nachricht geben, „w e n n e t w a s i s t", was er in dem Sinne aufgefaßt habe: „wenn etwas Besonderes eintritt", so mag immerhin angenommen werden, daß diese Abweichung auf einem Mißverständnis und nicht auf einer bewußt unwahren Darstellung des zweiten Steuermanns beruht. Eine wesentliche Bedeutung für die Schuldbemessung hat die Abweichung nicht, wie alsbald zu erörtern sein wird. Bei der Übergabe der Wache hat weder der Kapitän dem zweiten Steuermann die Stelle, wo das Schiff sich befand, und die Fahrt, die es machen sollte, auf der Karte gezeigt, noch hat sich der Steuermann selbst darüber auf der Karte unterrichtet. Der zweite Steuermann Thaysen steuerte nun den ihm aufgegebenen Kurs und hielt sein Augenmerk auf Pricken gerichtet. 5¼ Uhr glaubte er mit dem Fernglas in der Nähe des Landes, das in weiter Ferne an Steuerbord sichtbar war, einen Pricken zu erkennen. Gegen 5½ Uhr sichtete er an Steuerbord 3 Strich voraus einen Feuerturm, von dem der Kapitän ihm nichts gesagt hatte und den er selbst nicht kannte. Er peilte den Turm nicht und holte auch das ausgebrachte Logg während seiner ganzen Wachtzeit nicht ein. 10 Minuten nach 6 Uhr morgens am 1. Juli fuhr der Dampfer fest. Der Kapitän, der im Kartenhaus eingeschlafen war, erwachte von dem Stoße, eilte auf die Brücke und ließ die Maschine sofort mit voller Kraft rückwärts gehen, ohne daß indessen das Schiff dadurch und durch andere zweckdienliche Manöver abgebracht werden konnte. Eine Lotung ergab vorn 5 Fuß, hinten 20 Fuß Wasser. Der Vorpiek des Schiffes machte, wie gepeilt wurde, etwas Wasser. Der Leuchtturm, den der zweite Steuermann 5½ Uhr gesichtet hatte und den der Kapitän als denjenigen von Rödkallen erkannte, wurde WNW mißweisend gepeilt. Zugleich sah man in SO3O½O mißweisend einen hellen, glatt gewaschenen Pfahl treiben oder schräg geneigt aus dem Wasser ragen, der sich später als der vorjährige Pricken von Marakallen erwies. Es wurde nämlich festgestellt, daß jener Pfahl sich an derjenigen Stelle befand und dort auch festblieb, wo nach der Seekarte der Pricken von Marakallen verankert sein soll, nach dem Segelhandbuche für die Ostsee eine schwarz und weiße Spierentonne mit einem Balle. Das ganze Riff von Marakallen, auf dem das Schiff festsaß, war unter Wasser und brandete nicht. Mit Hilfe der Bergungsdampfer „Victoria" und „Belos" aus Lulea, deren ersterer beim Eintreffen auch erst in der Nähe auf Grund geriet, aber bald wieder flott wurde, wurde der „Wilhelm Oelssner" am 3. Juli vormittags 9½ Uhr, also über 50 Stunden nach der Strandung, von dem Grunde abgebracht, nachdem ein erheblicher Teil der Ladung geworfen oder nach achter verstaut war und nachdem mit der äußersten Anspannung aller Kräfte und unter Anwendung aller geeigneten Mittel an der Flottmachung gearbeitet war. Allgemein wurde beobachtet, daß das geworfene Holz westwärts getrieben wurde. Das freigewordene Schiff machte nicht mehr Wasser, als bequem durch die Pumpen bewältigt werden konnte. Es wurde daher der erreichbare Teil des geworfenen Holzes — das beim Auswerfen zu Flößen verbunden war — wieder eingenommen, eine Arbeit, die, ohne eine Unterbrechung durch die Nacht zu erfahren, erst am Morgen des 4. Juli beendet wurde. Nun wurde der Dampfer unter Lotsenführung über Rödkallen nach Lulea gebracht, unterwegs auch durch einen Taucher des Bergungsdampfers „Belos" untersucht, der in den ersten Kielplatten an Steuerbord vorn und an Backbord je eine große Beule und mehrere kleine Beulen und das Fehlen mehrerer Nieten, auch eine Verletzung des Schraubenflügels feststellte. Von

Lulea hat das Schiff nach vorläufiger Ausbesserung mit Seetüchtigkeitsattest seine Reise fortgesetzt, ist erst noch nach Amsterdam gegangen und dann nach Lübeck gekommen, um hier auf der Koch'schen Schiffswerft repariert zu werden. Die Kosten dieser Reparatur, bei der es sich um die Erneuerung von 12 Platten und um die Richtung von 21 Platten und von 23 Bodenstücken gehandelt hat, werden voraussichtlich 45—50000 M. betragen. Die Bergungskosten stehen noch nicht fest; die Reederei Gerhard & Hey hofft eine Verständigung mit den Bergungsdampfern zu erzielen, bei der sich diese Kosten auf etwa 80000 M. stellen werden.

B. Aus diesem Sachverhalt ist folgendes zu entnehmen:

1. Da bei dem vom Kapitän Sander nach Passieren von Malören gesetzten und vom Kapitän wie später vom zweiten Steuermanne Thaysen gefahrenen Kurse SWzW das Schiff, das Riff und die Untiefe Marakallen genügend weit an Steuerbord lassen mußte, so hat eine Versetzung des Schiffes etwa um ½ Strich westlich stattgefunden. Diese kann ihre Ursache in einer westlichen Wasserströmung gehabt haben, die sich auf Grund der allgemeinen Beobachtung, daß das über Bord geworfene Holz westwärts getrieben wurde, feststellen läßt. Es ist aber auch möglich, daß der Kompaß des neuen Schiffes seine Deviation geändert hat. Endlich können beide Ursachen zusammen gewirkt haben.

2. Daß der Kapitän Sander, der seit 1878 das Schifferzeugnis für große Fahrt besitzt, der aber in diesem nördlichen Teile des Bottnischen Meerbusens noch nicht gefahren ist, mit der Möglichkeit einer Versetzung an dieser Stelle nicht unbedingt rechnete, gereicht ihm nicht zum Verschulden, zumal da eine westliche Strömung unter Berücksichtigung der damaligen und der voraufgegangenen Winde nicht anzunehmen war. Es kann auch nicht gesagt werden, daß der Kapitän die Versetzung bereits bemerkt haben würde, wenn er den aus Sicht kommenden Leuchtturm von Malören gepeilt hätte, ganz abgesehen davon, daß diese Peilung von der Brücke aus wegen des Schornsteins nur schwer mit genügender Sicherheit ausführbar war. Auch war der vom Kapitän gewählte Kurs an sich unbedenklich. Ein südlicher Kurs konnte ihn leicht zu weit von den Pricken von Marakallen und Nygrundsflack abführen, auf die der in diesem Wasser noch nicht befahrene Kapitän von dem Lotsen aus Batskarsnäs besonders aufmerksam gemacht war und die ihm oder seinem Nachfolger in der Wache den nächsten Anhalt für seine Fahrt geben sollten. Endlich kann auch daraus dem Kapitän Sander kein Vorwurf gemacht werden,

daß er nach beinahe 24 stündiger Arbeit die Wache an den zweiten Steuermann abgab, um selbst einige Zeit zu ruhen. Dagegen mußte der Kapitän bei Abgabe der Wache an den zweiten Steuermann diesen über die Örtlichkeit besser, als geschehen ist, und zwar auf der Seekarte, orientieren. Er wußte, daß auch der zweite Steuermann Thaysen in dieser Gegend noch nicht gewesen war, daß der erst 22jährige überhaupt erst im Herbst 1901 die Steuermannsprüfung bestanden hatte und erst seit einem Monat auf einem Dampfer, nämlich auf dem „Wilhelm Oelssner", Steuermannsdienste tat; er wußte ferner, daß Thaysen, obgleich er ein sehr gutes Zeugnis von der Segelschiffreederei Laeisz in Hamburg hatte, sich bisher wenig um die Seekarten gekümmert hatte. Er mußte ihm daher auf der Seekarte zeigen, wo man sich befand, wo und wann etwa die Pricken von Marakallen und Nygrundsklack passiert werden würden, daß, wo und wann der Leuchtturm von Rödkallen in Sicht kommen würde und wie weit man sich von diesem entfernt halten mußte. Von alledem hat der Kapitän nichts getan. Und ebensowenig hat der zweite Steuermann Thaysen sich selbst eine Information aus der Seekarte verschafft, obwohl der Kapitän ihm schon früher und öfter ein für allemal gesagt hatte, die Seekarten lägen jederzeit zu seiner Verfügung im Kartenhaus, er könne sie auch einsehen, wenn der Kapitän sich im Kartenhause befinde. Hätten nicht Kapitän und zweiter Steuermann sich dieser Unterlassung schuldig gemacht, dann würde Thaysen nicht irrtümlich angenommen haben, daß er 5¼ Uhr in weiter Entfernung dwars Steuerbord einen der zu beobachtenden Pricken sähe, er würde den Leuchtturm von Rödkallen erkannt haben und haben peilen können und so wenigstens die Möglichkeit gehabt haben, die Stromversetzung zu erkennen und demgemäß zu navigieren.

3. Die zu 2 gekennzeichnete Versäumnis des Kapitäns, die bei der Erfahrenheit des Kapitäns an sich schwerer wiegt als die korrespondierende Versäumnis des noch unerfahrenen zweiten Steuermanns, erscheint nun aber um deswillen vom Standpunkte des Kapitäns wieder weniger bedenklich, weil der Kapitän dem die Wache übernehmenden Steuermann zugleich die Weisung gab, ihn zu wahrschauen, sobald er etwas sichtete. Der Kapitän konnte daher darauf rechnen, spätestens beim Auftauchen des Leuchtturms von Rödkallen benachrichtigt zu werden. Er würde, wenn das geschehen wäre — wie er ausdrücklich bezeugt — eine Doppelpeilung des Turmes gemacht, so den Schiffsstandort festgestellt und alsdann den Kurs des Schiffes nach Süden geändert und Marakallen umschifft haben. Um so schwerer erscheint

daher das weitere Verschulden des zweiten Steuermanns, daß er dem Befehl des Kapitäns, diesen zu benachrichtigen, wenn er etwas sichtete, zuwiderhandelte. Er will den Befehl des Kapitäns anders gehört haben, so zwar, daß er melden sollte, „wenn etwas ist", das heißt wenn etwas Besonderes vorkäme. Aber auch einen Befehl in diesem Sinne hat er unbefolgt gelassen. Der Kapitän hatte seinem Befehle die Mitteilung hinzugefügt: „Sie werden zwei Pricken sehen" und dazu die Anweisung gegeben: „Die lassen Sie an Steuerbord." Daraus ergibt sich, daß auch der Kapitän gar nicht hatte befehlen wollen, daß ihm jeder gesichtete Gegenstand gemeldet werden sollte. Die Pricken z. B. brauchte der Steuermann nicht zu melden, wenn er sie sichtete und an Steuerbord passieren konnte. Wenn nun aber aus dem dem zweiten Steuermanne völlig fremden Gewässer ein Leuchtturm auftauchte, von dem der Kapitän bei Abgabe der Wache an Thaysen nichts gesagt hatte, so war das gewiß ein besonderer Umstand, den Thaysen auch nach der Weisung des Kapitäns, wie er sie verstanden und ausgelegt hatte, unverzüglich melden mußte. Aber er unterließ auch diese Meldung und fuhr mit voller Kraft darauf los, bis das Schiff auf Grund saß. Dieses ungehorsame und gedankenlose Verhalten des zweiten Steuermanns Thaysen ist also die eigentliche — unmittelbare — Ursache der Schiffsstrandung gewesen.

4. Bei der Strandung hat indessen im starken Maße auch der Umstand mitgewirkt, daß der Pricken von Marakallen nicht in ordnungsmäßigem Zustande gewesen ist. Dieser Pricken soll in einer schwarz und weißen Spierentonne mit einem Ball bestehen. Wäre er in dieser Verfassung vorhanden gewesen, so würde er aller Voraussicht nach von Thaysen schon aus weiterer Entfernung gesehen worden sein, und zwar um so mehr, als Thaysen während seiner ganzen Schiffsführung sein Hauptaugenmerk auf die beiden Pricken gerichtet gehabt hat, die er nach des Kapitäns Anweisung an Steuerbord passieren sollte. Thaysen würde dann, wenn er den Pricken gesehen hätte, sofort wahrgenommen haben, daß er nach Westen vom Kurse abgekommen sei, und sich bemüht haben, den Pricken an Steuerbord zu bekommen, also die Untiefe gemieden haben. Weil aber statt des Prickens nur das Wrack eines vorjährigen Prickens vorhanden war, das von den Wellen blank gewaschen war, überdies nur auf dem Wasser trieb oder höchstens schräg geneigt daraus hervorragte und daher aus weiterer Entfernung nicht gesehen werden konnte, so fehlte es an der gefährlichen Stelle an dem erwarteten

Seezeichen. Es muß daher hier die Annahme ausgesprochen werden, daß der Unfall voraussichtlich vermieden worden wäre, wenn der Pricken von Marakallen sich in ordnungsmäßigem Zustande befunden hätte.

5. Der Reichskommissar hat beantragt, dem zweiten Steuermann Thaysen die Befugnis zur Ausübung des Steuermannsgewerbes zu entziehen, weil er außer anderem namentlich einen Mangel an Gehorsam den Befehlen des Kapitäns gegenüber gezeigt habe, der ihn zur Ausübung seines verantwortlichen Berufs vorläufig unfähig mache. Das Seeamt hat demgegenüber zur Entziehung jener Befugnis keine Veranlassung genommen. Die schwere Verschuldung des zweiten Steuermanns Thaysen ist vorstehend bereits in wesentlicher Übereinstimmung mit den Ausführungen des Reichskommissars gewürdigt. Indessen führt das Seeamt das Verhalten des Steuermanns in erster Reihe auf seine Unerfahrenheit und auf seine Unkenntnis von der Gefährlichkeit des von ihm durchschifften Wassers zurück. Auch sein unzweifelhaft befehlswidriges Unterlassen der Meldung, daß er einen Leuchtturm (denjenigen von Rödkallen) sichtete, wird durch die Erwägung entschuldigt und in seiner subjektiven Schwere verringert, daß der Steuermann, als er den Turm sah, noch immer nicht an zwei Pricken vorbeigefahren war, die er nach der Anweisung des Kapitäns (an Steuerbord) passieren durfte, ohne den Kapitän zu benachrichtigen, die er also — von seinem Standpunkte der Unerfahrenheit aus — noch immer erst abwarten zu können glauben durfte, ehe er das Auftauchen des Rödkaller Leuchtturms dem Kapitän meldete. Einen subjektiv schwerwiegenden Ungehorsam findet daher das Seeamt in jener befehlswidrigen Unterlassung nicht und es war demnach überhaupt ein Mangel solcher Eigenschaften, welche zur Ausübung des Steuermannsgewerbes erforderlich sind, bei Thaysen nicht notwendig festzustellen (§ 26 des Reichsgesetzes vom 27. Juli 1877).

117. Spruch des Seeamts zu Bremerhaven vom 11. September 1902, betreffend den Seeunfall des Schraubendampfers „Barbarossa“ von Bremen.

Der Spruch des Seeamts lautet:

Am 28. Juni 1902 hat auf dem Schraubendampfer „Barbarossa“ ein Kesselunfall stattgefunden, indem die

Rückwand der Feuerkiste des hinteren Einfachkessels in der Backbordfeuerung durch Ausbeulen über eine Anzahl Stehbolzen weggestreift wurde. Das hierbei erfolgte plötzliche Ausströmen von Dampf und Wasser in den Heizraum hinein hat den Tod der Heizer Karl Herzke und Johann Busch herbeigeführt, welche den erlittenen Brandwunden am folgenden Tage erlagen.

Die Ursache des Unfalls kann nur auf Wassermangel im Kessel zurückgeführt werden.

Es hat nicht festgestellt werden können, wie trotz aufmerksamer Bedienung des Kessels der Wassermangel entstehen konnte und nicht rechtzeitig entdeckt wurde.

Für den Unfall ist somit niemand an Bord verantwortlich zu machen.

Gründe. Der Doppelschraubendampfer „Barbarossa" führt das Unterscheidungssignal QGJC, hat Bremem zum Heimatshafen und ist Eigentum des Norddeutschen Lloyd in Bremen. Das Schiff ist im Jahre 1896 aus Stahl erbaut und mißt brutto 30507,9 cbm = 10769,28 britischen Registertons, netto 18089,3 cbm = 6385,51 britischen Registertons. Es befinden sich zwei Chronometer an Bord. Der Dampfer ist 160,45 m lang, 18,30 m breit und 10,56 m tief. Die Länge des Maschinenraums beträgt 42,56 m. Die im Schiffe befindlichen zwei vierfachen Expansionsmaschinen mit Oberflächenkondensation indizieren 7000 Pferdestärken und werden von 5 Doppelend- und 2 cylindrischen Feuerbüchsenkesseln gespeist. Die Besatzung mit Einschluß des Kapitäns F. Mentz besteht aus 191 Mann. Der Dampfer ist beim Germanischen Lloyd mit ✠ 100 A L klassifiziert.

Am Tage des Unfalls legte der Dampfer, der eine Reise nach New-York antreten sollte, um 7 Uhr morgens aus dem Kaiserhafen zu Bremerhaven nach der Lloydhalle. Sämtliche Kessel mit Ausnahme des hinteren Backborddoppelkessels, dessen Reparatur nicht beendet worden war, befanden sich in Betrieb. Um 1 Uhr 30 Minuten morgens legte der Dampfer von der Lloydhalle auf Reede, wo der Hafenlotse abgesetzt und sodann mit halber Kraft seewärts gesteuert wurde.

Sämtliche Maschinisten waren unten in der Maschine. Zur Beaufsichtigung der Kessel waren im Heizraum der dritte Maschinist Stockfisch und der vierte Maschinist Rüst, ferner der Oberheizer der Wache Dluskowsky. Der Dampfdruck der Kessel war 13,5 kg, die Maschinen machten 50—55 Umgänge.

Als der Dampfer kurze Zeit in Fahrt war, ertönte im Heizraum ein starker Knall, und ein sausendes Geräusch von ausströmendem Dampf wurde wahrgenommen. Der Obermaschinist Stabenow, der sich im Maschinenraume befand, sah durch die nach dem Heizraume führende offenstehende Tür Feuer und Dampf in den Maschinenraum eindringen. Da er durch diese Tür nicht zum Heizraume gelangen konnte, lief er nach oben und dann die hintere Heizraumtreppe hinunter. Der Obermaschinist bemerkte dann, daß Dampf aus dem Backbordfeuer des hinteren Einfachkessels kam und befahl, diesen Kessel sofort abzustellen, was indes von den Maschinisten Stockfisch und Rust bereits bewirkt war. Die Ausströmung ließ nun nach, und es konnten die Feuer herausgerissen werden. Bei der Untersuchung des Kessels fand der Obermaschinist, daß in dem Backbordfeuer die Stehbolzenmuttern der hinteren Rückwand der Feuerbüchse abgerissen und die Rückwand durchgebeult war, sodaß Wasser und Dampf aus den freigewordenen Löchern der Stehbolzen ausströmen konnten.

Als der Unfall sich ereignete, waren die Heizer Karl Herzke und Johann Buck im hinteren Heizraume. Unglücklicherweise muß gerade in dem Moment, als das Ausströmen von Feuer und Dampf erfolgte, die Feuertür geöffnet gewesen sein. Der Kohlenzieher Heinrich, der gerade von einem Gange zurückkam, bemerkte nämlich, als er zwischen den Kesseln stand, einen Feuerschein, was auf das Offenstehen der Feuertür hindeutete; auch sah er, wie Feuer nach dem Maschinenraume hinflog. Die vor dem Kessel befindlichen beiden Heizer wurden nun von dem ausströmenden Feuer und Dampf unmittelbar getroffen und schwer verbrannt beziehungsweise verbrüht. Sie hatten noch soviel Kraft gehabt, daß sie sich ohne fremde Hilfe in den Maschinenraum begeben konnten, wo sie in Behandlung des Schiffsarztes kamen.

Nachdem der Unfall gemeldet war, ging der Kapitän mit dem Dampfer bei Meyerslegde zu Anker und signalisierte, daß die beiden Verletzten abgeholt werden sollten. Der Schleppdampfer „Herkules" holte sie sodann ab und brachte sie nach Bremerhaven, wo sie in das städtische Krankenhaus gebracht wurden. Hier erlagen sie bereits in der folgenden Nacht den schweren Verletzungen.

Der Dampfer setzte, nachdem die beiden Verletzten abgeholt waren, die Reise fort.

Die seeamtliche Untersuchung des Unfalls hat daher erst nach Eintreffen des Dampfers in New-York beziehungsweise nach der Rückkehr nach Bremerhaven eingeleitet werden können.

Das Kaiserliche Generalkonsulat in New-York hat über den Unfall den Kapitän Mentz, den Schiffsarzt Dr. Schomburg, den vierten Maschinisten Rüst und den Oberheizer Dluskowsky als Zeugen gehört. Aus ihren Bekundungen ist besonderes nicht hervorzuheben, sie stehen im Einklange mit dem vorstehend geschilderten Sachverhalt.

Von Interesse ist aber noch der von dem Oberinspektor Beul des Norddeutschen Lloyd an seine Reederei erstattete Bericht vom 29. Juni 1902, der in der Verhandlung des Seeamts als Beweismittel verwertet und verlesen ist. Der genannte Oberinspektor hat hiernach den havarierten Kessel unmittelbar nach dem Unfall untersucht. Er sagt, daß die Ursache des Unfalls momentan nicht festzustellen sei. Soweit die Wärme es gestattete, habe er die Untersuchung ausgedehnt und hiernach Wassermangel als Ursache des Unfalls nicht feststellen können. Da der Unfall etwa 1/2 Stunde nach Abfahrt stattgefunden habe, wo die Feuer stark gebrannt hätten, um Dampf zu bekommen, so scheine eine Überhitzung der hinteren Wand der Verbrennungskammer durch scharfe Stichflammen, welche die Stehbolzenmuttern zum Glühen gebracht hätten, eingetreten zu sein; auch scheine bei der rapiden Dampfentwicklung die Wand nicht genug Kühlung bekommen zu haben. Endlich sei es möglich, daß durch Umstürzen einer Öllampe beim Kesselreinigen die Wand mit einer Ölschicht inwendig überzogen gewesen sei; erfahrungsgemäß nähmen solche vom Feuer berührte Flächen eine bedeutende Temperatursteigerung an, wodurch die Festigkeit verringert werde.

Nach Rückkehr des Dampfers von New-York nach Bremerhaven hat sodann eine Besichtigung des havarierten Kessels durch das Seeamt unter Zuziehung der Sachverständigen, Marinemaschinenbaumeister Grabow und Marineoberingenieur Otto aus Wilhelmshaven stattgefunden. Auf Grund dieser Besichtigung haben die genannten Sachverständigen je ein eingehendes schriftliches Gutachten verfaßt und zu den Akten gebracht.

Nach einer Mitteilung des Norddeutschen Lloyd an das Seeamt war der technische Betrieb desselben zu Bremerhaven angewiesen worden, Veränderungen an dem havarierten Kessel vor Besichtigung durch das Seeamt nicht vorzunehmen, sodaß anzunehmen ist, daß der Zustand des Kessels im ganzen derselbe geblieben ist, wie er nach dem Unfalle war.

Der oben geschilderte Sachverhalt, der sich in der Hauptsache auf die Berichte des Kapitäns und des Obermaschinisten stützt, ist in der

Verhandlung vor dem Seeamt im allgemeinen bestätigt. Aus dem Ergebnisse dieser Verhandlung, in der als Zeugen der Obermaschinist Stabenow, die dritten Maschinisten Asander und Stockfisch, der vierte Maschinist Rüst, der Oberheizer Dluskowsky, der Kohlenzieher Heinrich, der Assistent des hiesigen Dampfkesselrevisors Bergmann und der Ingenieur Segelken des Norddeutschen Lloyd vernommen worden sind, ist noch folgendes zu erwähnen.

Nach den übereinstimmenden Bekundungen des Maschinenpersonals ist der fragliche Kessel am Tage des Unfalls in guter Ordnung gewesen. Namentlich gilt dies vom Wasserstande. In dieser Richtung hat speziell der Oberheizer Dluskowsky eidlich bekundet, daß er bei Antritt seiner Wache — um 12 Uhr mittags — die Wasserstandsgläser des Kessels durchgeblasen und alles in guter Ordnung befunden habe. Er pflege die Wasserstandsgläser während jeder Wache zweimal durchzublasen (einmal bei Antritt der Wache und einmal nach weiteren zwei Stunden) und er glaube nicht, daß sich der Wasserstand in der Zeit von 12 Uhr bis zum Unfall (etwa 2 Uhr) verändert haben könne.

Im übrigen hat das Maschinenpersonal bestätigt, daß das Wasser in den Wasserstandsgläsern gespielt und das Speiseventil gut funktioniert habe. Der Obermaschinist hat noch bekundet, daß er sich auch bei der Inbetriebnahme des Kessels von seinem guten und ordnungsmäßigen Zustand überzeugt und nennenswerte Ablagerungen von Salz oder Kesselstein nicht gefunden habe. Zur Zeit des Unfalls sei mit halber Kraft gefahren und schwach gefeuert.

Über die amtlichen Revisionen des Kessels haben dem Seeamt die Berichte des hiesigen Dampfkesselrevisors aus den letzten Jahren (seit 1898) vorgelegen; von ihnen ist von Interesse der Befund bei der inneren Untersuchung vom 27. Juni 1902, die von dem Assistenten Bergmann vorgenommen ist. Es heißt in diesem Befunde: „Beide seitlichen Feuerbüchsdecken sowie seitliche Feuerbüchshinterwände in mittlerer Höhe jetzt beulig, ebenso zeigen die Bogenkrempen der Flammrohre kleine Beulen. Mittleres Flammrohr in Rosthöhe etwas erheblicher korrodiert, auch ist dasselbe deformiert."

Auf Grund dieses Befundes hat der Dampfkesselrevisor den Weiterbetrieb des Kessels als statthaft bezeichnet.

Der Assistent Bergmann hat ferner noch zeugeneidlich bekundet, daß er Fettablagerungen in dem fraglichen Kessel nicht bemerkt habe, auch keine Lockerungen an den Stehbolzen. Die Wandungen seien gut gereinigt gewesen, die geringen Ablagerungen von Kesselstein von höchstens 3—4 mm hätten in ihm ebensowenig wie die minimalen Durchbeulungen Bedenken hervorgerufen.

Der Ingenieur Segelken vom Norddeutschen Lloyd, der der Revision des Kessels beigewohnt und den von Bergmann festgestellten Befund bestätigt hat, ist auch der Ansicht, daß der Zustand des Kessels zu Bedenken keinen Anlaß geben konnte.

Was nun die Ursache des Unfalls betrifft, die dem Maschinenpersonal nach seinen Bekundungen unerklärlich ist, so kommen für die Feststellung in dieser Richtung die Gutachten der Sachverständigen in Frage. Das eidlich erhärtete Gutachten des Marineoberingenieurs Otto besagt zunächst folgendes: „Die am 30. Juli dieses Jahres stattgefundene Besichtigung des Kessels ergab folgenden Befund:

Die hintere Wand der Verbrennungskammer der Backbordfeuerung war zwischen der 2. und 7. Stehbolzenreihe von oben bis zu etwa 110 mm durchgebeult. 4 Stehbolzenmuttern der 3. Reihe und je 5 Muttern der 4., 5. und 6. Reihe waren abgestreift und die Stehbolzen vollständig aus den mit Gewinde versehenen Löchern herausgerissen. 4 Stehbolzenmuttern der oberen 2. Reihe waren ebenfalls um etwa 3 Gewindegänge um den Stehbolzen abgeschoren. Unterhalb der 7. Stehbolzenreihe, von welcher aus die Wandungen mit Mauerwerk bedeckt gewesen, waren die Rückwand sowie die Stehbolzen in gutem Zustande. Die Decke der Verbrennungskammer war zwischen den einzelnen Versteifungsankern leicht durchgebeult. Ob eine Überhitzung der Wandungen stattgefunden hatte, konnte nicht mehr festgestellt werden, da durch den bei der Havarie ausströmenden Dampf und durch das mitausströmende Wasser die Wandungen abgekühlt und auch die letzteren infolge des langen Stilliegens des Kessels (etwa 4 Wochen) leicht angerostet waren.

In der mittleren Feuerung war die hintere Wand der Verbrennungskammer zwischen der 4. bis 9. Stehbolzenreihe, von oben, zwischen den Stehbolzen ausgebeult. Die rechte Seitenwand zwischen der 3., 4. und 5. Stehbolzenreihe, von oben, zeigte starke Durchbeulungen mit etwa 80 cm langen Rissen. Die Decke war ebenfalls zwischen den Versteifungsankern durchgebeult. Auch waren die Wandungen der Verbrennungskammer so stark abgezundert, daß man daraus ersehen konnte, daß dieselben erglüht gewesen waren.

In der Steuerbordfeuerung zeigte die hintere Wand der Verbrennungskammer von der 2. oberen bis 6. Stehbolzenreihe zwischen den Stehbolzen Durchbeulungen bis zu 10 mm.

Die Decke war ebenfalls zwischen den Versteifungsankern bis zu 10 mm durchgebeult. Die Seitenwände zeigten geringere Durchbeulungen. Die Wandungen waren an den Stellen, welche nicht vom Mauerwerk bedeckt gewesen, stark abgezundert, woraus man ersehen konnte, daß dieselben erglüht gewesen waren.

Das Innere des Kessels zeigte sich vollständig frei von fettigen Bestandteilen. Die Stärke der festen Niederschläge betrug in den Flammrohren etwa 1/2 bis 1 mm. An den Wandungen der Verbrennungskammern, soweit dieselben durchgebeult waren, hafteten nur noch an einzelnen Stellen dieser Wandungen kleine Stücke des festen Niederschlags, welche die Stärke von 1 bis 1,5 mm nicht überschritten; sonst waren die Niederschläge abgesprungen. Tief unterhalb der durchgebeulten Stellen der Rückwand, also an denjenigen Stellen, an welchen die festen Niederschläge am schwierigsten zu entfernen sind, betrug die Stärke der letzteren etwa 2—2,5 mm. An den Stehbolzen der Verbrennungskammern hatten sich die festen Niederschläge kegelförmig angesetzt und betrug die Stärke des Niederschlags dicht an den Wandungen bis zu etwa 5 mm, welcher sich nach hinten zu verjüngte, sodaß die Stehbolzen etwa 30 mm von den Wandungen frei von jeglichen Niederschlägen waren.

Der bei der Besichtigung des Kessels festgestellte Befund hat ergeben, daß die Wandungen der Verbrennungskammer der Backbordfeuerung stark überhitzt gewesen sein mußten. Eine derartig starke Überhitzung, welche das Herausreißen der Stehbolzen aus Muttern und Wand sowie ein so starkes Durchbeulen der letzteren zur Folge hatte, konnte bei normalem Wasserstande durch die bei forciertem Heizen entstehende Stichflamme niemals herbeigeführt werden. Auch infolge der im Innern des Kessels an den Wandungen anhaftenden festen Niederschläge von höchstens 1,5 mm Stärke war eine solche Havarie nicht möglich. Wohl hätten durch stärkere Niederschläge als die vorgenannten und durch forciertes Heizen eine schwache Überhitzung der hinteren Verbrennungskammerwand bei normalem Wasserstande stattfinden und sich hierbei die Wandung zwischen den Stehbolzen durchbeulen können, aber bei der geringsten Durchbeulung würden die Niederschläge infolge der Ausdehnung des Materials abgesprungen und der überhitzte Teil der letzteren sofort vom Wasser bespült und wieder abgekühlt worden sein.

Als Ursache der Havarie kann nur Wassermangel angenommen werden. Infolge dieses Wassermangels ist die Rückwand der Verbrennungskammer stark überhitzt worden, wodurch die erstere an festigkeit verloren und durch den auf ihr lastenden Kesseldruck zur Durchbeulung gelangte. Da nun auch in erster Linie die Muttern der Stehbolzen überhitzt waren, so konnte das Gewinde der ersteren dem Durchbeulen der Wand nicht mehr genügend Widerstand entgegensetzen, die Muttern wurden daher von dem Gewinde der Stehbolzen abgestreift und die letzteren aus der Wand herausgerissen.

Daß die Stehbolzen aus den hinteren Wandungen der Verbrennungskammern der mittleren und Steuerbordfeuerung nicht ebenfalls herausgerissen sind, kann nur dem günstigen Umstande zugeschrieben werden, daß die Feuer noch nicht lebhaft gebrannt haben, d. h. noch nicht so gut in Stand gesetzt beziehungsweise kurz vorher neu beworfen waren, wodurch eine schwächere Überhitzung der Verbrennungsbleche stattgefunden hat. Daß die Wandungen dieser Verbrennungskammern überhitzt gewesen, war deutlich erkennbar, da die Flächen zwischen den Stehbolzen fast sämtlich und die Decken mehr oder weniger stark durchgebeult und zum Teil abgezundert waren. Das Erglühen dieser Teile kann nicht erst nach Eintritt der Havarie in der Backbordverbrennungskammer erfolgt sein, sondern muß vielmehr auf das gleichzeitige Erglühen der letzteren zurückgeführt werden. Denn der aus dem Kesselinnern durch die 19 offenen Durchgangslöcher der Stehbolzen in die Verbrennungskammer ausströmende Dampf ist nicht nur durch das Flammrohr in den Heizraum, sondern auch durch die den freien Öffnungen gegenüberliegenden Feuerrohre nach der vorderen Rauchkammer geströmt und ist, da diese letztere für die drei Feuerungen gemeinschaftlich auch zum Teil durch die mit den beiden Feuerungen in Verbindung stehenden Feuerrohre in diese Feuerungen gelangt und hat dieser Dampf genügt, die Feuer derart zu dämpfen, daß ein weiteres nachträgliches Erglühen der Verbrennungswände als ausgeschlossen gelten muß.

Aus diesen vorstehend angeführten Gründen kann ich mein endgültiges Gutachten nur dahin abgeben, daß die im ersten Mittelkessel der Backbordfeuerung entstandene Havarie durch Wassermangel im Kessel herbeigeführt worden ist."

Das zweite Gutachten des Marinemaschinenbaumeisters Grabow, das in der Verhandlung des Seeamts zur Verlesung gekommen, jedoch unbeeidigt bleiben mußte, da der Sachverständige in der Verhandlung nicht hatte erscheinen können, lautet folgendermaßen:

„Die von dem Unterzeichneten am 30. Juli vorgenommene Untersuchung des havarierten Kessels des Dampfers „Barbarossa" bestätigte die in den Meldungen des Oberinspektors Beul am 29. Juni 1902 und des Obermaschinisten Stabenow vom 29. Juni 1902 niedergelegten Angaben, daß sich 19 Stehbolzen aus der Rückwand der Feuerkammer der auf Backbordseite gelegenen Feuerung herausgezogen hätten. Die betreffenden Stehbolzen sitzen in der 3.—6. Reihe, von oben gezählt. Die Stehbolzen der 2. und zum Teil auch die der 7. Reihe lassen den Beginn des Ausreißens erkennen. Von den Stehbolzen ist das Gewinde fast vollständig abgestreift. Die Rückwand der Feuerkammer ist um etwa 120 mm dem Dampfdruck folgend durchgebeult.

Weitere Durchbeulungen, bis zu einer Pfeilhöhe von etwa 10 mm, finden sich in der flachen Seitenwand zwischen den Stehbolzen und in der Decke.

Die stark verankerte Rohrwand läßt Durchbeulungen nicht erkennen; doch beweisen einige ovale Rohrlöcher die auch hier eingetretene Deformation. Die innere Oberfläche der Feuerkammer ist durch die Einwirkung des aus den Stehbolzenlöchern herausgespritzten Wassers mit einer Rostschicht überzogen; einige vor der Berührung mit Wasser geschützte Stellen haben eine schwärzliche Farbe und sind mit Glühspan bedeckt.

Die beiden anderen Feuerungen befinden sich in einem ähnlichen Zustande. Die flachen Seiten- und Rückwände im oberen Teile sowie die Bleche der Decken sind zwischen der Verankerung bis zu 10 mm durchgebeult. Einige der Beulen in der mittleren Feuerung zeigen klaffende Risse, ein Teil der Rohrlöcher ist unrund geworden. Die inneren Flächen dieser beiden Feuerungen sind frei von Rost; sie haben ein blauschwarzes Aussehen und sind mit einer Zunderschicht überzogen.

Da eine Durchrechnung der Konstruktion ergeben hat, daß die in Frage kommenden Kesselteile mit einer über das übliche Maß hinausgehenden Sicherheit ausgeführt sind, daß ferner zum Abstreifen des Gewindes eines Stehbolzens eine sehr viel größere Kraft erforderlich ist, als der Bruchfestigkeit des Bolzens entspricht, so kann die Havarie nur infolge übermäßiger Erwärmung des Metalls eingetreten sein, wie dies auch durch das Aussehen der Oberfläche der Feuerkammern bestätigt wird.

Die Überhitzung des Materials kann entweder durch Verschmutzung der Wände und Stehbolzen mit Kesselstein oder Fett, welche den Wärmedurchgang erschweren, oder durch Wassermangel herbeigeführt sein.

Die Überhitzung infolge von Verunreinungen ist eine sehr häufig vorkommende Ursache für Kesselhavarien. Ich habe deshalb diesem Punkte bei der Untersuchung besondere Beachtung zugewendet, indes konstatieren müssen, daß das Kesselinnere sich in einem ziemlich reinen Zustande befand. Die inneren Flächen waren gleichmäßig mit einem weißlichen, leicht zerreiblichen, anscheinend aus Kalksalzen bestehenden Niederschlag von 1—2 mm Dicke bedeckt. Derselbe erreichte an den der Einwirkung der Flamme stärker ausgesetzten Teilen, z. B. an der Feuerbuchsrückwand, den Stehbolzen und namentlich in den Ecken zwischen Rückwand und Stehbolzen, eine etwas größere Dicke, deren Abmessung bei der Unzugänglichkeit der Teile leider nicht genau festzustellen war. Ich glaube aber, daß die Stärke der Kesselsteinschicht an der Feuerbuchsrückwand in keinem Punkte 6 mm überschritt, und diese halte ich nach den über die Wirkung von Kesselstein in der Marine vorliegenden Erfahrungen nicht für genügend, um den Eintritt der Katastrophe zu erklären.

Für die Annahme, daß Wassermangel vorgelegen hat, spricht der Umstand, daß auch solche Kesselteile, an denen nur geringe Ablagerungen nachzuweisen sind (Rohrwände, Feuerbuchsdecken und Seitenwände oberhalb der 6. Stehbolzenreihe), deutliche Spuren von Überhitzung zeigen.

Das Wasser muß also zu einer Zeit, wo Feuer im Kessel war, annähernd so weit weggefallen sein, daß diese Teile vom Wasser entblößt waren. Bei der mittleren und der auf Steuerbordseite gelegenen Feuerung könnte dieser Zustand eingetreten sein, als nach der Explosion das Kesselwasser durch den Dampfdruck aus den freigewordenen Stehbolzenlöchern herausgeblasen war und das Feuer der Backbordfeuerung gelöscht hatte, während die beiden anderen Feuer noch im vollen Gange blieben. In der Backbordfeuerung ist ein nachträgliches Ausglühen nicht denkbar; es müssen also die Deformationen in der Rohrwand, in den Seitenwänden und der Decke vor dem Eintritte der Explosion bereits vorhanden gewesen sein.

> „Ich komme daher zu dem Schlusse, daß das gefahrbringende Erglühen der gebrochenen Kesselteile durch Wassermangel herbeigeführt worden ist."

Es ist angebracht, zum Schlusse noch einige Einwendungen, welche von den Gegnern dieser Ansicht gemacht werden könnten, von vornherein zu entkräften.

1. Aus den Kesselrevisionsbogen vom 8. Juni 1899 und vom 22. August 1901 geht hervor, daß in dem havarierten Kessel sich mehrfach Fett- und Kesselsteinablagerungen vorgefunden haben, auf deren Einfluß die in einigen Protokollen erwähnten Beulenbildungen in den Feuerbuchswänden seitens des Revisionsbeamten zurückgeführt wurden. Man könnte nun meinen, daß die hiernach bei früheren Fahrten eingetretene Überhitzung der Wandungen bereits eine derartige Lockerung der Verbände und Überanstrengung des Materials bewirkt habe, daß der normale Betriebsdruck genügte, die überanstrengten Kesselteile zum Bruch zu bringen. Ich halte das nicht für wahrscheinlich. Eine Lockerung in der Nietung und Verankerung der Feuerbuchsrückwand und -Decke hätte unzweifelhaft so starke Leckagen zur Folge gehabt, daß diese bei der Revision bemerkt wären. Davon ist in den Protokollen nichts erwähnt. Die Beulen selbst aber schwächen, solange die Befestigung der Stehbolzen in der Wand noch nicht lose geworden ist, die Festigkeit der Konstruktion nicht. Die Bleche werden sogar in dieser Form günstiger beansprucht als in der ganz ebenen.
2. Es könnte ferner behauptet werden, daß bei Wassermangel zuerst die obersten Teile der Feuerbuchsen, d. h. die Decken, namentlich die Decke der mittleren Feuerung hätte brechen müssen. Dem ist zu entgegnen:

a) daß die Feuerbuchsdecken in Folge der seitlichen Auflage auf zwei vertikalen Wänden festere Kesselteile sind als die Rückwände;

b) daß sie nicht so direkt von den Feuergasen getroffen werden als letztere;

c) daß es wesentlich vom Zustande des Feuers abhängt, ob die Wände einer Feuerung höher erhitzt werden als die einer anderen. Vermutlich hat in der Backbordfeuerung das Feuer zur Zeit des Unfalls am lebhaftesten gebrannt.

Es ist mir nicht gelungen, noch ein Beweisstück beizubringen, aus dem sich die Höhe des Wasserstandes im Kessel zur Zeit des Unfalls hätte erkennen lassen. Ich hatte den Antrag gestellt, aus verschiedenen Teilen der havarierten Feuerung einige näher bezeichnete Feuerrohre herauszunehmen und mir zur Untersuchung zu übersenden. Es hätten sich dann, wenn meine Ansicht zutreffend ist, an den oberhalb des Wasserspiegels gelegenen Rohren Spuren von Überhitzung nachweisen lassen müssen. Diesem Antrage konnte nicht mehr entsprochen werden, da die Rohre bald nach der Untersuchung aus dem Kessel entfernt und derart gelagert waren, daß das Herausfinden bestimmter Rohre nicht mehr möglich war.

Immerhin geben mir aber auch die ovalgedrückten Rohrlöcher schon einen untrüglichen Beweis dafür, daß die Rohrwand mehr als zulässig erwärmt gewesen ist, sodaß ich durch diesen Punkt wesentlich in meiner Ansicht gestützt werde, daß Wassermangel die Ursache der Havarie gewesen ist.

Wilhelmshaven, den 3. September 1902.

gez. Grabow
Kaiserl. Marinemaschinenbaumeister.

Als dritter Sachverständiger ist auf Beschluß des Seeamts der Dampfkesselrevisor Grambow aus Bremerhaven vernommen worden. Dieser hat sein eidlich erhärtetes Gutachten im Sinne der beiden übrigen abgegeben beziehungsweise diese vollinhaltlich zu dem seinigen gemacht. Er hat noch bemerkt, daß es sich im vorliegenden Falle nicht um eine Explosion, sondern um einen Kesselunfall im Sinne der bestehenden gesetzlichen Bestimmungen handele. Er könne des weiteren aus Erfahrung bekunden, daß die Stehbolzenmuttern häufig abglühen, ohne daß dies Schaden bedeute, da die Stehbolzen genügenden Halt in dem Gewinde der Wandungen hätten. Die Stehbolzenmuttern erhöhten allerdings die Sicherheit.

Zur Sache hat der Reichskommissar wie folgt ausgeführt:

Soweit er nach den Entscheidungen des Ober-Seeamts und der Seeämter seit 1879 habe feststellen können, stehe eine Kesselexplosion wie die vorliegende wohl ganz vereinzelt da. Bei den veröffentlichten Unfällen handle es sich zudem nur um weniger gut beaufsichtigte Kesselanlagen kleinerer Schiffe, um Torpedoboote oder um Hilfskessel.

Im vorliegenden Falle halte er einen absolut sicheren Beweis dafür, daß Wassermangel die Ursache der Explosion gewesen sei, nicht für erbracht. Wäre dies der Fall, dann hätte er dem diensthabenden Personal einen schweren Vorwurf zu machen und er müßte gegen den verantwortlichen Maschinisten den Antrag auf Entziehung der Gewerbebefugnis stellen. Aus den Zeugenaussagen müsse aber jeder den Eindruck gewonnen haben, daß die Zuverlässigkeit derselben bezüglich der tadellosen Bedienung des Kessels nicht in Frage zu stellen sei.

Er neige sich, was die Ursache anlange, mehr der Ansicht des Oberinspektors Beul zu, wie sie in der Verhandlung zum Vortrage gekommen sei.

Um den Dampf aufkommen zu lassen und wohl auch infolge Ausfalls eines Kessels hätten die Feuer besonders stark gebrannt.

Der Sachverständige Grabow habe bestätigt, daß ihm in seiner Praxis sehr häufig Fälle vorgekommen seien, daß die Muttern abgeglüht worden seien.

Er habe noch hervorzuheben, daß die Grenzen, wo Kesselsteinablagerungen beginnen gefährlich zu werden, sehr wenig festzustehen scheinen.

Im vorliegenden Falle hätte die von den Sachverständigen bei den Stehbolzen im Kessel vorgefundene Kesselsteinablagerung als eine weitere Ursache des Unfalls mit in Rechnung gezogen werden müssen.

Das Seeamt hat sich der Ansicht des Reichskommissars nicht anschließen können, soweit die Ursache des Unfalls in Frage steht. Aus den in den Gutachten entwickelten Gründen und auf Grund eigener Anschauung und Sachkunde hat es lediglich Wassermangel als die Ursache bezeichnen können.

Dagegen stimmt das Seeamt der Ansicht des Reichskommissars insofern durchaus bei, als nach den sehr glaubwürdig scheinenden Bekundungen der Zeugen die Bedienung des Kessels tadellos gewesen ist. Immerhin können trotz aufmerksamster Bedienung nicht vorherzusehende Umstände eintreten, die den Wasserstand des Kessels alterieren, ohne daß dies vom Maschinenpersonal bemerkt wird. Das Seeamt hat angenommen, daß solches im vorliegenden Fall eingetreten ist und daß im übrigen das Maschinenpersonal bezüglich seiner Pflichterfüllung kein Vorwurf zu treffen hat.

118. Spruch des Seeamts zu Hamburg vom 27. September 1902, betreffend den Seeunfall der Viermastbark „Euterpe" von Hamburg.

Der Spruch des Seeamts lautet:

Die Ursache der Explosion an Bord der Viermastbark „Euterpe" am 8. September 1902, welche den Totalverlust des Schiffes und den Tod von 7 Personen der Besatzung zur Folge hatte, ist nicht mit Bestimmtheit aufgeklärt. Die Vermutung liegt nahe, daß der verunglückte Schmied Hagedorn beim Betreten des Raumes trotz des Verbots ein Streichholz entzündet und dadurch die angesammelten Gase in Brand gesetzt hat.

Anzuerkennen ist die Umsicht, mit welcher der Kapitän v. Kaufmann nach dem Unglücksfalle Maßregeln zur Rettung der übrigen Besatzung getroffen hat; ebenso ist anzuerkennen die prompte Hilfeleistung des englischen Dampfers „Rydal Hall".

Tatbestand und Gründe. Die Viermastbark „Euterpe", Heimatshafen Hamburg, Unterscheidungssignal RGQB, war im Jahre 1884 zu Barrow in Furneß aus Eisen erbaut, hatte einen Brutto-Raumgehalt von 6045,9 cbm = 2134,21 britischen Registertons und 5764,0 cbm = 2034,68 britischen Registertons netto, stand im Eigentum des Schiffsreeders Friedrich Wencke zu Hamburg und wurde geführt von dem Kapitän v. Kaufmann, Inhaber eines Befähigungszeugnisses zum Schiffer auf großer Fahrt. Die „Euterpe" war bei Lloyds Register mit der Klasse ✠ 100 A 1 eingetragen und hatte eine Besatzung von 25 Mann.

Das Schiff hatte Hamburg am 2. August 1902 in Ballast verlassen und dann in Port Talbot beziehungsweise Cardiff eine Ladung Kohlen eingenommen, bestehend aus 3159 Tons. Am 6. September, abends 9 Uhr, verließ das Schiff den Hafen mit der Bestimmung nach Pisagua; es hatte einen Tiefgang von vorn 22 Fuß 5 Zoll, hinten 23 Fuß und wurde bis Lundy Island geschleppt, worauf alle Segel beigesetzt wurden. Anfangs war flaue Brise, die aber allmählich auffrischte und immer stärker wurde. Am 8. September hatte der Kapitän v. Kaufmann die Wache von 8—12 Uhr vormittags, mit ihm befand sich der zweite Steuermann Dorin auf der Brücke. Da das Glas fiel und der Seegang und der Nordostwind mit Stärke 7 noch zunahm, somit schlechtes Wetter zu befürchten war, ließ der Kapitän die Luken nicht abnehmen, die seit der Abfahrt aus Port Talbot fest verschalkt waren, mit Ausnahme von Luke I, welche nur lose angelegt und mit Presenningen bedeckt war. Die Steuerbordwache war auf Deck, größtenteils mittschiffs mit verschiedenen Arbeiten beschäftigt; das Schiff machte unter allen Segeln eine Fahrt von etwa 10 Knoten und man befand sich gegen 11 Uhr vormittags etwa 80 Seemeilen WNW von den Scilly-Inseln auf 49° 36′ nördlicher Breite und 8° 13′ westlicher Länge, als der Kapitän, nachdem er einen Rundgang auf Deck gemacht und alles in bester Ordnung vorgefunden hatte, dem zweiten Steuermanne weitere Anweisungen gab und nach seiner Kammer ging, um seine Instrumente zur Aufmachung des Bestecks fertig zu machen. Kaum hatte er die Kammer betreten, als er einen furchtbaren Knall hörte; gleichzeitig riß das Deck unter seinen Füßen auseinander, Schrank und Kajütswände fielen auf ihn nieder und begruben ihn unter Trümmern. Er war kurze Zeit besinnungslos, kam aber schnell wieder zu sich und arbeitete sich auf das Halbdeck. Kompasse, Skylight und Brückenkappe sowie die Brassenwinden waren verschwunden und das ganze Kajütsdeck aufgerissen. Die Brücke, beide Boote, die Segelkoje und das Oberdeck von der Kajüte bis zur Mitte zwischen Luke II und Luke III nebst den meisten Deckbalken waren fort. Bis zum Kreuzmast war die Ladung herausgeschleudert, die Zwischendecksbalken waren in dem zerrissenen Teile des Schiffes frei zu sehen und ragten gebrochen und verbogen in die Höhe. An Steuerbord waren von der Kajüte bis etwa 30 Fuß nach vorn die Verschanzungen unterhalb des Oberdecks wie abgeschnitten und verschwunden, an Backbord die Verschanzung bis tief unter den Rinnstein zerrissen und breite Risse durch die Schiffswand erstreckten sich weit nach hinten; die Verbindung zwischen dem Achterschiff und Vorderschiff war vollständig aufgehoben. Wenige Minuten, nachdem der Kapitän an Deck gekommen war, ging der Kreuzmast nach Steuerbord über Bord. Mittlerweile war der erste Steuermann Breitsprecher auf Deck gekommen. Dieser hatte von 4—8 Uhr Wache gehabt und befand sich in seiner Kammer, als er plötzlich einen heftigen Ruck im Schiff verspürte und den furchtbaren Knall hörte. Er lag zwischen Trümmern und konnte durch die Tür nicht mehr hinaus, sondern kroch durch den entstandenen Riß in der Schiffswand außenbords auf das Halbdeck. Mit Hilfe des Rudermanns Steffens holte er den dritten Steuermann Brandt, der ebenfalls hinten in seiner Kammer gewesen war und durch die Explosion schwere Verletzungen erlitten hatte, heraus und brachte ihn aufs Halbdeck. Außer diesen befand sich nur noch der Junge Wenzel auf dem Achterschiff. Von den Leuten der Steuerbordwache, die mittschiffs beschäftigt waren, waren die Matrosen Wilhelm Lübcke aus Glückstadt, Johann de Buhr aus Warsingsfehn, Andreas Pettersen aus Borstel i. Schw., Johannes Franck aus Wismar, verschwunden, mit ihnen der zweite Steuermann Paul Dorin aus Schützendorf, der auf der Brücke gestanden hat. Zweiffellos sind sie bei der Explosion in die Luft geschleudert und umgekommen. Matrose Sprenger von der Steuerbordwache hatte seine Arbeit gerade beendigt und wollte nach vorn gehen, als er plötzlich eine Feuersäule aus der Vorluke herausschlagen sah; im selben Augenblick wurde er in die Luft geschleudert, verlor die Besinnung und fand sich dann auf der Kohlenladung im Raum an der Schiffswand liegend; durch einströmendes Wasser kam er wieder zu sich und kletterte dann über die Kohlen nach vorn, wo die übrigen Geretteten sich versammelt hatten. Der Kapitän rief ihnen von hinten zu, sie sollten sich mit Korkwesten versehen und ein Boot über Bord setzen. An Steuerbord war dies nicht möglich, weil sie es nicht von dem längsseit schwimmenden Kreuzmast freibekommen konnten, und als sie das Backbordboot zu Wasser ließen, schlug es sofort voll Wasser und zerschellte an der Schiffswand. So blieb ihnen nur übrig sich sämtlich mit Korkwesten zu versehen und ihre Rettung durch den zur Hilfe herbeieilenden englischen Dampfer „Rydal Hall" abzuwarten. Inzwischen hatten sie im Zwischendeck ein Wimmern und Stöhnen gehört und fanden daselbst direkt unter der Vorluke den Schmied Bruno Hagedorn aus Tönning, schwer verbrannt und unfähig sich zu bewegen, aber noch bei Besinnung. Sie brachten ihn auf Deck und legten ihn dort nieder, konnten aber nichts weiter für ihn tun, da das Fleisch am Kopf, Rücken, Armen vollständig verbrannt war. Sie mußten ihn seinem Schicksal überlassen und er ist mit dem sinkenden Schiffe untergegangen.

Der englische Dampfer „Rydal Hall" war in einer Entfernung von etwa 5 Seemeilen gewesen, als man auf ihm die Explosion hörte und sofort nach der Unfallstelle zugedampft. Als er sich möglichst genähert hatte, wurden Boote ausgesetzt; die auf dem Vorschiffe der „Euterpe" befindlichen Leute sprangen über Bord und wurden von den Booten aufgenommen. Auf dem Achterschiff der „Euterpe" befanden sich der Kapitän, der erste und der dritte Steuermann, dieser schwer verletzt, der Rudermann Steffens und der Junge Wenzel. Zur Verfügung standen ihnen nur ein Rettungsring und zwei Korkwesten. Auf Anordnung des Kapitäns wurde der dritte Steuermann, der sich selbst nicht zu helfen vermochte, in den Rettungsring gebunden und vorsichtig zu Wasser gelassen. Die beiden Korkwesten erhielten der erste Steuermann und der Junge Wenzel, die beide nicht schwimmen konnten, während Steffens und der Kapitän auf ihre eigene Kraft angewiesen waren. Als die „Euterpe" zu sinken begann, gab der Kapitän Befehl, über Bord zu springen und verließ als letzter das Schiff. Gleich darauf ging es mit dem Heck zuerst unter, die Ladung schoß nach hinten, das Schiff stieg gerade in die Höhe und verschwand so unter Wasser. Eine halbe Stunde später befanden sich alle an Bord des „Rydal Hall", wo sie die beste Aufnahme und Pflege fanden, jedoch waren die Verletzungen, die der dritte Steuermann Hermann Brandt aus Celle, erlitten hatte, so schwer, daß er ihnen am nächsten Tage erlag. Zwischen der Explosion und dem völligen Wegsinken des Schiffes ist ein Zeitraum von nur etwa 25 Minuten vergangen; von den Effekten der Besatzung konnte nichts geborgen werden; ein Versuch des Kapitäns, noch einmal in seine Kammer zu gehen, um die Schiffspapiere in Sicherheit zu bringen, scheiterte daran, daß alles in Trümmern übereinander lag.

Bezüglich der Beladung des Schiffes wurde durch die Verhandlung festgestellt, daß die „Euterpe" lange Zeit in Port Talbot auf Ladung warten mußte, die sie erst im Laufe der letzten 5 Tage bekam, da die Minen mit großen Schwierigkeiten zu kämpfen hatten, um die Kohlen zu fördern. Bis zum 21. August waren 500 Tons zum Steifen eingenommen und dann der letzte Ballast gelöscht; am 1. September verholte die „Euterpe" unter die Kohlenspout und erhielt 200 Tons; am 3. September abends wurde die Beladung fortgesetzt und am 6. September morgens 8 Uhr 30 Minuten beendet. Es waren 3159 Tons Large Steam Coals der North Navigation Collieries (1889) Limited Cardiff, die nach Angabe des Kapitäns ganz frisch aus der Grube gebrochen, in gutem, trockenen Zustand ins Schiff gekommen und durch geübte Trimmer unter Aufsicht des Kapitäns und der Steuerleute in gebräuchlicher Weise gestaut waren. Der Unterraum war in Luke II und III vollständig aufgefüllt, vorn und hinten abgeschrägt; das Zwischendeck war ähnlich getrimmt, aber nicht so voll, vom Besahnmaste ab nach hinten, und vorn bis zum Kollisionsschotte eben vor dem Fockmaste ganz leer und nur so hoch beladen, daß ein Mann über die Kohlen hinwegkriechen konnte; sowohl im Unterraum wie im Zwischendeck befanden sich Längsschotten, aber keine Querschotten. Der Kapitän hat bereits viermal gleiche Ladungen derselben Kohle ohne irgend welchen Unfall befördert, einmal sogar von Seewasser vollständig durchnäßt. Die Ventilation betreffend, ist festgestellt, daß Mängel darin nicht vorhanden waren. Es befand sich auf der Back ein Ventilator aus einem breiten Schacht bestehend, dessen eine Hälfte in den Unterraum, die andere ins Zwischendeck führte; ein zweiter Ventilator ging durch das Logis bis zum Zwischendeck, ein dritter befand sich hinter dem Kreuzmast und mündete in den Pumpsood und endlich ein vierter, Doppelventilator, hinten auf dem Halbdeck, zum Zwischendeck und Unterraum führend.

hauptsächlich war für Oberflächenventilation vorzüglich gesorgt und einer der Herren Beisitzer, der früher selbst die „Euterpe" geführt hat, hat sich dahin geäußert, daß die Ventilation auf diesem Schiffe eine tadellose war.

Was die Ursache der Explosion gewesen ist, hat sich nicht mit Bestimmtheit feststellen lassen. Es muß angenommen werden, daß trotz der guten Ventilationseinrichtungen sich im Zwischendeck Kohlengase angesammelt haben und zwar infolge der geschlossenen Luken und des achterlichen Windes. Solche Gase explodieren bekanntlich dann, wenn sie mit atmosphärischer Luft vermischt, mit einer offenen Flamme in Berührung kommen, und da eine Selbstentzündung der Kohlen im vorliegenden Falle ausgeschlossen erscheint, so fragt es sich, auf welche Weise eine Berührung der Gase mit einer Flamme stattgefunden haben kann, indem bei der kurzen Frist, die seit Einnahme der Ladung verstrichen war, sich naturgemäß noch atmosphärische Luft in den Laderäumen befand und frische Luft durch die Ventilatoren zugeführt wurde, die sich mit den entwickelten Kohlengasen vermischte.

Der vom Herrn Reichskommissar vertretenen Ansicht, daß vielleicht aus dem Kombüsenschornsteine, der nicht mit einem Funkenfänger versehen war, Funken herausgeflogen seien und die aus dem Ventilator No. 2 ausströmenden Gase entzündet hätten, kann das Seeamt nicht beitreten, vielmehr erscheint die Vermutung näher liegend, daß ein Mann der Besatzung, und zwar der verunglückte Schmied Hagedorn, im Zwischendeck ein offenes Licht gebraucht hat, wenn er auch den anderen Leuten, als sie ihn halbverbrannt unten fanden, auf ihre Fragen gesagt hat, er habe kein offenes Licht gehabt. Fest steht, daß der Kapitän und der erste Steuermann vor der Abreise den strengen Befehl gegeben haben, daß keiner mit Licht in den Raum hinabgehen dürfe; zwar haben nicht alle Leute diesen Befehl gehört, doch bestätigen die meisten der vernommenen Zeugen, daß es ihnen ausdrücklich gesagt sei. Nun haben der Koch Röhrkasten und der Zimmermann Ziplink kurz vor der Explosion den Schmied Hagedorn gesehen und gesprochen; er war im Begriff, den Deckel der Vorluke aufzuheben und sagte, er wolle etwas aus dem Zwischendeck holen. Er ist dann hinabgestiegen und etwa eine Minute darauf erfolgte die Explosion. Insbesondere hat der Zimmermann Ziplink genau beobachtet, daß gleichzeitig mit dem ersten Knall eine mächtige Feuersäule aus der halb geöffneten Vorluke emporschlug und einen Augenblick später weiter nach hinten ein zweiter Knall erfolgte. Danach darf wohl angenommen werden, daß der Schmied unten im Zwischendeck, wo verschiedene Eisenteile lagerten, von denen er eins oder das andere zu seiner Arbeit bedurfte, aber nicht gleich finden konnte, ein Streichholz angezündet und damit den Raum abgeleuchtet hat. Dabei dürfte sich das explosive Gasgemisch entzündet haben und das Schiff in die Luft gesprengt sein. Ein voller Beweis ist dafür allerdings nicht erbracht, da Hagedorn selbst bei der Katastrophe umgekommen ist und vorher nicht eingehend befragt werden konnte, aber von den denkbaren Ursachen der Explosion scheint diese die wahrscheinlichste zu sein. Daß an Bord der „Euterpe", wie Kapitän v. Kaufmann bestätigt, überhaupt keine Sicherheitslampen waren, ist zu rügen, wenn auch dieser Umstand in keinem Zusammenhange mit dem Unglücksfall steht, da überhaupt verboten war, mit Licht in den Raum zu gehen.

Nach der Explosion hat der Kapitän v. Kaufmann bei dem unvermeidlichen Verluste des Schiffes mit großer Umsicht die erforderlichen Maßregeln getroffen, um die Rettung der übrig gebliebenen Besatzung zu bewirken. Seinen besonnenen Anordnungen ist es zu danken, daß alle, bis auf den bereits verlorenen Schmied, von den Booten des hinzukommenden englischen Dampfers „Rydal Hall" aufgenommen werden konnten; das Seeamt spricht ihm dafür seine Anerkennung aus, die auch der Besatzung des englischen Dampfers für die prompte Hilfeleistung in vollem Maße gebührt.

119. Spruch des Seeamts zu Hamburg vom 29. September 1902, betreffend den Seeunfall des Schraubendampfers „Carl Woermann" von Hamburg.

Der Spruch des Seeamts lautet:

Der Heizer Ernst Julius Becker hat auf der Reede von Monrovia am 22. Juni 1902 infolge eines Brandes auf dem Schraubendampfer „Carl Woermann" seinen Tod gefunden.

Der Brand ist durch eine Explosion von Petroleumgasen entstanden; es ist mit größter Wahrscheinlichkeit anzunehmen, daß Becker durch eigene Unvorsichtigkeit die Entzündung dadurch hervorgerufen hat, daß er dem ausdrücklichen Verbote zuwider mit offenem Lichte sich am Petroleumtank zu schaffen gemacht hat.

Die Einrichtung dieses Petroleumtanks entsprach nicht ganz dem Sinne der Unfallverhütungsvorschriften der Seeberufsgenossenschaft.

Tatbestand und Gründe. Der Schraubendampfer „Carl Woermann", Heimatshafen Hamburg, Unterscheidungssignal RGDM, vermessen zu einem Netto-Raumgehalt von 3528,6 cbm = 1245,60 britischen Registertons, steht im Eigentum der Woermann-Linie, G. m. b. H. und wird geführt von dem Kapitän Heinrich Krohn, Inhaber eines Befähigungszeugnisses zum Schiffer auf großer Fahrt.

Am 22. Juni 1902 lag das Schiff auf der Reede von Monrovia, als morgens der Petroleumtank explodierte und der Materialienverwalter, Heizer Ernst Julius Becker, so schwere Brandwunden davontrug, daß er im Laufe des Nachmittags verstarb.

Im unteren Maschinenraum stehen an Steuerbordseite drei Tanks, zwei davon für Lampen- und Maschinenöl übereinander, daneben in ziemlicher Höhe der dritte für Petroleum. Dieser ist 900 mm hoch, 750 mm breit und 500 mm tief, ist mit einem abnehmbaren, aber nicht aufgeschraubten Deckel versehen, im Durchmesser von etwa 14 cm, zwei Röhren führen nach oben, von denen eine zum Abzug der Gase, die andere zum Füllen des Tanks vom Oberdeck aus dient. Außerdem befindet sich oben auf dem Tank in einer Ecke eine kleine Öffnung, ein Peilloch, die mit einem Schraubendeckel verschlossen sein soll, nach Angabe des früheren Verwalters Mackeit aber mit einem Pfropfen verschlossen wurde, weil der eiserne Schraubdeckel abhanden gekommen war. Vorn an der Längswand ist ein Standrohr zum Anzeigen des im Tank befindlichen Petroleumvorrats angebracht.

In dem unteren Maschinenraum an Backbordseite befanden sich der dritte Maschinist Silbert und der Assistent Hüftlein mit Arbeiten beschäftigt, als sie plötzlich einen furchtbaren Knall hörten und beim Umsehen einen Mann an Steuerbord oben beim Petroleumtank erblickten, der von dort herabstürzte. Im Nu stand der ganze Maschinenraum in Flammen und die beiden Zeugen konnten sich nur mit Mühe durch den Heizraum ins Freie retten. Sie hatten vorher nicht gesehen, daß außer ihnen jemand in dem Raum war.

Heizer Büttner hatte Dienst im Heizraum, als er die Explosion hörte und gleich darauf die Flammen herausschlugen. Becker kam mit brennenden Kleidern in den Heizraum gekrochen, Büttner erstickte die Flammen und half ihm auf Deck hinauf. Hier wurde Becker gleich von dem Kapitän und zweiten Steuermann, unterstützt vom Koch und Steward in Behandlung genommen und in sachgemäßer Weise verbunden und gepflegt. Er verlangte zu trinken und als man ihm Wasser reichte, sprang er plötzlich auf und über Bord, kletterte aber selbst an der Schiffstreppe wieder herauf. Bald hernach kam der von Land geholte Arzt und verband den Verletzten nochmals. Die erlittenen Brandwunden waren aber derartig schwer, daß eine Rettung unmöglich war und Becker um 6 Uhr nachmittags verstarb. Eine Schilderung, wie sich das Unglück zugetragen hatte, vermochte er nicht mehr zu geben, auf die Fragen, was die Ursache des Unfalls sei, konnte er nur noch die Worte murmeln: „Ich habe Malheur gehabt, die Lampe ist mir umgefallen." Aus den übereinstimmenden Aussagen der meisten vernommenen Zeugen ist mit Sicherheit festgestellt, daß der erste Maschinist Sonntag wiederholt den strengen Befehl gegeben hat, daß niemand sich mit offenem Licht beim Petroleumtank zu schaffen machen dürfe und daß auch mehrere entsprechende Plakate, die vor dem Gebrauch offenen Lichtes warnten, im Maschinen- und Heizraum angebracht waren. Becker war schon früher auf zwei Reisen Materialienverwalter gewesen; auf dieser Reise hatte anfangs der Zeuge Mackeit als solcher fungiert, doch war dieser in Monrovia zum Barkassenführer ernannt und Becker hatte gerade am 22. Juni morgens seine Stelle wieder übernommen. Der zweite Maschinist Bergamedi hatte ihm die Schlüssel übergeben und Becker hatte dabei geäußert, er wolle gleich die Tanks peilen. Dies ist üblich, weil die Materialienverwalter für die ihnen überwiesenen Vorräte verantwortlich sind, aber daß der Petroleumtank nicht mit offenem Licht abgeleuchtet werden darf, mußte dem Becker, abgesehen von dem Verbote des ersten Maschinisten, aus eigener Erfahrung bekannt sein. Nun hat Zeuge Mackeit, und dessen Aussage ist für die Beurteilung des vorliegenden Unfalls von ausschlaggebender Bedeutung, bekundet, daß er an jenem Morgen aus der Maschine gekommen sei, als dem Becker die Schlüssel übergeben wurden und gehört habe, wie jener sagte, er wolle die Tanks peilen. Mackeit hat gesehen, daß Becker eine offene Öllampe (eine sogenannte Funzel), eine Blechkanne mit Tülle und darin steckendem Docht ohne Cylinder, anzündete und nach dem Maschinenöltank ging, die Lampe oben auf den Tank stellte und mittels einer Schnur den Inhalt peilte, wobei er zwischen den Röhren stand, infolgedessen Mackeit ihm zurief: „Ernst, fall' nur nicht herunter." Als Mackeit dann die Treppen hinaufgegangen war und auf das Deck hinaustrat, erfolgte die Explosion. Da nun erfahrungsgemäß sich Petroleumgase nur in Verbindung mit atmosphärischer Luft an offener Lampe entzünden, so ist mit größter Wahrscheinlichkeit, ja fast mit Sicherheit anzunehmen, daß Becker, nachdem er den Öltank gepeilt hatte, zwischen den Wasserrohren nach dem Petroleumtank hinaufgeklettert ist, die offene Ölfunzel oben auf den Tank gestellt und den Pfropfen aus dem Peilloche gezogen hat, um mittels einer Schnur die Höhe des Petroleumstandes festzustellen. Dabei muß wohl, wie er selbst angegeben hat, die Lampe umgefallen sein und die aus dem Peilloch in den Luftraum entweichenden Gase entzündet haben, infolgedessen die Explosion erfolgte.

Danach muß der Unglücksfall auf eigene Unvorsichtigkeit des Becker, der als ein sonst zuverlässiger Mann geschildert wird, zurückgeführt werden. Er hätte sich von dem Petroleumvorrate durch Beobachtung des Standrohrs überzeugen können, durfte aber unter keinen Umständen ein offenes Licht benutzen, wenn er das Peilloch und eine Schnur dazu benutzen wollte. Eine Sicherheitslampe stand im Storeraum, und für die vorzunehmende Arbeit war eine Lampenbeleuchtung überhaupt nicht erforderlich.

Das Seeamt kann bei dieser Gelegenheit nicht unterlassen auf die Einrichtung des explodierten Petroleumtanks hinzuweisen, die mit dem Sinne der Unfallverhütungsvorschriften der Seeberufsgenossenschaft nicht völlig im Einklange steht. Nach § 64 dieser Vorschriften müssen Petroleumtanks fest und dicht hergestellt werden. Dieser Tank war mit einem nur lose aufsitzenden Deckel versehen und hatte ein Peilloch, das mit einem Pfropfen verschlossen war; somit kann der Tank nicht als „dicht" bezeichnet werden. Es wäre empfehlenswert, solche Tanks völlig verlötet herzustellen, nur mit Füllrohr und Abzugsrohr nach oben versehen, oder, wenn Öffnungen als notwendig erachtet werden, solche nur mit Verschlüssen mit festen Verschraubungen zu gestatten. Dazu würde dann die Anbringung von Standrohren obligatorisch zu machen sein.

120. Spruch des Seeamts zu Hamburg vom 8. Oktober 1902, betreffend den Seeunfall des Schraubendampfers „Sakkarah" von Hamburg.

Der Spruch des Seeamts lautet:

Die am 1. Mai 1902 auf der Insel Huamblin erfolgte Strandung des Dampfers „Sakkarah" ist durch Kursversetzung im Nebel herbeigeführt.

Die Ursachen der Versetzung mögen in Strömungen und Kompaßfehlern zu suchen sein.

Bei sorgfältigerer Navigirung hätte die Strandung vermieden werden können und es trifft hierfür sowohl den Kapitän Piening als den ersten Steuermann Rörden, weil er den Ausguck nicht besetzt hat, die Verantwortung.

Nach der Strandung ist von dem Kapitän und den Schiffsoffizieren mit sehr anzuerkennender Umsicht und Ausdauer verfahren worden.

Tatbestand. Der Schraubendampfer „Sakkarah", Heimatshafen Hamburg, Unterscheidungssignal RKQS, ist Eigentum der Deutschen Dampfschiffahrts-Gesellschaft „Kosmos" in Hamburg und stand auf seiner letzten Reise unter Führung des Kapitäns H. Piening, Inhabers eines Befähigungszeugnisses zum Schiffer auf großer Fahrt.

Der im Jahre 1897 in England erbaute Dampfer war zu 12879,4 cbm = 4546,42 britischen Registertons brutto und 8276,1 cbm = 2921,16 britischen Registertons netto vermessen und hatte eine Maschine von 1526 indizierten Pferdestärken.

Dieser Dampfer ist am 1. Mai 1902 auf der Reise von Corral nach Hamburg auf der Insel Huamblin gestrandet und total verloren gegangen. Die Passagiere, die Besatzung, die Post sowie der wertvollste Teil der Ladung sind gerettet worden.

Die seeamtliche Untersuchung dieses Unfalls hat zu folgenden Feststellungen geführt.

Die „Sakkarah" hat am Morgen des 30. April 1902 um 1½ Uhr den Hafen von Corral verlassen. Es befanden sich an Bord eine Besatzung von 50 Mann sowie 41 Passagiere. Die Ladung bestand aus 4000 Tons Salpeter, 1500000 Pesos in gemünztem chilenischen Golde, verschiedenen Erzen und Landesprodukten. Der Tiefgang des Schiffes betrug 24 Fuß 4 Zoll vorn, 24 Fuß 8 Zoll hinten.

Das Wetter war während des ersten Tages der Reise gut, wurde aber gegen Abend unsichtig.

Nachdem am Morgen des 30. April um 3 Uhr 30 Minuten Kap Galera in einer Entfernung von 2½ Seemeilen passiert war, wurde, wie das Schiffsjournal ausweist, der Kurs S3O bei einer Deviation von 8° Ost genommen. Um 9 Uhr 27 Minuten vormittags hatte man Kap Quedal mißweisend O¼N zwei Seemeilen entfernt. Die seit dem Passieren von Kap Galera zurückgelegte Distanz betrug nach dem Logg 59 Seemeilen. Um Mittag wurde durch eine gute astronomische Beobachtung die Breite auf 41° 25′ Süd, die Länge durch Peilung auf 74° 10′ West festgestellt.

Von diesem Schiffsort an setzte der Kapitän den Kurs so ab, daß er nach seinem Besteck in einer Entfernung von 18—19 Seemeilen an der Insel Huafo vorbeikommen mußte. Der genommene Kurs war S½O bei 5° östl. Deviation und der Kapitän rechnete aus, daß er bei einer Fahrgeschwindigkeit von 10 Seemeilen um 2 Uhr morgens die Insel quer zum Kurse an Backbord haben müsse. Da es des Abends unsichtig wurde, ließ der Kapitän um 9½ Uhr noch einen halben Strich westlicher steuern, sodaß jetzt mißweisend Süd gesteuert wurde. Auf diesem Kurse betrug die Deviation nach dem Journal 3° Ost. Dieser Kurs wurde bis 3 Uhr morgens beibehalten, weil man sicher gehen wollte, und wurde dann auf SSO½O geändert. Mit diesem Kurse, auf welchem die Deviation 10° Ost betrug, meinte der Kapitän 9—10 Seemeilen westlich der Insel Huamblin, in deren Höhe man gegen 8½ Uhr morgens sein mußte, zu passieren. Er legte sich um 3 Uhr morgens nieder und befahl, daß der zweite Steuermann ihn um 7 Uhr wecken sollte.

Der zweite Steuermann Strusenberg weckte den Kapitän zu der befohlenen Zeit und meldete ihm, daß das Wetter etwas unsichtig sei. Der Kapitän begab sich auf die Brücke, prüfte den Kurs und fand nichts irgendwie Verdächtiges vor. Er hielt sich dann an der Backbordseite des Promenadendecks auf und spähte von dort aus nach der Insel Huamblin aus. Der zweite Steuermann Strusenberg, welcher die Wache von 4—8 Uhr hatte, hat bekundet, daß es zu Anfang seiner Wache ziemlich stark diesig gewesen sei, daß es aber um 7 Uhr klarer geworden sei. Um 20 Minuten vor 8 sei es so klar geworden, daß er den Ausgucksmann eingezogen habe, und es sei dann bis zum Ablauf seiner Wache so geblieben. Der erste Steuermann Körden, welcher um 8 Uhr die Wache übernahm, hat dann den Ausguck nicht wieder besetzt, trotzdem es nach 8 Uhr wieder unsichtiger geworden ist. Die Aussagen der Zeugen über den Grad der Unsichtigkeit gehen auseinander, es erscheint aber zweifellos, daß es allmählich wieder sehr neblig geworden ist, sodaß zur Zeit der Strandung, welche um 10 Minuten vor 9 Uhr erfolgte, von der nur etwa ½ Seemeile entfernten Küste der Insel nichts zu sehen war.

Der Matrose Beutelbach, welcher um 8 Uhr das Ruder übernahm, will schon wenige Minuten nachher Brandung an Steuerbord gehört haben, hat aber dem wachehabenden Offizier nichts von seiner Beobachtung mitgeteilt. Als Grund für dieses zweifellos sehr auffallende Verhalten gibt er das für die Rudersleute bestehende Verbot, während des Ruderturns zu sprechen, an.

Etwa um 8 Uhr 40 Minuten fiel dem auf dem Promenadendeck stehenden Kapitän auf, daß die See sich veränderte, als ob man sich auf seichterem Wasser befinde, und fast zu gleicher Zeit rief ihm der erste Steuermann von der Brücke zu, er sowohl wie der Rudersmann glaubten, an Steuerbord Brandung zu hören. Kapitän Piening eilte auf die Brücke und stoppte die Maschine. Als jetzt deutlich das Geräusch der Brandung an Steuerbord gehört wurde, will der Kapitän die Maschine auf halbe Kraft vorwärts gesetzt und hart Steuerbord kommandiert haben. Der erste Steuermann Rörden behauptet dagegen, daß nach dem Hören der Brandung die Maschine von Stopp auf „Volle Kraft rückwärts" gesetzt worden sei. Erst nachdem die Maschine mehrere Minuten so gearbeitet habe, sei sie wieder auf halbe Kraft vorwärts gesetzt worden. Das Maschinenjournal ist verloren gegangen. Das in der Maschine geführte Kladdebuch weist hier folgende Kommandos auf:

8 Uhr 50 Minuten Halt, rückwärts volle Kraft,
8 Uhr 53 Minuten Halt, rückwärts volle Kraft,
9 Uhr 6 Minuten Vorwärts volle Kraft,
9 Uhr 15 Minuten Rückwärts voll,
9 Uhr 20 Minuten Halt.

Der Maschinist Jacobi, welcher diese Kladde geführt hat, meint, daß er den ersten Stoß verspürt habe, als die Maschine rückwärts gearbeitet habe. Er erinnert aber auch, daß vorher vorwärts kommandiert sei und ist sich nicht sicher, ob er sich nicht verschrieben hat.

Uebereinstimmend bekunden dagegen Kapitän und erster Steuermann, daß das Schiff zum ersten Male leise aufgestoßen habe, kurz nachdem unter hart Steuerbordruder vorausgefahren sei. Alsbald ist dann ein zweiter, schwererer Stoß erfolgt. Die Maschine wurde gestoppt, die Boote ausgeschwungen, wobei zwei Boote von einer hohen See weggeschlagen wurden. Diese konnten jedoch später wieder aufgefischt werden. Nachdem vergeblich versucht war, durch Vor- und Rückwärtsarbeitenlassen der Maschine von dem Felsen, auf den man offenbar aufgefahren war, freizukommen, wurde die Maschine gestoppt, die Feuer herausgerissen und der Dampf abgeblasen. Die gegen das Schiff arbeitende Brandung versetzte es näher an die etwa ½ Seemeile entfernte Küste heran und drehte es so, daß es nach Norden anlag. In 8—10 Minuten waren die Passagiere eingeschifft, die Boote verblieben zunächst beim Schiffe und wurden mit Proviant usw. versehen, während der erste Steuermann mit der Gig einen geeigneten Landungsplatz aussuchte.

Die Landung der Passagiere gelang dann glücklich und es wurde an Land ein Zelt errichtet, in welchem die Passagiere Schutz fanden.

Das Schiff war bei Hochwasser aufgelaufen, der Schiffsboden begann daher beim Fallen des Wassers nachzugeben. Die Peilrohre stiegen in die Höhe, die Stahlplatten beulten seitwärts aus.

In den ersten Tagen wurde lediglich daran gearbeitet, Proviant und Passagiereffekten zu bergen, und es ist während des bis zum 17. Mai dauernden Aufenthalts der Schiffbrüchigen auf der Insel in einer Weise für die Sicherheit und Gesundheit der Passagiere gesorgt worden, welche in hohem Grade deren Anerkennung gefunden hat. Am 7. Mai wurde mit der Bergung der Ladung begonnen und es gelang aus der schon in Höhe von 3½ Fuß mit Wasser gefüllten Postkammer die Post und die Kisten Gold zu bergen.

An demselben Tage unternahm der erste und dritte Steuermann mit 4 Bootsleuten den zweiten Versuch, in einem Boote die Küste zu erreichen. Nach viertägiger beschwerlicher Reise gelang es ihnen, Melinka zu erreichen, wo sie das chilenische Kriegsschiff „Pisagua" antrafen, welches sie nach Chiloe brachte. Von dort aus wurde an die Agenten der Reederei nach Valparaiso telegraphiert und diese befahlen sofort den in Valparaiso liegenden, derselben Reederei gehörigen Dampfer „Abydos", Kapitän Carstens, nach der Unfallstelle zu fahren, um die Schiffbrüchigen und soweit möglich Ladung zu bergen. Der „Abydos" traf am Abend des 16. Mai am Strandungsort ein und nahm am folgenden Tage sämtliche Passagiere mit Gepäck an Bord. Am 18. Mai wurde das Wetter stürmisch, sodaß nur mit Gefahr für das Schiff die Besatzung und Ladung der „Sakkarah" geborgen werden konnte. Gegen Mittag des 18. Mai wurde von weiteren Rettungsarbeiten Abstand genommen, da der „Abydos" sich nicht länger an der Küste halten konnte. Die Passagiere, das geborgene Gold und ein Teil der Mannschaft wurden in Corral, der Rest der Besatzung in Valparaiso gelandet.

Als die „Sakkarah" verlassen wurde, war sie bei Niedrigwasser bis an das Großdeck voll Wasser und unter der Brücke durchgebrochen. Die Seen brachen über das ganze Schiff, und Kapitän Carstens ist der Ansicht, daß sie noch im Laufe desselben Tages aufgebrochen sein muß. Weitere Versuche zur Rettung des Schiffes erschienen mithin aussichtslos.

Der Reichskommissar hat die Strandung auf eine in ihren Ursachen nicht aufgeklärte Kursversetzung des Schiffes zurückgeführt und hat nach mehrfacher Richtung die Navigierung des Kapitäns für fehlerhaft und nicht hinreichend vorsichtig erklärt.

Gründe. Für den Mittag des der Strandung vorhergehenden Tages liegt eine genaue Ortsbestimmung mit 41° 25′ SBr., 74° 10′ WLg. vor.

Nach den ferner im Journal angegebenen und richtig in rechtweisende verwandelten Kursen stellt sich bei genauer Berechnung der weitere Verlauf der Reise folgendermaßen:

Rechtweisender Kurs S 18° W 94′ Dist. Br. Untersch. 89.4 S Abw. 29° W oder 1° 29′ SBU 0° 40′ WLU.

Abfahrtsort: 41° 25′ SB, 74° 10′ WLg.

Schiffsort: 42° 54′ SBr., 74° 50′ WLg.

für 9½ Uhr abends, als man die Kursänderung von S ½ O auf Süd vornahm. Darauf steuerte man weiter

rechtweisend S 22° W 54′ Dist. BU 51′ S Abw. 20.6′ W oder 0° 51′ SBU 0° 28′ WLU.

Abfahrtsort: 42° 54′ SBr. 74° 50′ WLg.

Schiffsort: 43° 45′ SBr. 75° 18′ WLg.

für 8½ Uhr morgens, als man zuerst Brandung hörte.

Mit den gesteuerten Kursen sollte man, sofern keine Versetzung durch Strom stattfand, die Insel Huafo in 14 Seemeilen und die Insel Huamblin in 5 Seemeilen westlichem Abstande passiren. Anstatt dessen lief man innerhalb, oder östlich von Huamblin auf Grund. Zur Zeit der Strandung sollte man sich von dem Nordende der Insel etwa rechtweisend NWzW 8 Seemeilen entfernt befinden. Da der Strandungsort noch eine Strecke südsüdöstlich von dem Nordende der Insel liegt, so betrug die gesamte Kursversetzung etwa 12 Seemeilen nach SO.

Ob diese Kursversetzung auf die Wirkung von Strömungen oder auf Fehler in der angenommenen Deviation, oder auf beide Ursachen zugleich zurückzuführen ist, ist eine Frage, welche nicht mit Bestimmtheit beantwortet werden kann.

Bei den nördlichen Winden, welche in der der Strandung voraufgegangenen Zeit vorgeherrscht hatten, würde sich eine so starke östliche Strömung nur schwer erklären lassen, wenn auch nicht verkannt wird, daß die Strömungen in diesen Meeresteilen im allgemeinen recht unregelmäßig sind.

Anderseits wird vom Kapitän und seinen Steuerleuten bekundet, daß man stets jede sich bietende Gelegenheit zur Feststellung der Deviation benutzt habe. Der erste Steuermann meint, daß er noch am letzten Tage vor der Strandung eine Deviation genommen habe. Im übrigen habe sich die Deviation von Reise zu Reise nur sehr wenig verändert und es habe bei dieser Reise die Ladung gar keinen Einfluß auf den Kompaß gehabt.

Wenn man aber auch die Ursachen der Kursversetzung dahingestellt bleiben läßt, so ist doch der von dem Reichskommissar gegen den Kapitän erhobene Vorwurf begründet, daß er nicht eher gemerkt hat, daß sein Schiff nach Osten vom Kurse abirrte. Er hätte dies, wie die Verhandlung mit Sicherheit ergeben hat, schon am Morgen des 30. April beim Passieren von Kap Quedal und am Mittag beim Feststellen seines Schiffsorts merken müssen, denn der nach dem Passieren von Kap Galera gesteuerte rechtweisend S 15° W Kurs führte ihn in einer Entfernung von etwa 10 Seemeilen bei Kap Quedal vorbei, während die tatsächliche Entfernung von Kap Quedal durch Vierstrichpeilung auf 2½ Seemeilen festgestellt wurde. Dementsprechend war die um Mittag durch Peilung festgestellte Länge etwa 8 Seemeilen östlicher, als die Länge nach Besteck. Diese Kursversetzung von 8 Seemeilen auf eine zurückgelegte Distanz von 59 Seemeilen ist außerordentlich auffallend und läßt sich selbst durch Annahme starker Strömungen und Deviationsfehler nur schwer erklären. Der während der Verhandlung geäußerten Vermutung, daß der im Journal angegebene Kurs vielleicht nicht gehalten, von den wachehabenden Steuerleuten vielmehr nach Landmarken gesteuert sei und man sich auf diese Weise dem Lande mehr genähert haben könne, ist vom Kapitän und ersten Steuermann mit Entschiedenheit widersprochen worden. Um so mehr hätte also die Entdeckung der starken Versetzung den Kapitän veranlassen müssen, den Ursachen der

Erscheinung nachzugehen und bei seiner weiteren Navigierung mit den auf seinen Kurs wirkenden Einflüssen zu rechnen.

Daß die Einzeichnung des Kurses auf der Karte versäumt ist und damit auch die Kursversetzung dem Kapitän verborgen blieb, ist eine Unterlassung, welche dem letzteren entschieden zum Vorwurfe gereicht. Die dauernde Kontrolle des Verhältnisses zwischen dem Besteckkurs und dem wirklichen Kurse ist eine der wichtigsten Obliegenheiten des Schiffers und hätte hier um so weniger unterlassen werden dürfen, als man sich an einer Küste mit unsicheren Strömungen befand und die Kontrolle ohne jede Mühe zu machen war.

Vom Mittag des 30. April an hat Kapitän Piening seinen Kurs so abgesetzt, daß er nach seiner Meinung Huafo in 18—19, Huamblin in 9—10 Seemeilen Abstand passieren mußte. Er fühlte sich, da er von der östlichen Versetzung nichts gemerkt hatte, völlig sicher und ließ, bis die Brandung gehört wurde, die Maschine mit voller Kraft vorwärts laufen.

Bei seiner Kursabsetzung ist ihm ein Fehler unterlaufen, da der Abstand von Huafo, wie oben ausgeführt ist, nach den gesteuerten Kursen nur 14 Seemeilen, von Huamblin nur 5 Seemeilen betrug. An sich wäre aber das Passieren der Inseln in diesem Abstand nicht zu tadeln, da Huamblin am Tage zu passieren war, die Insel hoch ist und da in geringer Entfernung von der Insel tiefes Wasser ist.

Durch den am Abend des 30. April einsetzenden Nebel änderte sich aber die Sachlage. Daß Kapitän Piening mit Rücksicht auf diesen Nebel einen halben Strich westlicher steuern ließ, kann als eine genügende Vorsichtsmaßregel nicht angesehen werden. Er hätte hier ohne erheblichen Zeitverlust sehr wohl so weit abhalten können, daß jede Strandungsgefahr ausgeschlossen gewesen wäre, und er hätte später, falls es aufklarte, immer wieder Landmarken in Sicht bringen können, um seinen Schiffsort bestimmen zu können.

Wenn Kapitän Piening aber die Insel Huamblin bei dem unsichtigen Wetter ansteuern wollte, so hätte er vorsichtiger gehandelt, wenn er zu der Zeit, als er sich der Insel näherte, die Fahrt des Schiffes gemäßigt hätte. Zwar ist es am Morgen des 1. Mai zeitweise etwas klarer geworden, grade in der letzten Stunde vor der Strandung ist es aber erwiesenermaßen wieder so unsichtig geworden, daß man nur sehr wenig Ausblick hatte.

Als ein schwerer Fehler gegen die gebotene Vorsicht erscheint es ferner, daß unter diesen Umständen der Ausguck nicht besetzt worden ist. Es ist hierfür in erster Linie der wachehabende erste Steuermann

Nörden verantwortlich, aber auch der Kapitän kann sich nicht damit entschuldigen, daß er nicht darauf geachtet habe, ob der Ausguck besetzt sei oder nicht. Es ist, wie der Reichskommissar mit Recht betont hat, nicht ausgeschlossen, daß der auf der Back postierte Ausgucksmann die Brandung rechtzeitig gehört und gemeldet hätte. Auf keinen Fall hätte der Ausgucksmann die törichte Ausrede des Rudermanns für das Unterlassen der Meldung vorbringen können, daß ihm das Sprechen verboten sei.

Über die nach dem Hören der Brandung vom Kapitän befohlenen Maschinenmanöver gehen die Aussagen der Zeugen so auseinander, daß sich ein bestimmtes Urteil nicht bilden läßt. Die vom Kapitän selbst angegebenen Kommandos haben dem Reichskommissar Anlaß zu einem weiteren Tadel gegeben, da es richtiger gewesen wäre, die Maschine sofort auf volle Kraft rückwärts zu setzen. Das Seeamt kann dem Argument des Kapitäns, daß er befürchtet habe, durch dieses Manöver mit der rechtsdrehenden Schraube nach der an Steuerbord gehörten Brandung, deren Entfernung unbekannt war, zuzudrehen, die Berechtigung nicht absprechen.

Das Verhalten des Kapitäns und der Steuerleute nach der Strandung hat in hohem Grade die Anerkennung des Seeamts gefunden. Es ist in umsichtiger Weise alles geschehen, um den Passagieren den Aufenthalt auf der unwirtlichen Insel erträglich zu machen. Der erste und dritte Steuermann haben ferner einen hohen Grad von Mut und Ausdauer bewiesen, als sie in viertägiger schwieriger Reise mit dem Schiffsboote Nachricht von dem Unfall an Land brachten.

121. Spruch des Seeamts zu Rostock vom 15. Oktober 1902, betreffend den Seeunfall des Schraubendampfers „Carl Behnk" von Rostock.

Der Spruch des Seeamts lautet:

Die am 27. Februar 1902 in Trouville an Bord des Schraubendampfers „Carl Behnk" erfolgte Kohlengasexplosion ist dadurch verursacht, daß französische Löscharbeiter unbefugter Weise die Achterluke geöffnet und dabei offene Petroleumlampen benutzt haben. Eine Verantwortung hierfür trifft weder den Schiffer noch den Steuermann. Doch hätte der Schiffer vorsichtiger gehandelt, wenn er während der Reise entweder durch Aufschrauben der Exhaustatoren auf die niedrigen Ventilatoren oder durch Öffnen der Luken für bessere Oberflächenventilation gesorgt hätte. Auch wäre es Pflicht des Schiffers gewesen, der Mannschaft bestimmte Vorschriften über den Gebrauch von offenem Licht zu erteilen.

Die Ausrüstung des Dampfers war insofern mangelhaft, als keine Sicherheitslampen an Bord waren.

Der in Rostock beheimatete, 1890 daselbst aus Stahl erbaute und zu einem Netto-Raumgehalt von 1045,8 cbm = 369,16 britischen Registertons vermessene Schraubendampfer „Carl Behnk", Unterscheidungs-Signal MDPG, Kapitän H. Niemann, ist am 27. Februar 1902 zu Trouville durch eine Kohlengasexplosion nicht unerheblich beschädigt.

Der Dampfer hatte am 24. Februar 1902 in Neath Abby eine Kohlenladung von ungefähr 775 Tons nach Trouville eingenommen. Die Kohlen, welche direkt aus der Grube kamen und trotzdem aber weich und daher sehr grusig waren, wurden unter der Spout durch die Luken in den Raum geschüttet. Der Dampfer enthält zwei Laderäume, zwischen denen in der Mitte des Schiffes der Maschinenraum liegt. Vier eiserne Querschotten schließen die beiden Laderäume hinten und vorn von den übrigen Schiffsräumen, soweit möglich, luft- und wasserdicht ab. Außerdem befindet sich in der oberen Hälfte eines jeden Laderaums ein hölzernes Längsschott, um das Überschießen der Ladung zu verhindern. Nur der Raum unter den Luken ist frei. Der größere Vorderraum enthält zwei, der kleinere Achterraum eine Luke. Ventilatoren sind in jedem Laderaum zwei vorhanden. Die beiden auf dem Vorderdeck befindlichen haben einen Durchmesser von 26½ cm, eine Höhe über Deck von 54 cm und sind mit abschraubbaren eisernen Deckeln versehen. Ein ebenso beschaffener Ventilator befindet sich auch auf dem Hinterdeck. Zur Verlängerung dieser Ventilationsrohre dienen zwei an Bord befindliche Exhaustatoren von 1,70 m Länge. Ein vierter Ventilator mit offenem Trompetenaufsatz führt aus dem Achterraum durch die Kammer des Maschinisten bis zu einer Höhe von 2 m über Deck und 1,25 m über der Kammer.

Nach Einnahme der Kohlenladung, von welcher ungefähr 300 Tons den hinteren Laderaum in der Mitte bis zur Luke füllte, während nach beiden Seiten ein Luftraum frei blieb, wurden die Luken verschalkt und der Dampfer trat noch an demselben Abend seine Fahrt an. Während derselben blieben die sämtlichen Ventilatoren geöffnet, die Exhaustatoren wurden nicht aufgesetzt. Am 26. Februar gegen 12 Uhr nachts machte der Dampfer in Trouville am Quai fest. Am nächsten Morgen 6 Uhr sollte mit dem Löschen begonnen werden. Während der Nacht wurde Einmannswache gehalten. Morgens von 4—6 Uhr war der Koch Dethloff auf Wache. Bereits gegen 1/26 Uhr kamen französische Arbeiter mit sogenannten Petroleumfackeln, d. h. Lampen ohne Gläser, vom Lande an Bord und schickten sich an, die Achterluke zu öffnen. Der Koch, welcher sie hierzu berechtigt glaubte, hinderte sie nicht, obwohl er sah, daß sie ihre brennenden Lampen dicht neben die Luke gestellt hatten, ging aber zur Koje des Steuermannes Tack und weckte diesen. Während er noch in der Tür der Koje stand, erfolgte hinter seinem Rücken bei der Achterluke eine Explosion. Als der Schiffer schleunigst an Deck kam, sah er eine Flamme oben im Top, die er mit wenig Wasser löschte. Weiter brannte an Deck nichts. Doch waren sämtliche Lukendeckel der Achterluke verschwunden und einige Zentner Kohlen lagen auf Deck. Verletzt wurde niemand. Die fremden Arbeiter bestritten, mit einer Lampe in die Luke hineingeleuchtet zu haben, schon beim Öffnen des ersten Lukendeckels habe sich das Gas entzündet. Eine brennende Lampe stand nach der Explosion auf der Winde zwischen Luke und Maschinenraum, ungefähr einen Meter von ersterer entfernt. Der Schiffer schickte die fremden Arbeiter von Bord und öffnete selbst mit dem Steuermann die beiden Luken des Vorderraums, die unversehrt waren. Eine oberflächliche Besichtigung ergab, daß das Deck sich 6—8 Zoll gehoben hatte, die Winde gelöst schien und einige Nieten herausgeflogen waren. Nachdem bis Mittag gelöscht war, sah man im Raum, daß mehrere Decksbalken an beiden Seiten sowie mehrere Spanten gebrochen waren. Nach beendigter Löschung erklärte der vom deutschen Konsulat zu Havre bestellte Sachverständige das Schiff für genügend seetüchtig, um leer nach Rostock zu gehen. Bei der dort vorgenommenen Besichtigung haben die Sachverständigen die Reparaturkosten auf 35000 Mark geschätzt.

Sicherheitslampen haben sich nicht an Bord befunden, auch sind nach Aussage des Steuermanns Tack und des Kochs Dethloff Vorschriften über das Umgehen mit Licht an die Mannschaft nicht erlassen. Die Unfallverhütungsvorschriften der Seeberufsgenossenschaft hat der Schiffer mitgeführt.

Gründe. In tatsächlicher Beziehung steht fest, daß die Explosion verschuldet ist durch die französischen Arbeiter, welche unbefugter

Weise die Achterluke geöffnet und dabei offene Petroleumlampen gebraucht haben. Das aus der Lukenöffnung hervorströmende Gas ist durch Verbindung mit der atmosphärischen Luft explosiv geworden und hat sich an der in unmittelbarer Nähe befindlichen Flamme entzündet. Es liegt auf der Hand, daß bei diesem Vorgange die Einrichtung des Schiffes in keiner Weise mitwirkend gewesen ist, vielmehr müssen die Ventilationsvorrichtungen auf demselben als genügend bezeichnet werden. Ebensowenig kann den Schiffer oder den Steuermann für das ohne ihr Wissen erfolgte Handeln der Löscharbeiter eine Verantwortung treffen. Nach einer anderen Richtung hin kann jedoch dem Schiffer der Vorwurf nicht erspart werden, daß er nicht mit derjenigen Vorsicht verfahren ist, welche den Umständen entsprochen hätte. Daß nämlich sich in dem hinteren Laderaum eine solche Menge Gas ansammeln konnte, ist dadurch verursacht, daß der Schiffer nicht für eine geeignete Oberflächenventilation gesorgt hat. Die niedrigen Ventilationsrohre, die auf Deck nicht über die Regeling hervorragen, vermögen einen genügenden Luftwechsel in den Schiffsräumen nicht zu bewirken, und ebensowenig vermag dies der im Achterraum befindliche Ventilator mit hohem Trompetenaufsatz für sich allein. Es wäre daher geboten gewesen, während der Fahrt die Exhaustatoren auf die niedrigen Ventilatoren aufzuschrauben, um so mehr, als der Schiffer frische Wales-Kohlen geladen hatte, die, wie er wußte, besonders reichlich Gas entwickeln. Der Einwand des Schiffers, daß die Exhaustatoren nicht wasserdicht schlössen und die See zu Anfang der Reise bewegt gewesen sei, ist nicht stichhaltig, da ausweislich des Journals während der ganzen Fahrt von Neath Abby nach Trouville so gutes Wetter geherrscht hat, daß sogar die Luken hätten geöffnet werden und außerdem, falls nötig, die Exhaustatoren während der Fahrt immer wieder hätten abgenommen werden können. Und selbst, wenn der Schiffer die Exhaustatoren nicht aufsetzen wollte, so war nach der Ankunft in Trouville noch Zeit genug, durch vorsichtiges Öffnen der Luken für ein gefahrloses Entweichen der Gase, mit deren Vorhandensein der Schiffer erfahrungsgemäß zu rechnen hatte, zu sorgen. Hätte der Schiffer eine dieser Vorsichtsmaßregeln beobachtet, so würde voraussichtlich die Explosion nicht eingetreten sein. Wenn trotzdem davon abgesehen ist, dem Schiffer ein mitwirkendes Verschulden zur Last zu legen, so beruht dies auf der Erwägung, daß der Schiffer das unbefugte Handeln der fremden Löscharbeiter unmöglich voraussehen konnte und daher auch nicht in Berechnung zu ziehen brauchte. Immerhin aber war auszusprechen, daß der Schiffer vorsichtiger hätte handeln können. Eine gewisse Gleichgültigkeit des Schiffers gegen die mit Kohlenladungen verbundenen großen Gefahren zeigt sich auch darin, daß der Schiffer seinen Leuten keine bestimmten Vorschriften über den Gebrauch von offenem Licht ertheilt hat. Es ist dies zur Verhütung von Unvorsichtigkeiten der Mannschaft durchaus geboten und es war daher auch diese Unterlassung zu rügen. Endlich mußte die Ausrüstung des Schiffes insofern als mangelhaft gerügt werden, als Sicherheitslampen sich nicht an Bord befunden haben. Wenn auch die Unfallverhütungsvorschriften der Seeberufsgenossenschaft von 1899 in ihren Bestimmungen über das Inventar das Führen von Sicherheitslampen nicht ausdrücklich vorschreiben, so weist doch schon die im Jahre 1889 im Auftrage des Reichsamts des Innern erschienene Denkschrift über die Gefahren der Steinkohlenladungen darauf hin, daß auf Kohlenschiffen nicht nur die Laderäume, sondern auch alle benachbarten Gelasse nur mit zuverlässigen Sicherheitslampen betreten werden dürfen. Es muß daher als unabweisliche Pflicht der Reedereien bezeichnet werden, für das Vorhandensein von Sicherheitslampen auf Kohlenschiffen zu sorgen.

122. Spruch des Seeamts zu Tönning vom 16. Oktober 1902, betreffend den Seeunfall des Gaffelschoners „Carl & Conrad" von Wyk auf Föhr.

Der Spruch des Seeamts lautet:

Am 14. September 1902 ist der Gaffelschoner „Carl & Conrad" auf der Reise von Hamburg nach Christiania-Fjord unweit von Laurwig, nachdem er von der Mannschaft verlassen war, gesunken. Die Ehefrau des Steuermanns und Reeders Bendixen hat hierbei ihren Tod in den Wellen gefunden. Der Untergang des „Carl & Conrad" ist dadurch herbeigeführt, daß die von der norddeutschen chemischen Fabrik in Hamburg eingenommene Ladung Tonerderückstände nach Eintritt stürmischen Wetters breiig geworden und übergegangen ist, infolgedessen das Schiff manövrierunfähig wurde.

Das Seeamt erachtet es für notwendig, daß in die Unfallverhütungsvorschriften der Seeberufsgenossenschaft eine

Bestimmung aufgenommen wird, welche die Gefährlichkeit von Ladungen, wie die oben bezeichnete, kennzeichnet und ihre genügende Sicherheit bezweckt. Das Verlassen des Schiffes war unter den obwaltenden Umständen gerechtfertigt. Der Schiffsführung ist kein Vorwurf zu machen.

Gründe. Der im Jahre 1898 aus Eisen erbaute Gaffelschoner „Carl & Conrad", Heimatshafen Wyk auf Föhr, Unterscheidungs-Signal LMRK, vermessen zu einem Netto-Raumgehalt von 247,4 cbm = 87,32 britischen Registertons war ein mit Schwertern versehenes, plattbodiges Fahrzeug. Seine Länge betrug 28,31 m, die größte Breite 5,56 m, die Tiefe des Schiffsraums 2,14 m. Der Raum war gegen vorn und hinten durch wasserdichte eiserne Schotten abgeschlossen. Das Schiff befand sich in gutem, seetüchtigen Zustande. Die beiden kupfernen Pumpen standen hinter dem Fockmast, sie waren gebrauchsfähig und gegen die Ladung abgekleidet. Die Besatzung bestand aus dem Schiffer Homann, welcher ein Patent für kleine Fahrt besitzt, dem Steuermann und Reeder Bendixen und 2 Leichtmatrosen. Außer diesen Personen befand sich noch die Ehefrau des Bendixen an Bord.

Der „Carl & Conrad" nahm am 1. und 3. September 1902 in Harburg von der Norddeutschen chemischen Fabrik eine Ladung von 170 Tons Tonerderückstände ein, um sie nach dem Christiania-Fjord zu bringen. Da der Schiffsleitung von verschiedenen Seiten gesagt war, die Ladung sei gefährlich, sie könne leicht lebendig werden, wurde vor Einnahme derselben ein Längsschott angebracht. Dasselbe bestand aus aufrecht stehenden, dicht an einander gefügten Bohlen von 1 ½—3 Zoll Dicke, die unten am Kielbalken, oben an den Lukenbalken festgenagelt und an 3 oder 4 Stellen durch Balken und Bretter nach den Seiten hin abgestützt waren. Das Schott ging aber nicht durch den ganzen Raum, es reichte vielmehr nur bis zum Fockmast und ließ hinten etwa 3 Fuß frei. Die Bodenbretter des Raumes wurden, nachdem das Kielwasser, nur 3—4 Eimer voll, ausgeschöpft war, mit Werg gedichtet.

Um ganz sicher zu gehen, erkundigte sich der Schiffer noch auf der Fabrik, ob auch etwas mit der Ladung passiren könne. Er erhielt den Bescheid, die Masse sei so trocken, da könne nichts passieren.

Man begann daher mit dem Laden. Die Tonerderückstände lagerten auf einer Halde unter freiem Himmel; sie wurden mit dem Spaten abgegraben, in Schiebkarren an Bord gebracht und durch die Luken in den Raum gestürzt. Nach den Angaben des Schiffers und des Steuermanns sah die Masse ungefähr so aus wie Lehm, sie war auch ebenso fest und stückig. Sie fühlte sich bröckelig und ganz trocken an. Der Schiffer hat mehrere Stücke auseinandergebrochen und gefunden, daß die Bruchflächen trocken waren. Am 1. September war gutes Wetter. Am 2. regnete es etwas; es wurde daher an diesem Tage nicht geladen. Am folgenden Tage war es wieder trocken; das Laden wurde fortgesetzt und beendigt.

Am letzten Ladetage äußerte der Vorarbeiter, welcher die Leitung beim Laden hatte, zum Schiffer, er habe sich zwar gut vorgesehen, aber damit nichts passiere, wollten sie noch etwas Trockenes dazwischen schütten.

Zu der Hauptladung ist dann hin und wieder eine Karre voll von einer weißen, trockenen Substanz, die in einem Schuppen lagerte, geschüttet und über die im Raum liegende Masse verstreut. Es kam immer eine solche Karre voll auf etwa 8—10 Karren der Hauptladung. Von der weißen Masse sind zuletzt noch 3 Karren voll oben auf die Ladung gebracht.

Die Ladung hat den Raum nicht ganz ausgefüllt. Sie rutschte beim Hineinschütten durch die Luken nach den Seiten, sowie nach vorn und hinten hinunter und ließ hier noch Platz frei, während sie bis an die Luken reichte.

Diese sind mit doppelten Presenningen versehen und gehörig verschalkt. Die dreiteilige Vorderluke ist aber, solange das Wetter gut war, tagsüber offen gehalten. Das geschah, weil das Schiff bei geschlossenen Luken stark schwitzte und man den Zutritt von Wasser zu der Ladung möglichst verhüten wollte. Das Schiff war beim Antritt der Reise am 4. September dicht und ist dicht geblieben. Es ist auch nach der Versicherung der Zeugen durch die offene Vorderluke kein Wasser in den Raum gekommen. Dieselbe ist geschlossen, sobald die See unruhig wurde und Wasser an Deck kam.

Das war am 10. September. Seit diesem Tage hat das Schiff schweres Wetter gehabt und stark gearbeitet und gestampft.

Am 12. September gegen Mittag sichtete man Hanstholm im NNO in 9—10 Seemeilen Abstand. Da es stürmisch aus NW wehte, wurde gehalst. Der „Carl & Conrad" lag nun unter dicht gerefften Segeln mit Steuerbordhalsen an. Abends wurde bemerkt, daß das Schiff Schlagseite hatte. Da man vom Deck aus nicht in den Raum gelangen konnte, wurde in der unter Deck befindlichen Kajüte ein Loch durch die Zwischenwand gehauen, durch welches man sich in den Raum begab. Es fand sich, daß das Längsschott sich begeben hatte und daß die Ladung in Bewegung war; sie war auseinandergelaufen und bildete eine ganz flache Ebene. Man fing nun an, die Ladung zu trimmen, was anfangs gut gelang, später aber aufgegeben werden mußte, weil die Ladung immer mehr in Bewegung kam und das Schiff bald auf der anderen Seite lag. Die Ladung war ganz weich anzufühlen, ungefähr so, wie wenn Kitt lose gerieben wird, sie war ein steifer Brei geworden, auf dem man nur sehr kurze Zeit stehen konnte; er wirkte wie Zugsand, sodaß es dem Einsinkenden schwer fiel, die Stiefel wieder herauszuziehen.

Am Sonnabend den 13. September war Sturm aus NW und es lief eine hohe See. Das Schiff war gänzlich manövrierunfähig, es konnten keine Segel mehr geführt werden; sie wurden daher geborgen und man ließ dann das Schiff vor 45 Faden Kette und dem kleinen Anker mit 20 Faden Kette treiben. Am Morgen des 14. September wurde die Notflagge gesetzt. Da aber vom Lande keine Hilfe kam und das Schiff, welches mit einer Seite bis an die Luken im Wasser lag, nicht länger zu halten war, beschloß man gegen Mittag vom Bord zu gehen. Es gelang, das Boot auszusetzen; dasselbe wurde, nachdem der Steuermann Bendixen einen Korkgürtel angelegt hatte und die anderen Schiffbrüchigen mit Korkwesten versehen waren, bestiegen. Die Schiffspapiere wurden in einer eisernen Kassette mitgenommen. Das Boot blieb noch eine Weile an einer Leine beim Schiffe. Da man aber jeden Augenblick das Sinken desselben befürchten mußte, wurde die Leine gekappt und das Boot trieb dem Lande zu. In der äußersten Brandung kenterte es. Dabei ist die Kassette mit den Papieren verloren und die Frau des Steuermanns ertrunken. Die übrigen Leute sind gerettet. Kurze Zeit, nachdem die Mannschaft an Land gekommen war, ist der „Carl & Conrad" etwa 2 Seemeilen von Laurwig entfernt gesunken. Die Leiche der Ehefrau Bendixen ist später geborgen.

Vorstehender Sachverhalt hat sich aus der eidlichen Vernehmung des Schiffers und des Steuermanns in Verbindung mit der von der gesamten Mannschaft am 20. September vor dem Kaiserlichen Konsulat in Ringkjöbing abgelegten Verklarung und der Auskunft der Seewarte vom 29. September ergeben.

Hiernach wird zunächst festgestellt, daß der Untergang des „Carl & Conrad" durch seine bei schwerem Wetter infolge Übergehens der Ladung eingetretene Manövrierunfähigkeit herbeigeführt ist.

An der Ladung hat sich, solange das gute Wetter andauerte, solange sie also durch die tagsüber offen gelassene Vorderluke beobachtet werden konnte, keine Veränderung gezeigt. Nach dem 10. September aber, als der „Carl & Conrad" bei lebhaften bis stürmischen Winden heftig arbeitete und stampfte, ist sie in Bewegung gekommen und am 12. September war sie zu einem steifen Brei geworden, welcher das Längsschott verdrängte und das Schiff auf die Seite legte.

Die Ursache des Übergehens der Ladung ist nun nicht darin zu suchen, daß Wasser in irgendwie erheblicher Menge zu derselben gekommen ist; den Angaben der Zeugen, daß das Schiff keine Leckage gehabt hat und daß auch durch die Vorderluke kein Wasser in den Raum geschlagen ist, war unbedingt Glauben zu schenken.

Die Ursache liegt vielmehr in der Beschaffenheit der Ladung selbst.

Diese bestand aus sogenannten Tonerderückständen. Unter Tonerderückständen versteht man — das Seeamt folgt hierin, wie in den nachstehenden Ausführungen, im wesentlichen dem überzeugenden Gutachten des in der Hauptverhandlung als Sachverständigen vernommenen Chemikers Dr. phil. Ferd. Lorenzen in Friedrichstadt — die bei der Fabrikation von schwefelsaurer Tonerde aus Kaolin, einer Verbindung von Kieselsäure und Tonerde, auch China clay benannt, durch Behandlung dieses Stoffes mit Schwefelsäure unter Druck resultierenden und mit unzersetzten Bestandteilen des Kaolins vermengten Rückstände, welche in Filterpressen entwässert und zunächst auf die Halde, also auf einen unter freiem Himmel befindlichen Lagerplatz gebracht zu werden pflegen. Kieselsäure, welche durch chemische Prozesse aus Verbindungen freigemacht wird, um solche handelt es sich hier, hat durchweg eine sehr feine, lockere Verteilung und hält ihr innewohnendes Wasser hartnäckig fest. Die Masse hat aber auch vermöge ihres wenn auch geringen Schwefelsäuregehalts, welcher der Behandlung des Kaolins mit Schwefelsäure enstammt, die Fähigkeit, Feuchtigkeit anzuziehen. Es wird also sowohl durch die geöffnete Vorderluke, die der Seeluft den Zugang zu der Ladung frei ließ, als auch von dem ablaufenden Schwitzwasser der eisernen Innenwände des Raums Feuchtigkeit zu der Ladung gekommen sein. Überdies ist noch während der Ladezeit, am 2. September, etwas Regen in die auf der Halde lagernde Masse gefallen.

Dem Sachverständigen ist als Betriebsleiter der chemischen Düngerfabrik in Friedrichstadt solche Kieselsäure, wie die hier in Rede stehende, als Nebenprodukt respektive Abfall der Superphosphatfabrikation wohl bekannt. Er hat in Ermangelung einer Ladungsprobe als Analogen eine Probe des feuchten direkten Nebenprodukts der Friedrichstädter Fabrikation und eine Probe dieses Nebenprodukts, welche einer längeren Trocknung über 100° Celsius unterworfen war, in der Hauptverhandlung vorgelegt. Beide Proben befanden sich in je einem gut verschlossenen Glashafen. Die erstgedachte Probe der ursprünglich entfallenden, wasser- und säurehaltigen Kieselsäure stellte sich dar als eine weiße, flockige Masse. Sie sah trocken aus, beim Reiben zwischen den Fingern nahm sie aber sofort eine glitschige, schleimige Beschaffenheit an.

Nachdem der Glashafen mit dieser Probe dann kaum 1/2 Minute lang kräftig geschüttelt war, hatte sich der gesamte Inhalt in eine dickflüssige, schlammige Masse von cementgrauer bis gelblicher Farbe verwandelt. Die zweite, die getrocknete Probe, deren Feuchtigkeitsgehalt infolge der scharfen Trocknung jedenfalls unter demjenigen der Ladung lag, ein weißes, lockeres Pulver, zeigte ähnliche Erscheinungen wie die erstgedachte Probe. Die Masse, zwischen den Fingern gerieben, wurde glitschig und nach etwas längerem Schütteln im Glashafen so kleberig, daß sie zum Teil an den Wänden des Glashafens haften blieb.

Durch Vorstehendes ist es vollständig aufgeklärt, wie die Ladung des „Carl & Conrad" hat in Fluß kommen können, ohne daß von außen Wasser hinzugetreten ist. Die Ladung ist zweifellos durch eigenen Druck und durch die Bewegung des heftig arbeitenden Schiffes an den Berührungsstellen mit den Innenwänden des Raums schleimig geworden und diese Veränderung hat sich im Innern fortgesetzt, bis die ganze Masse sich in einem breiigen Zustande befand.

Die Ladung des „Carl & Conrad" war hiernach eine sehr gefährliche und das Seeamt hat daher dem Antrage des Reichskommissars, im Tenor des Spruches zum Ausdruck zu bringen, daß es notwendig sei, in die Unfallverhütungsvorschriften der See-Berufsgenossenschaft eine Bestimmung aufzunehmen, durch welche auf die Gefährlichkeit solcher Ladungen hingewiesen wird, entsprochen. Auch darin hat dem Reichskommissar beigestimmt werden müssen, daß Tonerderückstände nur in solchen Schiffen zu verladen sind, deren Raum vollständig von vorn bis hinten mit sehr festen Längsschotten versehen und wenn möglich auch mit Querschotten versehen ist.

Die Schiffsmannschaft hat unter sehr schwierigen Verhältnissen ihre Pflicht getan und das Schiff erst verlassen, als dasselbe nicht mehr zu halten war.

123. Spruch des Seeamts zu Königsberg vom 28. Oktober 1902, betreffend den Seeunfall des Schraubendampfers „Ottokar" von Königsberg.

Der Spruch des Seeamts lautet:

Der am 23. April 1902 entdeckte Brand der Kohlenladung in dem Tank des Königsberger Dampfers „Ottokar" kann nur durch Selbstentzündung der Kohlen verursacht sein. Die Besatzung des Schiffes trifft keine Schuld.

Gründe. Der der Reederei von Marcus Cohn & Sohn in Königsberg gehörige Schraubendampfer „Ottokar", Heimatshafen Königsberg, Unterscheidungssignal HDFC, im Jahre 1884 in Elbing aus Eisen erbaut, vermessen zu einem Brutto=Raumgehalt von 2711,2 cbm, und einem Netto=Raumgehalt von 1993,4 cbm = 703,68 britischen Registertons, trat am 17. April 1902 unter Führung des im Besitz eines Befähigungszeugnisses als Schiffer auf großer Fahrt befindlichen Kapitäns Rottschalk mit einer Ladung Steinkohlen die Reise von Newcastle nach Pillau an. Das Wetter war während der ganzen Fahrt gut, nur hatte am 19. und am 21. April das Schiff infolge starken Seeganges viel Wasser an Deck bekommen. Die Luken sind meistens geöffnet und nur am letzteren Tage auf einige Stunden geschlossen gewesen. Am 22. April 1902 abends 9 Uhr erreichte der Dampfer den Hafen von Pillau, wo er am Kohlenhof der Firma Marcus Cohn & Sohn festgemacht wurde.

Am 23. April vormittags wurde mit dem Löschen der Ladung begonnen und dieses den ganzen Tag über fortgesetzt. Als die Lösch=arbeiter am Abend bereits das Schiff verlassen hatten, bemerkte die Schiffsmannschaft, daß die Kohlenladung im Schiffstank schwelte. Es wurde zunächst versucht, mit der Dampfpumpe das Feuer aus=zulöschen, jedoch ohne Erfolg. Deshalb mußten wieder Arbeiter requiriert und das Entlöschen der Ladung fortgesetzt werden, was bei der starken Rauchentwickelung nur langsam von statten ging. Erst gegen Morgen wurde der Feuerherd an Backbordseite in der Mitte des Tanks entdeckt. Durch teilweises Auflaufen des Wassertanks und mit Hilfe der Schiffsdampfpumpe ist sodann das Feuer gelöscht worden.

Der Dampfer hat keinen Schaden erlitten. Dieser Tatbestand ist durch die Aussagen der auf Beschluß des Seeamts vereidigten Zeugen, Kapitän Rottschalk und zweiter Steuermann Buchhorn vom Dampfer „Ottokar" festgestellt.

Die Genannten halten die Entstehung des Feuers durch Unvorsichtigkeit insbesondere in Anbetracht des Brandherdes für gänzlich ausgeschlossen und können nur eine Selbstentzündung der Kohlen annehmen.

In Übereinstimmung mit der Ansicht des Reichskommissars konnte sich das Seeamt dieser Annahme nur anschließen und die Ursache des Brandes nur auf Selbstentzündung der Kohlen zurückführen, da die Beweisaufnahme keinen Anhalt dafür ergeben hat, daß das Feuer etwa von außen her in den Laderaum gekommen sein kann.

124. Spruch des Seeamts zu Hamburg vom 5. April 1902 und Entscheidung des Kaiserlichen Ober-Seeamts vom 30. Oktober 1902, betreffend die Kesselschäden des Schraubendampfers „Andros" von Hamburg.

Der Spruch des Seeamts lautet:

Die Beschädigungen, welche der Hilfskessel und der Backbordhauptkessel des Dampfers „Andros" am 14. Januar 1902 im Hafen von Saloniki erlitten haben, sind durch Wassermangel verursacht.

Der erste Maschinist Johann Heinrich Carl Christian Armgardt hat die Unfälle verschuldet, weil er den Hilfskessel im Betriebe ließ, trotzdem ihm gemeldet war, daß das Wasser in dem Kessel nicht auf der vorgeschriebenen Höhe gehalten werden konnte, und weil er nach Unbrauchbarwerden des Hilfskessels den Backbordhauptkessel anheizen ließ, trotzdem ihm bekannt war, daß dieser Kessel nicht bis zur vorgeschriebenen Höhe mit Wasser gefüllt war.

Die diese Unfälle betreffenden Eintragungen im Maschinenjournal sind mangelhaft.

Der erste Maschinist Armgardt hat in seiner Eigenschaft als leitender Maschinist die für die Sicherheit des Betriebs nötige Vorsicht in solcher Weise außer Acht gelassen, daß ihm die Befugnis zur Ausübung des Maschinistengewerbes entzogen wird.

Tatbestand. Der Schraubendampfer „Andros", Heimatshafen Hamburg, Unterscheidungssignal RJMP, ist Eigentum der Deutschen Levante-Linie und wird geführt vom Kapitän P. Braren. Den zu 5182,8 cbm Brutto- und zu 3295,1 cbm = 1163,17 britischen Registertons

Netto-Raumgehalt vermessene Dampfer ist im Jahre 1881 gebaut und führt eine Maschine von 800 indizierten Pferdestärken.

Dieser Dampfer hat am 14. Januar 1902 im Hafen von Saloniki verschiedene Beschädigungen des Hilfskessels und des Backbordhauptkessels erlitten, welche zu einer Untersuchung des Falles durch die Kesselrevisionsbehörde Anlaß gegeben haben. Diese Untersuchung hat zu der Feststellung geführt, daß die Beschädigungen beider Kessel auf Wassermangel zurückzuführen seien, und daß der erste Maschinist Johann Heinrich Carl Christian Armgardt, Inhaber eines Befähigungszeugnisses für Maschinisten zweiter Klasse de dato Hamburg 21. April 1884, dies durch leichtsinnige Nichtbeachtung der bestehenden Vorschriften über den Betrieb der Dampfkessel verschuldet habe.

Es wurde die Bestrafung sowohl des ersten Maschinisten Armgardt für diese Verfehlung als auch des zweiten Maschinisten Fügner dafür, daß er dem Kapitän keine Meldung von dem pflichtwidrigen Verhalten des ersten Maschinisten gemacht hat, beantragt.

Die darauf vom Seeamt geführte Untersuchung der Ursachen des Unfalls hat zu folgenden tatsächlichen Feststellungen geführt.

Der zunächst hier in Frage stehende Hilfskessel ist auf der vorhergehenden Reise außer Betrieb gewesen, weil die Kesselwandung bei dem Flansch des Sicherheitsventils durchgerostet war. Nach beschaffter Reparatur ist der Hilfskessel auf dieser Reise in Hamburg, Antwerpen, Malta, Candia, Piraeus, Smyrna und zuletzt in Saloniki beim Löschen und Laden benutzt worden. In Saloniki hatte der Kessel am 13. Januar 14 Stunden gearbeitet und wurde am 14. Januar morgens um 5 Uhr wieder in Betrieb gesetzt. Es wurden alle drei Winden des Dampfers betrieben und die Dampfheizung angestellt, sodaß der Kessel sehr stark in Anspruch genommen wurde. Der Kessel ist, wie der Inspektor der Reederei Ockelmann bestätigt hat, zum forcierten Treiben aller drei Winden nicht stark genug und die Maschinisten haben die Order, in solchen Fällen einen der großen Kessel zu gebrauchen.

Der unter Aufsicht des ersten Maschinisten Armgardt den Hilfskessel bedienende Donkeymann Breuer sagt aus, daß er des forcierten Betriebs wegen schon vor acht Uhr nicht mehr genügend Wasser im Kessel habe halten können und daß er dies dem ersten Maschinisten gemeldet habe. Dieser habe ihm aber befohlen, weiter zu heizen und habe nur von Zeit zu Zeit den Injektor anstellen lassen.

Es ist nur zeitweilig aufgespeist worden, weil der Donkeymann die Order hatte, unter allen Umständen genügend Dampf zum Betriebe der Winden zu halten und weil beim Zusetzen des Speisewassers der Dampf hinunterging, so wurde wohl zeitweilig der Wasserstand im Kessel wieder auf die richtige Höhe gebracht. Da der Kessel aber der von ihm verlangten Leistung nicht gewachsen war, fiel das Wasser stets wieder nach kurzer Zeit unter den vorgeschriebenen Wasserstand und verschwand auch zeitweilig ganz aus dem Wasserstandszeiger. Dieser befand sich an der Kesselfront neben der Rauchkammer, zeigte also den Wasserstand bei gerader Lage des Schiffes an. Da das Schiff etwa 8—10° Schlagseite nach Steuerbord hatte, reichte das Wasser an Backbordseite nicht so hoch an der Kesselwand hinauf, als der Fall gewesen wäre, wenn das Schiff gerade gelegen hätte. Es hätte also, um auch für die Backbordseite des Kessels genügend Wasser zu halten, das Wasser im Wasserstandsglase über normaler Höhe gehalten werden müssen.

Als im Laufe des Vormittags der Donkeymann dem zweiten Maschinisten meldete, daß er das Wasser im Kessel nicht halten könne, er möge den Dampf abstellen, da er sonst das Feuer herausreißen müsse, ließ der benachrichtigte erste Maschinist den Assistenten Schulz zum Bedienen des Injektors holen, ließ aber im übrigen in derselben Weise weiterarbeiten. Als ihm dann gegen Mittag nochmals dieselbe Meldung wurde, soll er erwidert haben, es gehe wohl noch, es sei ja bald Mittag.

Während der Mittagspause ist das Feuer vom Donkeymann gereinigt und aufgeheizt worden. Als er dann von unten aufspeisen wollte, rief ihm der Assistent von oben zu, es nützt nichts mehr, das Wasser laufe schon aus dem Kessel heraus. Dieser bekundet, daß er gegen 12½ Uhr bei dem Hilfskessel vorbeigekommen sei, als er starkes Sausen gehört und gesehen habe, daß das Wasser aus der Rauchkammer herausgelaufen sei.

Vor dem Seeamt sind die Aussagen des Donkeymanns Breuer von dem Assistenten Schulz in allem Wesentlichen bestätigt worden. Insbesondere bestätigt er, daß der Wasserstand im Zeigen am Vormittag unter dem niedrigsten Wasserstande gewesen sei und daß der erste Maschinist dies gesehen habe, trotzdem aber habe weiterarbeiten lassen. Der zweite Maschinist Fügner, welcher vor das Seeamt nicht hat geladen werden können, da er sich auf der Reise nach Australien befindet, hat bei seiner Vernehmung vor der Kesselrevisionsbehörde gleichfalls bestätigt, daß er den ersten Maschinisten auf die Gefahr aufmerksam gemacht und gefragt habe, was geschehen solle. Armgardt habe geantwortet, er werde selbst die Kontrolle übernehmen, Fügner solle nur in die Maschine gehen. Er, Fügner, habe dann noch mehrfach gesehen, daß das Wasser nur eben über der unteren Wasserstandsmutter gestanden habe.

Der erste Maschinist Armgardt stellt diese Vorgänge wesentlich anders dar. Nach seiner Behauptung ist in dem Hilfskessel stets genügend Wasser gewesen und ist ihm auch nicht von dem Donkeymann gemeldet worden, daß das Wasser nicht zu halten sei. Ihm sei lediglich gemeldet worden, daß der Kessel stark koche und er habe deshalb befohlen, den Injektor anzustellen. Am Morgen sei der Kapitän zu ihm gekommen und habe ihn gefragt, ob er nicht mehr Dampf aufbringen könne, worauf er auf den Manometer, welcher auf 4,5 Atmosphären gestanden habe, gewiesen und gesagt habe, er könne nicht mehr Dampf geben, aber er wolle zur Mittagszeit die Feuer reinigen und dann mit vollem Dampfdruck weiter arbeiten lassen. Das Schiff habe zur Zeit 8—10⁰ schief gelegen und es seien Getreideleichter längsseit gewesen, sodaß die Aufrechterhaltung des Windenbetriebs sehr wichtig gewesen sei. Als er nach dem Wasserstande kurz vor der Mittagspause gesehen habe, sei der Stand über normal gewesen. Beim Essen sei ihm dann vom zweiten Maschinisten gemeldet, daß der Kessel stark lecke, worauf er sich davon überzeugt habe, daß das Wasser von hinten durch die Feuer hindurchgekommen sei und nunmehr das Feuer habe herausreißen lassen. Später habe es sich herausgestellt, daß im Kessel das unterste Rohr hinten an der Wand leckgesprungen sei. Armgardt bestreitet daher, daß Wassermangel die Kesselbeschädigung herbeigeführt habe, meint vielmehr, daß lediglich das Platzen des Rohres und das hierdurch bewirkte Ausströmen des Wassers die Einbeulung der Feuerbuchse zur Folge gehabt habe.

Nach Unbrauchbarwerden des Hilfskessels hat Armgardt dem zweiten Maschinisten Fügner befohlen, den Backbordhauptkessel in Betrieb zu setzen. Als Fügner und der Donkeymann Breuer den oberen Mannlochdeckel dieses Kessels einsetzen wollten und dabei in den Kessel hineinsahen, bemerkten sie, daß die oberen drei Rohrreihen oberhalb des Wasserspiegels lagen. Sie machten hiervon dem ersten Maschinisten Meldung, die Feuer wurden aber trotzdem angeheizt und nur durch die Ballastpumpe, welche noch etwa 8—9 Minuten durch den noch vorhandenen Dampf des Hilfskessels getrieben werden konnte, Wasser in den Kessel gepumpt. Sobald im Backbordkessel selbst genügender Dampfdruck vorhanden war, was gegen 3½ Uhr der Fall war, ist dieser zum Weiterpumpen verwendet worden. Als der Kessel um 1 Uhr angeheizt wurde, war im Wasserstandsglase kein Wasser zu sehen und trotz des Aufpumpens stieg das Wasser im Kessel so langsam, daß erst gegen 4 oder 5 Uhr Wasser sich im Wasserstande zeigte. Es wurde dies dadurch mit verursacht, daß der Kessel schon bald nach dem Anheizen hinten an Backbordseite leck wurde. Armgardt meinte, als ihm dies gemeldet wurde, daß wohl ein Rohr leck geworden sei, und ließ weiterheizen und weiterpumpen. Die Leckage nahm allmählich immer mehr zu, so daß gegen 8 Uhr abends auch der Backbordkessel außer Betrieb gesetzt werden mußte. Durch den zweiten Maschinisten wurde noch an demselben Abend konstatiert, daß die oberen Rohrreihen leckten und daß die Ankerscheiben oben lose waren. Die Rohre sind am folgenden Tage nachgewalzt worden, worauf der Kessel während der Heimreise und auch im Hamburger Hafen ohne Defekte zu zeigen, beim Löschen im Betriebe gewesen ist.

Maschinist Armgardt gibt diese vom Maschinenpersonal gegebene Darstellung im allgemeinen zu, behauptet nur abweichend, daß der Wasserstand im Kessel nicht unter den drei oberen Rohrreihen, sondern nur unter den vier oberen Rohren gestanden habe. Es sei dies durch die Schlagseite, welche das Schiff hatte, verursacht. Armgardt hat nicht selbst in den Kessel hineingesehen, widerspricht aber hier der Aussage der anderen Zeugen deshalb, weil nach seiner Behauptung nur die vier oberen Rohre leck geworden seien. Er gibt zu, das Anheizen und Weiterfeuern des Kessels befohlen zu haben, trotzdem im Wasserstandszeiger kein Wasser zu sehen gewesen sei.

Der Donkeykessel ist in Hamburg als völlig unbrauchbar verkauft worden, während der Backbordkessel, der keine bedeutenden Beschädigungen erlitten hatte, repariert worden ist.

Seiner Reederei hat der erste Maschinist über die Kesselunfälle und die am Backbordkessel vorgenommenen Reparaturen keine Meldung gemacht. Insbesondere findet sich auch in dem während der Reise geführten Arbeitsjournal keine Erwähnung dieser Arbeiten. Im Maschinenjournal, welches übrigens die im § 8 der Verordnung über die Führung des Maschinenjournals verlangte Beschreibung der Maschine und der Kessel nicht enthält, findet sich lediglich unter dem 14. Januar 1902 die Bemerkung „Mittags Donkeykessel Feuer heraus, Rohre leck“ und unter dem 15. Januar: „Backbordkessel Rohre aufgedrillt, Feuer übergekohlt“.

Der Reichskommissar hat ausgeführt, daß der erste Maschinist die ihm anvertrauten Menschenleben und Güter durch pflichtwidrige

Außerachtlassung der nötigen Vorsicht gefährdet habe und den Antrag gestellt, ihm die Befugnis zur Ausübung des Maschinistengewerbes zu entziehen.

Gründe. Auf Grund dieses Beweismaterials ist als erwiesen anzusehen, daß die Ursache der Beschädigungen beider Kessel in Wassermangel zu suchen ist. Wenn in dem Hilfskessel auch das unterste Rohr geplatzt ist, so ist hierin nicht die Ursache der Durchbeulung der Feuerbuchse zu finden, da nach Platzen des Rohres sofort die Feuer herausgerissen sind. Die Ursache liegt vielmehr auch hier darin, daß bei der schrägen Lage des Schiffes und dem Mangel an Wasser im Kessel, Teile der Backbordseite des Kessels dauernd nicht von Wasser bedeckt waren und daher überhitzt wurden. Dies ist um so weniger zu bezweifeln, als gerade die Teile des Kessels gelitten haben, welche bei der Lage des Schiffes bei niedrigem Wasserstand im Kessel von Wasser entblößt werden mußten.

Das Anheizen von Schiffsdampfkesseln der üblichen zylindrischen Form mit Flammenrohren, Feuerkisten und rückkehrenden Siederohren in einem Zustande der Füllung mit Wasser, bei welcher einzelne der von den Verbrennungsgasen bestrichenen Kesselteile, vornehmlich Feuerkistendecken und Siederohre, nicht mit Wasser bedeckt sind, hat für solche Kessel meist ernste Schäden im Gefolge, welche sich bei fortgesetztem derartigen Verfahren bis zu Gefahren für den Bestand der Kessel und für das Leben der Bedienungsmannschaft steigern können.

Da die Wärmeabgabe an Luft oder Dampf der von den Verbrennungsgasen bestrichenen Kesselteile erheblich geringer ist, als an Wasser, so entsteht durch fortgesetztes Heizen eine Erhöhung der Temperatur dieser Kesselteile, eine Überhitzung, welche für den tadellosen Bestand ihrer Verbände verderblich ist, ihre Widerstandsfähigkeit gegen den Dampfdruck herabsetzt, und bei schnellem Auffspeisen eine rapide Dampfentwicklung im Gefolge hat, welch letztere in einzelnen Fällen zu Explosionen geführt hat. Die durch die Überhitzung einzelner Eisenteile entstehenden außergewöhnligen Dehnungen und Beanspruchungen lockern die Verbände und führen zu Leckagen, welche manchmal plötzlich auftretend, ein Herausschleudern von Wassermassen, oder ein Ausströmen von Dampf zur Folge haben, durch welche die Bedienungsmannschaft gefährdet wird.

Um Nachteile und Gefahren der vorstehend beschriebenen Art zu verhindern, bestimmt daher die Gesetzgebung eine Bedeckung der von den Verbrennungsgasen bestrichenen Kesselteile mit einer festgesetzten Wasserhöhe, und legte damit den niedrigsten zulässigen Wasserstand im Kessel fest. Die älteren Vorschriften begnügten sich mit einem festen Maße der Höhe des niedrigsten Wasserstandes über den Feuerzügen, während die neueren Vorschriften für Schiffskessel die Einhaltung einer bestimmten Wasserhöhe bei einer Neigung des Schiffskörpers (Schlagseite) von 8 Grad vorschreiben.

Der niedrigste Wasserstand ist bei den Dampfkesseln des „Andros" noch nach den älteren gesetzlichen Bestimmungen festgelegt.

Zur Erkennung der Höhe des Wasserstandes dienen die Wasserstandsgläser, von welchen nach den älteren Vorschriften nur eins erforderlich war, während die neueren Vorschriften zwei derselben, in einer zur Schiffsaxe normalen Ebene liegend, zur besseren Erkennung des Wasserstandes bei Schlagseite des Schiffes vorschreiben.

Auch hinsichtlich der Wasserstandsgläser ist die Anordnung bei den Kesseln des „Andros" nach den älteren Vorschriften entsprechend ausgeführt und mithin hat jeder Kessel nur ein Wasserstandsglas.

Bei den behandelten Unfällen an den Kesseln des „Andros" hat das Schiff nach Angabe des Kapitäns eine Schlagseite von 8 bis 10 Grad nach Steuerbord gehabt. Legt man die Kessel- und Situations-Zeichnungen der Konzessions-Akte zu Grunde, so muß das Wasserstandsglas des Hilfskessels voll mit Wasser gefüllt sein, also der Spiegel in der oberen Mutter des Glases verschwinden, um zu erreichen, daß die nach Backbord gelegene Feuerkiste bei einer solchen Schlagseite nur noch zur Not mit Wasser bedeckt ist. Erwiesenermaßen ist aber das Wasser sogar aus der unteren Mutter des Glases verschwunden gewesen, der Wasserstand im Hilfskessel hat also so tief gestanden, daß die ganze Feuerkiste auf etwa 250 mm Höhe und die oberste Rohrreihe auf fast volle Länge vom Wasser entblößt gewesen sind. Wenn bei einer solchen Sachlage der Heizbetrieb noch fortgesetzt wurde, dann mußten Defekte an den genannten, vom Wasser entblößten Teilen entstehen.

Ist bei den Hauptkesseln unter den gleichen Voraussetzungen hinsichtlich der Schlagseite, das in der Mitte des Kessels angebrachte Wasserstandsglas gefüllt bis zur Höhe der Marke des vorgeschriebenen niedrigsten Wasserstandes, also nach der Situationszeichnung bis Mitte der Glaslänge, dann bleibt die Backbordfeuerkiste noch gerade mit Wasser bedeckt; ist jedoch das Wasser aus der unteren Mutter verschwunden, der Wasserstand also mindestens 250 mm tiefer als vorgeschrieben, dann ist die Decke der Backbordfeuerkiste vollständig, die Decke der mittleren Feuerkiste zur Hälfte und sind die obersten zwei Rohrreihen an Backbordseite vom Wasser entblößt.

Da zugestandenermaßen der Wasserspiegel im Glase des Backbordhauptkessels nicht mehr erkennbar gewesen ist, und nach den Aussagen der Zeugen die obersten 3 bis 4 Rohrreihen an Backbord über Wasser gelegen haben, so war der Zustand voraussichtlich noch ungünstiger, als eben zuvor angenommen, und es sind denn auch an diesem Kessel bei dem Anheizen Defekte an den vom Wasser nicht bedeckten, von den Feuergasen bestrichenen Teilen entstanden.

Der erste Maschinist Armgardt ist für diese Unfälle verantwortlich, weil er den Hilfskessel hat weiterheizen lassen, trotzdem ihm der gefahrdrohende Zustand gemeldet war und weil er dann den Hauptkessel anheizen ließ, ehe in diesem genügend Wasser war. Er hat damit die gesetzlichen Vorschriften verletzt und in unnötiger Weise das Schiff und die Bedienungsmannschaften der Kessel großer Gefahr ausgesetzt.

Er hat selbst nicht etwa geltend gemacht, daß der Kapitän ihn gegen seine Vorstellungen zu dem forcierten Betriebe veranlaßt habe und es hat deshalb davon abgesehen werden können, die Rückkehr des Kapitäns zwecks Vernehmung desselben, abzuwarten. Es kann aber hier bemerkt werden, daß Armgardt sich hierauf auch zu seiner Entschuldigung nicht würde berufen können, sondern daß hierin höchstens der Grund zu einer milderen Auffassung der Verfehlung gefunden werden könnte. Der leitende Maschinist trägt unter allen Umständen die volle Verantwortung dafür, daß die zur Sicherheit des Betriebs nötige Vorsicht nicht außer Augen gelassen wird und darf sich in der Erfüllung dieser seiner Pflicht weder durch Befehle oder Wünsche des Kapitäns, noch durch Rücksichten auf die schnellere Ladung oder Löschung beeinflussen lassen.

In Übereinstimmung mit dem Reichskommissar war das Seeamt der Meinung, daß Armgardt hier einen derartigen Grad von Unvorsichtigkeit gezeigt hat, daß ihm die Befugnis zur weiteren Ausübung des Maschinistengewerbes entzogen werden mußte.

Das Seeamt bedauert hierbei, daß es nach der bestehenden Gesetzgebung nicht zulässig ist, die Patententziehung auf die höhere Klasse des Maschinistengewerbes zu beschränken.

Wenn auch an sich die Abstufung der Patente in Klassen mit den allgemeinen Pflichten des Maschinistenberufs nicht in innerem Zusammenhange steht, so ist doch der Fall denkbar, daß ein Maschinist Eigenschaften vermissen läßt, welche ihn als untauglich zum leitenden Maschinisten erscheinen lassen, während er unter der Aufsicht eines Vorgesetzten wohl seinen Beruf weiter verfolgen könnte.

Handelt es sich, wie hier, um einen Maschinisten, welcher lange Jahre seine Pflichten zur Zufriedenheit erfüllt hat und welcher sich dann einmal einer so unbegreiflichen Unvorsichtigkeit schuldig macht, daß ihm die Stellung als leitender Maschinist unmöglich gelassen werden kann, so sollte auch einem solchen Manne die Möglichkeit gegeben werden, sich in einer weniger selbständigen Stellung das verscherzte Vertrauen wiederzuerwerben.

Die Entscheidung des Ober-Seeamts lautet:

Auf die Beschwerde des Maschinisten Armgardt gegen den Spruch des Seeamts zu Hamburg vom 5. April 1902 über die Kesselschäden des Dampfers „Andros" von Hamburg hat das Kaiserliche Ober-Seeamt in seiner zu Berlin am 30. Oktober 1902 abgehaltenen öffentlichen Sitzung nach mündlicher Verhandlung der Sache entschieden,

> daß die Beschwerde des Maschinisten Armgardt gegen den Spruch des Seeamts in Hamburg vom 5. April 1902 über die Kesselschäden des Dampfers „Andros" von Hamburg zurückzuweisen und die baren Auslagen des Verfahrens dem Beschwerdeführer zu Last zu legen.

Gründe. Der Beschwerdeführer hat bestritten, daß die Schäden, welche der Hilfskessel des Dampfers „Andros" am 14. Januar 1902 in der Bucht von Saloniki erlitten hat, durch Wassermangel verursacht worden sind, und den Versuch gemacht, sie auf die natürliche Abnutzung des Kessels während seiner länger als zwanzigjährigen Benutzung zurückzuführen; weiter hat er auch bezüglich der Schäden des Backbordhauptkessels ein Verschulden in Abrede gestellt und diese überhaupt nur als geringfügig bezeichnet. Durch die vom Ober-Seeamt veranlaßte Beweisaufnahme ist indessen nichts zu Tage gefördert, was zur Entlastung des Maschinisten Armgardt dienen oder sein Verschulden im milderen Lichte erscheinen lassen könnte, vielmehr ist lediglich erhärtet worden, daß das Seeamt Hamburg den Sachverhalt durchaus zutreffend festgestellt und gewürdigt hat.

Was zunächst den Hilfskessel anlangt, so hat der Kesselschmiedemeister Lüdeking die von ihm bei der Besichtigung festgestellten Einbeulungen der Rauchkammerdecke des Näheren beschrieben, ist aber nicht im Stande gewesen, bestimmt zu sagen, ob diese Schäden durch Wassermangel entstanden seien oder nicht. Einerseits nimmt er nicht an, daß die Rauchkammerdecke des Kessels ausgeglüht gewesen sei, da sich Niederschläge des Kesselwassers noch an ihr befunden hätten; andererseits aber erklärt er, daß solche Einbeulungen, die häufig vorkämen, nach seiner Erfahrung stets auf Entblößung der Kesselwände von Wasser zurückzuführen seien und bemerkt dazu, daß schon eine momentane Wasserentziehung genügend sei, um eine Einbeulung entstehen zu lassen.

Auf Grund dieser Aussage und der sonstigen Feststellungen ist der sachverständige Beistand des Beschwerdeführers, Patentanwalt Koch in Hamburg, zu der Ansicht gelangt, daß die Einbeulungen der Feuerkammerdecke nicht durch Wassermangel verursacht worden, sondern einzig und allein auf das Alter und die schwache Konstruktion des Kessels zurückzuführen sind. Die Einbeulung beschränke sich besonders auf den hinteren Teil der Feuerkammerdecke, welche an der hinteren Naht, und zwar in deren Mitte etwas mehr als einen Zoll eingedrückt gewesen sei. Von dieser tiefsten Stelle aus verlaufe die Einbeulung sowohl nach vorn wie nach beiden Seiten gleichmäßig in die ursprüngliche gerade Fläche. Da nun die Feuerkammerdecke nach Lüdekings Aussage überall mit einer weißen Schicht, die nur ein Niederschlag aus dem Kesselwasser gewesen sein könne, bedeckt gewesen sei, so sei es ausgeschlossen, daß die Feuerkammerdecke infolge Wassermangels ausgeglüht gewesen sei; denn in diesem Falle wäre die Schicht nicht haften geblieben, hätte vielmehr abspringen müssen. Dagegen habe diese Schicht dem Wärmedurchgang einen ganz beträchtlichen Widerstand geleistet und diesem Umstande allein seien die Deformationen der Feuerkammerdecke zuzuschreiben. Berücksichtige man noch das Alter des Kessels und seine, wie des Näheren dargelegt wird, nach den heutigen Erfahrungen völlig ungenügende Konstruktion, so leuchte ein, daß auch bei normalem Wasserstande ohne Überschreitung des zulässigen Dampfdruckes die Feuerkammerdecke habe eingebeult werden müssen, und daß diese Wirkung in der Mitte der Decke an der hinteren Naht – der schwächsten Stelle — am stärksten habe auftreten müssen.

Diesem Gutachten gegenüber hat sich der vom Ober-Seeamte gehörte Sachverständige, Geheime Marine-Baurat Veith folgendermaßen geäußert:

Bei jeder größeren Formveränderung des Kesselblechs, auch wenn sie nicht eine Folge des Erglühens sei, ja selbst wenn sie bei kaltem Zustande der Kesselwandungen eintrete, pflege der aufliegende Kesselstein zum Teil abzuspringen, da er spröde und nicht biegungsfähig sei, also die Durchbiegung des Bleches nicht mitmachen könne. Der Kesselstein springe ferner ab, wenn das Blech mehr erwärmt werde als der Kesselstein, auch wenn keine Biegung des Bleches eintrete, da da die Ausdehnungen von Blech und Kesselstein in der Wärme verschieden seien. Ein zuverlässiges Merkmal dafür, daß das Kesselblech glühend gewesen ist, biete das Abspringen des Kesselsteins daher nicht.

Tatsächlich sei die Feuerbuchsdecke des Hilfskessels durchbogen vorgefunden worden, und es sei demnach anzunehmen, daß der Kesselstein an der durchgebogenen Stelle vom Bleche abgesprungen sei. Wenn der Kesselschmiedemeister Lüdeking wirklich in der Einbeulung festen Kesselsteinansatz gesehen habe, so müsse dieser sich mithin nach der Durchbeulung neu gebildet haben. Allerdings entstehe nicht notwendig jede Durchbiegung einer Feuerbuchsdecke durch Entblößung von Wasser. Es sei eine Reihe von Fällen bekannt, wo Einbeulungen an Kesselwandungen durch örtliche Wärmestauung, ohne Wassermangel und ohne Erglühen, also ohne Weichwerden des Bleches nur infolge übertriebener Beanspruchung des Kessels bei gleichzeitiger Erschwerung des Wärmeüberganges vom Bleche auf die anliegende Wasserschicht durch unzweckmäßige Konstruktion des Verbandes und Verwendung von Kesselstein bildendem Speisewasser hervorgerufen worden seien. Die Auffassung des Patentanwalts Koch, daß im vorliegenden Falle die Einbeulung der Feuerbuchsdecke lediglich auf Altersschwäche und die schwache Konstruktion des Hilfskessels zurückgeführt werden müsse, sei indessen unhaltbar, da unter Zugrundelegung der noch vorhanden gewesenen Blechdicke die Materialspannungen der Deckenkonstruktion selbst bei ungünstigster Annahme noch unter der zulässigen Grenze geblieben seien. Das Material selbst sei Schmiedeeisen (Schweißeisen), welches erfahrungsmäßig im Alter wohl wesentlich an Dehnung, aber wenig an Festigkeit einbüße. Auch scheine die Dehnung noch eine genügende gewesen zu sein, da bei der Durchbeulung keine Rißbildung aufgetreten sei.

Im vorliegenden Falle müsse man, um die Ursache der Havarie zu ermitteln, die Art des Betriebes in der Bucht von Saloniki näher ins Auge fassen. Der Hilfskessel sei nach der auf der Reise von Antwerpen nach Malta erfolgten Reinigung nur vor Smyrna 30 Stunden und auf der Reede von Saloniki am 13. Januar 14 Stunden angeheizt gewesen, sodaß sich eine stärkere, gefahrdrohende Verschmutzung durch Kesselstein noch nicht habe bilden können. Am 14. Januar sei der Hilfskessel morgens 5 Uhr zum Betriebe der Winden für Laden und Löschen angeheizt worden; das Schiff habe allmählich bis zu 8—10° Schlagseite nach Steuerbord bekommen; der Kessel sei querschiffs im Schiffe aufgestellt, das Wasserstandsglas sei auf der Steuerbordseite befindlich gewesen, deshalb hätte der

Wasserstand im Glase um so höher gehalten werden müssen, je mehr sich das Schiff neigte, um über der Feuerbuchsdecke die vorgeschriebenen 10 cm Wasser zu halten. Schon bei 3½° Schlagseite sei unter Innehaltung des niedrigstzulässigen Wasserstandes die Feuerbuchsdecke von Wasser entblößt gewesen; bei 8° Schlagseite hätte, wenn die Feuerbuchsdecke gerade noch vom Wasser berührt bleiben sollte, der Wasserstand im Glase mindestens 160 mm über der den niedrigsten Stand anzeigenden Marke gehalten werden müssen. Durch die starke Dampfentnahme für den Betrieb der drei Winden sei nun im Kessel ein heftiges Kochen entstanden und das wallende Wasser habe die Feuerbuchsdecke zeitweilig benetzt und dadurch deren Erglühen zunächst verhindert. Bei weiterem Sinken des Wasserstandes habe diese Kühlung aber nahezu aufgehört, sodaß nunmehr eine Überhitzung der Feuerbuchsdecke eingetreten sei. Dies sei wohl schon vor der Frühstückszeit geschehen, als der Donkeymann Breuer dem Maschinisten Armgardt das Heraustreten des Dampfes aus der hinteren Rohrwand meldete. Zu diesem Zeitpunkte seien die oberen Rohre gesprungen und habe sich die Feuerbuchsdecke durchgebogen. Trotzdem sei der weitere Betrieb unter Zuhilfenahme des Injektors bis zur Mittagszeit noch möglich gewesen, weil die Feuerbuchsdecke durch den aus den Rohren tretenden Dampf vor weiterer Überhitzung geschützt gewesen sei. Erst als sich in einem der unteren Rohre ein Loch gebildet hätte, sodaß das Wasser unmittelbar aus dem Kessel strömte, hätten die Feuer herausgerissen werden müssen. Ob die Feuerbuchsdecke wirklich infolge des durch Wassermangel verursachten Erglühens des Kessels durchgebogen worden sei, oder ob dieser Schaden etwa durch eine Überanstrengung des Kessels in Verbindung mit anderen Umständen herbeigeführt worden sei, lasse sich einmal aus der Lage der Ausbeulung folgern. Wenn Wassermangel der Grund gewesen, müsse derjenige Teil der Decke die Durchbiegung zeigen, der nach Lage des Kessels während des Betriebs zuerst vom Wasser entblößt worden sei; dies sei aber gerade der durchgebogene hintere Teil der Decke gewesen. Weiter käme die jedem Maschinenkundigen bekannte charakteristische Färbung in Betracht; in dieser Beziehung sei von Armgardt selbst und dem Maschinisten Fügner vor der Baupolizeibehörde angegeben worden, sie hätten den Kessel nach der Erkaltung besichtigt und dabei gefunden, daß er im oberen Teile „warm" (d. h. ausgeglüht) gewesen sei, ebenso habe der Dampfkesselrevisor Prale festgestellt, daß der Kessel im oberen Teile ausgeglüht gewesen sei. Hiernach ist der Sachverständige Veith zu dem Schlusse gekommen, daß der Kessel infolge

Wassermangels die Havarie erlitten hat, sowie daß Armgardt den Schaden durch sein Verhalten verursacht und seine Unfähigkeit bewiesen hat, die Maschinenanlage unter einigermaßen ungewöhnlichen Verhältnissen sachgemäß zu behandeln.

Das Ober-Seeamt hat beide Gutachten geprüft und das Veithsche Gutachten für zutreffend erachtet, zumal dieses durch die Feststellungen des Dampfkesselrevisors Prale in Hamburg, der die Kessel des „Andros" untersucht hat, gestützt wird. Prale, ein Sachverständiger von großer Erfahrung, hat sich auf Grund der vorgenommenen Prüfung ausdrücklich dahin ausgesprochen, daß der Hilfskessel durch Wassermangel gelitten habe, daß die Decke der Feuerbuchse um 38 mm durchgebogen gewesen sei, daß die oberen Rohre lose gewesen seien, und daß der Kessel sich im oberen Teile ausgeglüht gezeigt habe. Gegenüber dieser Feststellung, welche durch das Veithsche Gutachten ins rechte Licht gesetzt wird, konnte der Kochschen Annahme, daß die Schäden auf Alter und Konstruktionsmängel zurückzuführen seien, nicht beigetreten werden. Es mag zwar richtig sein, daß das Kesselblech infolge des langjährigen Gebrauchs nicht mehr die ursprüngliche Stärke besessen hat; andererseits steht aber doch fest, daß der Kessel vor dem Antritt der Reise vorschriftsmäßig geprüft und in Ordnung befunden worden ist. Dem Maschinisten Armgardt war das Alter und der Zustand des Kessels bekannt. Dieser Umstand kann daher nicht zu seiner Entlastung gereichen; im Gegenteil hätte Armgardt gerade mit Rücksicht hierauf den Kessel mit besonderer Vorsicht behandeln müssen.

Für den Wassermangel muß der leitende Maschinist unbedingt verantwortlich gemacht werden, da zum geordneten Betriebe einer Maschinenanlage in erster Linie gehört, daß für genügende Zuführung und Erhaltung von Wasser gesorgt wird. Läßt man es hieran fehlen, so können leicht verhängnisvolle Folgen für Maschine, Schiff und Besatzung eintreten. Dessen muß sich jeder leitende Maschinist dauernd bewußt sein. Nach den Aussagen des Maschinenpersonals, welches Armgardt selbst einer Verletzung der Eidespflicht nicht hat zeihen mögen, unterliegt es keinem Zweifel, daß er in dieser Beziehung sich einer schweren Vernachlässigung seiner Pflicht schuldig gemacht hat, da er trotz der verschiedenen an ihn ergangenen Meldungen und Warnungen den Betrieb unter äußerster Gefahr in gesteigertem Maße fortsetzen ließ, bis schließlich infolge eines anderweitigen Schadens die Feuer herausgerissen werden mußten.

Auch das weitere Verhalten Armgardts erscheint geradezu unbegreiflich; denn trotz der schlimmen Erfahrung, die er soeben mit dem Hilfskessel gemacht hatte, beging er bei der alsbald angeordneten Inbetriebsetzung des Backbord-Hauptkessels wieder den nämlichen Fehler, indem er ihn anheizen ließ, obgleich noch nicht genügend Wasser in ihm vorhanden war. Die Beschwerde-Rechtfertigungsschrift erklärt es für nichts Unerlaubtes, bei eiligen Schiffsarbeiten, sofern ein baldiges Zunehmen des Wassers zu erwarten sei, einen Kessel schon anzuheizen, bevor der normale Wasserstand vorhanden sei.

In der mündlichen Verhandlung vor dem Ober-Seeamt ist diese Erklärung zwar zurückgenommen worden; in der Tat aber hat Armgardt in ihrem Sinne gehandelt und sich damit einem Mißbrauch angeschlossen, der bedauerlicher Weise von einem Teile der Maschinisten geübt wird. Das Ober-Seeamt hält es für geboten, solchem mit den bestehenden Vorschriften in schroffem Widerspruche stehenden Mißbrauch im Interesse der Erhaltung der Maschinenanlagen und der Sicherheit von Schiff und Mannschaft auf das entschiedenste entgegenzutreten und auf die strengste Beachtung des Grundsatzes hinzuwirken, daß ein Kessel nicht angefeuert werden darf, bevor wenigstens der vorschriftsmäßige niedrigste Wasserstand in ihm vorhanden ist.

Vor dem Ober-Seeamte hat Armgardt in bezug auf die Einwirkung des Kapitäns angegeben, dieser habe ihn zwar nicht geradezu gedrängt, die Dampfmachung zu beeilen, aber ihn doch gefragt, ob er nicht mehr Dampf aufmachen könne, und er habe hierin immerhin die Aufforderung zur Beschleunigung erblickt. Hierdurch wird das Verhalten Armgardts aber nicht gerechtfertigt, da, wie bereits das Seeamt Hamburg zutreffend ausgeführt hat, der leitende Maschinist unter allen Umständen dafür verantwortlich ist, daß die im Interesse der Sicherheit des Betriebs erforderliche Vorsicht nicht außer acht gelassen wird. Überdies hat der Kapitän Braren bei seiner auf Veranlassung des Ober-Seeamts erfolgten Vernehmung ausdrücklich bekundet, daß er sich nicht erinnere, dem Maschinisten gegenüber von irgend einer Gefahr, die dem Schiffe bei längerem Liegen drohen könne, gesprochen zu haben, und daß eine Gefahr für das in der sicheren Bucht vor zwei Ankern liegende Schiff auch tatsächlich nicht bestanden habe. Sonach kann nicht einmal ein entschuldigender Umstand als vorhanden anerkannt werden.

Über die Schäden an den Rohren und Ankerscheiben des Backbordkessels ist in objektiver Beziehung noch zu bemerken, daß sie nach den Aussagen des Maschinenpersonals doch nicht ganz unbedeutend gewesen sind, da dieser Kessel am Abend des 14. Januar außer Betrieb gesetzt worden und statt seiner der Steuerbordkessel angeheizt werden mußte; auch muß hervorgehoben werden, daß der Dampfkesselrevisor Prale auf Grund des Untersuchungsbefundes und unter dem unmittelbaren Eindrucke der Aussagen der von ihm gründlich und sachgemäß vernommenen Zeugen zu der Auffassung gelangt ist, daß auch der Backbordkessel sich ebenso wie der Hilfskessel in der höchsten Gefahr befunden hat.

Der Maschinist Armgardt hat durch sein Verhalten bei den beiden durch ihn verschuldeten Unfällen bewiesen, daß es ihm an den unentbehrlichsten Eigenschaften zur Ausübung seines Berufs mangelt. Deshalb mußte seine Beschwerde gegen den Spruch des Seeamts zurückgewiesen werden.

Die baren Auslagen des Beschwerdeverfahrens sind dem Beschwerdeführer zur Last gelegt worden, weil das Rechtsmittel einen Erfolg nicht gehabt hat.

125. Spruch des Seeamts zu Brake vom 7. November 1902, betreffend die Seeunfälle der Bark „Nautilus" von Brake, des Vollschiffs „Coriolanus" von Elsfleth und der Bark „Arnold" von Elsfleth.

Der Spruch des Seeamts lautet:

Am 1. September 1902 sind in der Algoa-Bay auf der Reede von Port Elizabeth bei orkanartigem Sturme die Schiffe „Nautilus", „Coriolanus" und „Arnold" gestrandet und völlig verloren gegangen.

Vom „Nautilus" ist die ganze Besatzung bis auf drei Mann, vom „Coriolanus" ist der Zimmermann Müller aus Kiel umgekommen, die Mannschaft des „Arnold" ist dagegen gerettet. Die Führung der Schiffe trifft kein Verschulden.

Gründe. Die Bark „Nautilus", Heimatshafen Brake, Unterscheidungs-Signal RFNJ, vermessen zu 1924,3 cbm = 679,27 britischen Registertons netto, war 1878 aus Eisen erbaut, Eigentum einer durch den Korrespondentreeder G. O. Köster zu Brake vertretenen Reederei und führte eine Besatzung von 14 Mann.

Das Vollschiff „Coriolanus", Heimatshafen Elsfleth, Unterscheidungs-Signal NGLP, vermessen zu 2770,4 cbm = 977,95 britischen Registertons netto, war 1876 aus Eisen erbaut, Eigentum einer durch den Korrespondentreeder J. F. Ramien zu Elsfleth vertretenen Reederei und führte eine Besatzung von 14 Mann.

Die Elsflether Bark „Arnold", mit dem Unterscheidungs-Signal NGDM, vermessen zu 2268,2 cbm = 800,68 britischen Registertons netto, war 1868 aus Eisen erbaut, Eigentum einer durch den Korrespondentreeder Gustav Adolf Schiff zu Elsfleth vertretenen Reederei und führte eine Besatzung von 15 Mann.

Am 31. August 1902 lagen diese drei Schiffe auf der Reede von Port Elizabeth vor Anker nach Anweisung des Hafenkapitäns, der vorher das Ankergeschirr besichtigt und für genügend befunden hatte. Der Wind war südöstlich. Am Nachmittag wurde der Wind heftiger und steigerte sich in der Nacht zu orkanartigen Böen. Dabei herrschte ein außerordentlich hoher Seegang. Infolgedessen gerieten fast alle dort vor Anker liegenden Segelschiffe ins Treiben. Insgesamt sind dabei 22 große und 12 kleinere Schiffe gestrandet.

Der „Nautilus" war unter Führung des Schiffers auf großer Fahrt J. J. Assing aus Brake am 31. August 1902 mit einer Ladung Mehl und Weizen angekommen und hatte seine Ladung bis auf 820 Sack Weizen gelöscht und an Ballast 100 Sack Sand eingenommen. Er lag vor 2 Ankern, die mit je 105 Faden Kette versehen waren. Die Oberbram- und Bramraaen waren heruntergenommen. Um Mitternacht wurde des schlechten Wetters wegen ein dritter Anker mit Trosse fallen gelassen. Um 4 Uhr morgens am 1. September brach diese Trosse. Sogleich wurde der Warpanker fertiggemacht und über Bord geworfen. Inzwischen brach die Backbordkette. Gegen 5 Uhr fing das Schiff langsam an zu treiben. Der Kapitän, der sich wie die Mannschaft die ganze Nacht an Deck befunden, ließ zur Stärkung Wein verteilen und die Korkwesten ausgeben. Um 5½ Uhr befand sich das Schiff in der Brandung und stieß gleich darauf auf ein altes Wrack, das sich etwa 200 m vom Lande befand und von dem nur ein David über Wasser zu sehen war. Die ganze Mannschaft bis auf Kapitän Assing und den Leichtmatrosen Lange, die sich am Besahnmast festhielten, versammelte sich auf dem Achterdeck und hielt sich dort am Geländer fest. Nachdem das Schiff ein paar mal auf das Wrack gestoßen hatte, legte es sich plötzlich ganz auf die Steuerbordseite und sank vorn ganz unter Wasser. Dabei wurden Kapitän Assing und Lange durch die See weggerissen. Während es

Lange gelang, sich zum Skylight hinüberzuarbeiten und dort solange festzuhalten, bis ihm vom Achterdeck eine Leine zugeworfen war, an der er herübergeholt wurde, kam Kapitän Assing vom Schiffe ab. Er kam zwar nach kurzer Zeit wieder an die Oberfläche und es wurde ihm auch eine Leine zugeworfen, er griff jedoch nicht danach und trieb, anscheinend tot, weiter. Der erste Steuermann Albers rief der Mannschaft zu, jeder solle sich retten, so gut er könne. Er selbst und mit ihm der Matrose Ulpts, der Leichtmatrose Lange und der Koch Holzweber sprangen über Bord. Von diesen erreichte Ulpts das Land, während Lange von der in der Nähe gestrandeten Hamburger Bark „Hans Wagner" aufgefischt und an Bord geholt wurde. Der zweite Steuermann Straatmann wurde durch eine Sturzsee über Bord gerissen, erreichte das Schiff jedoch wieder. Später wurde er nochmals von einer Sturzsee mitgerissen und suchte dann den Strand zu gewinnen. Dies gelang ihm nicht, er trieb aber auf den „Hans Wagner" zu und wurde von dessen Mannschaft gleichfalls an Bord geholt.

Vom Lande aus wurden Leinen mit Raketen nach dem „Nautilus" hinübergeschossen, die Mannschaft konnte sie aber nicht erfassen, da sie nicht über das Schiff fielen. Nach einiger Zeit fing das Wasser an zu steigen und infolgedessen wurden die noch an Bord des „Nautilus" Befindlichen nach und nach hinweggerissen. Als um Mittag die an Bord des „Hans Wagner" Befindlichen an Land gelangten, war vom „Nautilus" bereits nichts mehr zu sehen.

Die Mannschaft des „Nautilus" bestand außer dem Kapitän Assing aus dem ersten Steuermann G. Albers aus Westrhauderfehn, dem zweiten Steuermann R. J. Straatmann aus Westrhauderfehn und 11 Matrosen und Jungen.

Von diesen sind nur der Steuermann Straatmann, der Matrose Ulpts und der Leichtmatrose Lange gerettet. Die ganze übrige Mannschaft hat ihren Tod in den Wellen gefunden. Geborgen sind, soweit bekannt geworden, nur die Leichen des Kapitäns Assing, des Leichtmatrosen Becker und des Schiffsjungen Hellmers.

Das Vollschiff „Coriolanus", unter Führung des Schiffers auf großer Fahrt Johann Heinrich Götting aus Elsfleth, lag gleichfalls vor zwei Ankern. Bei dem gegen Abend zunehmenden Winde und Seegange wurde vom Steuerbordanker mehr Kette gesteckt, sodaß das Schiff vor 60 und 75 Faden Kette lag. Es konnte nicht mehr Kette gesteckt werden, weil recht achteraus eine norwegische Bark lag. Um etwa 4 Uhr morgens kam der „Coriolanus" ins Treiben, geriet mit der norwegischen Bark in Kollision und fiel, da er nur losen Ballast hatte, gleich auf die Seite, dabei wurde die Verschanzung an der Backbordseite weggerissen und die Kajüte voll geschlagen. Es wurden nunmehr die Korkwesten ausgegeben. Als der „Coriolanus" nach etwa 10 Minuten von der Bark frei kam und nun vor seinen Ankern liegen blieb, während die Bark dem Strande zu trieb, wurde ein dritter Anker mit Stahltrosse fallen gelassen und sodann begonnen, den Ballast zurechtzutrimmen. Um 6 Uhr fing das Schiff wieder an zu treiben und näherte sich langsam dem Strande. Trotzdem Kapitän Götting der Mannschaft untersagte, ohne seine Erlaubnis über Bord zu springen, taten dies 8 Mann. Von diesen kamen 4 Mann an Land, 3 Mann wurden wieder vom „Coriolanus" aufgenommen, während der achte, der Zimmermann Martin F. L. Müller aus Kiel, in den Wellen versank.

Auf dem „Coriolanus" war die Takelage nicht an Deck genommen, da eine entsprechende Anordnung vom Hafenkapitän nicht getroffen war.

Gegen Mittag wurde mittels einer Leine die Verbindung mit dem Lande hergestellt und dann die ganze Mannschaft im Bootsmannstuhl an Land geholt.

Die Bark „Arnold", geführt von dem Schiffer auf großer Fahrt H. Ahlers aus Elsfleth, hatte gleichfalls 2 Anker ausgebracht. Beim Zunehmen des Windes wurde zunächst von der Steuerbordkette bis 70 Faden und nachmittags noch mehr Kette gesteckt, sodaß schließlich beide Ketten, an Steuerbord mit 90 Faden und an Backbord mit 75 Faden, gleichmäßig trugen.. Auf beide Ketten wurden schwere Tauspringe gesetzt, die um den Fockmast festgemacht wurden. Trotz des orkanartigen Sturmes und der wilden See hielten die Anker während der Nacht. Als sie gegen 7 Uhr morgens anfingen durchzugehen, wurden noch 2 Notanker fallen gelassen. Deren Trossen brachen aber, sobald sie steif kamen. Das Schiff trieb vor den 2 Ankern allmählich dem Strande zu. Um 9 Uhr stieß es auf und legte sich quersees, drehte sich dann aber noch mehr herum mit dem Bug nach dem Lande zu. Der Kapitän ließ nun, um das Schiff soweit wie möglich auf den Strand zu bringen, das Großstagsegel setzen. Um 10 Uhr saß das Schiff vollständig fest. Das Ruder war inzwischen weggeschlagen. Bei den Pumpen wurden 2 Fuß 4 Zoll Wasser gepeilt. Ohne fremde Hilfe konnte die Mannschaft das Land nicht erreichen. Um ein Überbordspringen zu verhüten, schloß Kapitän Ahlers die Mannschaft in der Kajüte ein. Um 2 Uhr nachmittags wurde vom Schiffe aus mittels einer an einer Leine treibenden Boje die Verbindung mit dem Lande hergestellt und dann die ganze Mannschaft vermittels Rettungstaues an Land befördert. Als der Kapitän und der erste Steuermann als letzte das Schiff verließen, brach das Tau, sodaß sie in die Brandung fielen, doch gelangten sie ohne weiteren Schaden an Land.

Am 2. September, als der Sturm sich gelegt hatte, ging ein Teil der Mannschaft wieder an Bord, um soviel wie möglich von den Effekten zu bergen. Das Schiff hatte sich auf die Seite gelegt und fing auch bereits an, aufzubrechen.

Diese Darstellung beruht auf den von dem Konsulat zu Port Elizabeth am 4. August und 10. September 1902 abgelegten Verklarungen und auf den Aussagen folgender in der Hauptverhandlung vernommenen Zeugen:

a) vom „Nautilus" Steuermann Straatmann und Matrose Lange,

b) vom „Coriolanus" Kapitän Götting

c) vom „Arnold" Kapitän H. Ahlers.

Diese Zeugen stimmen darin überein, daß die Rettungsvorrichtungen in Port Elizabeth mangelhaft gewesen seien. Anfangs seien nur 3—4 Raketen und auch nur eine geringe Anzahl Leinen vorhanden gewesen. Später seien dann allerdings mehr Raketen und Leinen herbeigeschafft, die Leinen seien aber zum Teil alt und mürbe gewesen. Rettungsboote seien überhaupt nicht in Tätigkeit getreten, ebenso hätte keiner der vorhandenen Dampfer den Segelschiffen Hilfe geleistet, obwohl dies möglich gewesen wäre.

Im gleichen Sinne spricht sich übrigens auch die dem Seeamte vorliegende Zeitung von Port Elizabeth „The Eastern Province Herald" unter dem 6. September 1902 aus, sie fordert eine Neuordnung des Rettungswesens und die Einrichtung von Übungen der Mannschaften mit Rettungsbooten und Raketen.

Der Hafen oder richtiger die Reede von Port Elizabeth ist als gefährlich bekannt. Auch sind schon eine ganze Reihe von Schiffen dort zu Grunde gegangen und zwar, von einzelnen Unfällen abgesehen, im Jahre 1859 6 Schiffe und im Jahre 1869 11 Schiffe. In der Hafenordnung heißt es, daß die Schiffe mit besonders starkem Ankergeschirr versehen sein, zwei Buganker ausbringen und besonders darauf achten müssen, daß sie von den Ankern anderer Schiffe freibleiben und daß ihre Kettenlage nach SO zu klar ist. Bei längerem Liegen sollten die Bramraaen und -stängen heruntergenommen, die Mars- und Untersegel gerefft und untergeschlagen bleiben, solange das Schiff nach seinem Ladungszustande noch segelfähig sei. Zugleich wird auch der Rat gegeben, ein Schiff, das vor seinen Ankern ins Treiben gerate und nicht auskreuzen könne, nördlich von der Stadt auf den Sandstrand zu setzen und die Vordersegel auch nach dem Grundstoßen stehen zu lassen, um das Schiff möglich fest auffitzen zu lassen; auch wird besonders davor gewarnt, das Schiff nach dem Auffitzen zu verlassen, bevor ein Rettungsboot längsseit komme oder eine Verbindung mit dem Lande hergestellt sei.

Auf den hier in Frage stehenden 3 Schiffen waren die Bramraaen und -stängen nicht heruntergenommen, nur auf dem „Nautilus" die Oberbram- und Bramraaen. Daraus ist aber den Führern der Schiffe ein Vorwurf nicht zu machen, denn die Angabe der Zeugen, daß dies vom Hafenkapitän nicht vorgeschrieben sei und dieser Rat auch allgemein nicht befolgt werde, ist bestätigt durch die Abbildungen in einer dem Seeamte vorliegenden Zeitung, worin die meisten gestrandeten Schiffe mit voller Takelage versehen sind.

Das Unglück ist lediglich auf höhere Gewalt zurückzuführen. Die Führer aller 3 hier in Frage kommenden Schiffe haben in vollem Umfange ihre Schuldigkeit getan. Der traurige Untergang des „Nautilus" mit dem größten Teile seiner Besatzung ist dadurch verursacht, daß er auf ein unter Wasser liegendes altes Wrack getrieben wurde und infolgedessen kenterte.

Käpitän Götting und Kapitän Ahlers haben anerkennenswerte Umsicht und Entschlossenheit bewiesen. Ersterer, indem er trotz des heftigen Unwetters das Zurechttrimmen des Ballastes in seinem auf der Seite liegenden Schiffe anordnete und erreichte, und letzterer, indem er durch Setzen des Großstagsegels sein Schiff hoch auf den Strand brachte und dann die Mannschaft in ihrem eigenen Interesse in der Kajüte einschloß.

126. Spruch des Seeamts zu Hamburg vom 17. November 1902, betreffend den Seeunfall des Schleppdampfers „Blitz" von Hamburg.

Der Spruch des Seeamts lautet:

Der Schleppdampfer „Blitz" ist am 11. Oktober 1902 auf der Fahrt von Riga nach Pernau im Rigaer Meerbusen bei Haynasch gestrandet und total verloren gegangen.

Die Strandung ist zunächst dadurch verursacht, daß die Seezeichen der Rauda-Bank vertrieben waren.

Kapitän Hans Jacob Holst hat aber in mehrfacher Beziehung in überaus nachlässiger Weise navigiert, indem er mit einem schlecht getrimmten und daher schlecht steuernden Schiffe ohne brauchbares Logg und ohne genügend zu loten bei unsichtigem Wetter mit voller Fahrt die Untiefe ansteuerte. Das bei dem einmaligen Loten gewonnene Resultat hätte ihn schon veranlassen müssen, westlicher zu steuern.

Dem Kapitän Holst wird deshalb die Befugnis zur Ausübung des Schiffergewerbes entzogen.

Tatbestand. Der Schraubenschleppdampfer „Blitz", Heimatshafen Hamburg, Unterscheidungs-Signal RKCN, ist Eigentum der Vereinigten Bugsier- und Frachtschiffahrts-Gesellschaft in Hamburg. Der im Jahre 1894 zu Hamburg erbaute Dampfer ist zu 456,1 cbm = 161,00 britischen Registertons Brutto- und 6,0 cbm = 2,14 Registertons Netto-Raumgehalt vermessen und führt eine Maschine von 350 indizierten Pferdestärken. Dieser Dampfer ist am 11. Oktober 1902 auf der Fahrt von Riga nach Pernau im Rigaer Meerbusen bei Haynasch gestrandet und total verloren gegangen. Der Unfall hat sich unter folgenden Umständen ereignet:

Das Schiff hatte am 11. Oktober morgens um 7 Uhr den Hafen von Riga verlassen. Die Besatzung bestand aus dem Kapitän Hans Jacob Holst (Befähigungszeugnis zum Schiffer auf kleiner Fahrt, de dato Schleswig, 25. November 1899), dem Steuermann Franz Giesecke (Befähigungszeugnis zum Schiffer auf kleiner Fahrt, de dato Schleswig, Juni 1902) und 5 Mann. Es wehte zur Zeit der Abfahrt ein kräftiger südöstlicher Wind, der aber allmählich durch Süden nach SSW drehte. Man passierte gegen 9 Uhr die Glockenboje der Dünamündung und setzte von dort an den Kurs auf N¾O. Dieser Kurs wurde nach der Behauptung des Kapitäns bis gegen Mittag, nach der Behauptung des Rudersmanns Matrosen Ritscher bis etwa 11 Uhr behalten und ist dann auf NNO geändert worden. Kapitän Holst hat in der seeamtlichen Verhandlung zunächst behauptet, daß er diese Kursänderung auf Veranlassung des Kochs vorgenommen habe, um das Schiff vor dem Winde ruhig zu halten, da der Koch bei dem heftigen Schlingern des Schiffs nicht decken konnte. Als er dann etwa eine halbe Stunde diesen Kurs gehalten habe, habe er N½O gesteuert, um die Abweichung vom Kurse wieder auszugleichen. Er hat bei der weiteren Verhandlnng, da seine Aussage sich mit derjenigen des Kochs und des Steuermanns nicht vereinigen ließ, zugegeben, die Unwahrheit gesagt zu haben und seine Aussage dahin berichtigt, daß er den NNO-Kurs nicht wieder auf N½O geändert hat. Er habe auch diesen NNO-Kurs nicht aus Rücksicht auf die unruhigen Bewegungen des Schiffes, sondern deshalb eingeschlagen, um bei dem unsichtigen Wetter, welches etwa um 11 Uhr eingesetzt hatte, die Seezeichen der Rauda-Bank anzusteuern. Der Steuermann Giesecke, welcher selbst das Ruder um 12 Uhr übernommen hatte, hat ausgesagt, daß er den Kurs NNO vom Rudersmann übernommen habe und vom Kapitän nur die Instruktion bekommen habe, das Schiff nicht östlicher als NNO kommen zu lassen. Das Schiff habe, da es etwa 20 Tons Kohlen auf dem Vordeck geladen hatte, sehr schlecht gesteuert und habe zeitweilig sehr stark — bis zu zwei Strichen — gegiert, im allgemeinen sei aber der Kurs NNO bis zur Strandung gehalten worden. Das Schiff machte 8—9 Knoten Fahrt und es wurde bis zum Augenblick der Strandung, welche etwa um 2 Uhr 10 Minuten erfolgte, die volle Fahrt beibehalten. Die Luft war zeitweilig etwas heller, zeitweilig so unsichtig, daß man nur etwa eine Seemeile weit sehen konnte, die Küste wurde aber durchschimmernd gesehen. Kapitän Holst hat etwa um ½2 Uhr einmal gelotet und 11—12 Faden Wassertiefe gefunden. Er wurde hierdurch veranlaßt, sich in die Kajüte zu begeben, um sich auf der Karte zu orientieren. Als er dann wieder auf Deck gehen wollte, stieß das Schiff zum ersten Male auf. Der wachehabende Steuermann ließ sofort die Maschine auf volle Kraft rückwärts setzen. Der Kapitän löste den Steuermann jetzt auf der Brücke ab und schickte ihn fort, um nachzusehen, ob das Schiff Wasser mache. Der Steuermann fand, daß die Hinterräume lenz waren, stellte auch durch Nachfragen fest, daß in der Maschine kein Wasser sei, fand aber dann, daß im vorderen Raum unter der Kajüte schon 6 Fuß Wasser standen. Als dieses dem Kapitän gemeldet wurde, ließ dieser mit voller Kraft der Küste zuhalten, um das Schiff auf flacheres Wasser zu bringen. Inzwischen wurde mit der Maschine mittels der Hilfspumpe aus dem Vorderraume gepumpt und mit allen verfügbaren Leuten versucht, die große Lenzpumpe klar zu machen uud in Betrieb zu setzen. Als es sich durch das allmähliche Tiefersinken des Schiffes herausstellte, daß mit der Hilfspumpe das eindringende Wasser nicht bewältigt werden konnte, ließ der Maschinist Höger die Leitung der Hilfspumpe in den Tank legen und pumpte diesen annähernd leer. Der Dampfer hielt sich etwa eine Viertelstunde über Wasser und es gelang während dieser Zeit nicht, die große Bergungspumpe in Betrieb zu bringen. Als das Vorderschiff so tief untergesunken war, daß es auf Grund kam, begab sich die Besatzung ins Boot und rettete sich ans Land. Der Dampfer ist in der Folge total verloren gegangen und liegt auf 57° 50′ nördlicher Breite und 24° 16¾′ östlicher Länge in 18 Fuß Wasser. Die Seezeichen der Rauda-Bank waren, wie dem Seeamt durch die vor dem Deutschen Konsulat in Pernau gemachte Aussage der Kapitäne Olsson vom Dampfer „Pernau" und Groth vom Dampfer „Dagmar" bestätigt ist, schon längere Zeit vor dem Unfalle vertrieben. Auf der Fahrt von Riga bis zur Unfallstelle ist nicht geloggt worden. Kapitän Holst erklärt dies damit, daß sein Loggapparat in Unordnung gewesen sei und daß er in Riga nicht dazu gekommen sei, denselben herstellen zu lassen oder sich einen neuen zu kaufen. Der Schiffer schätzt die Fahrt, welche der schlecht beladene Dampfer bei voller Kraft gemacht hat, auf 8—9 Knoten.

Der Reichskommissar hat die Ursache der Strandung in der Hauptsache darauf zurückgeführt, daß die Seezeichen der Rauda-Bank nicht auf ihrem Platze gelegen hätten. Die Navigierung an Bord sei aber in keiner Weise sachgemäß gewesen, das Schiff sei unsachgemäß beladen gewesen und habe daher schlecht gesteuert. Auf die Kurse sei keine genügende Aufmerksamkeit verwendet, es sei nicht geloggt und nicht gelotet worden. Alle diese Unterlassungen gereichten dem Kapitän zum Vorwurf und es werde daher der Antrag gestellt, ihm die Befugnis zur Ausübung des Schiffergewerbes zu entziehen.

Gründe: Der vom Schiffer Holst nach Passieren der Glockenboje eingeschlagene N¾O-Kurs führte ihn frei von der Küste. Die Strandung ist dann dadurch verursacht, daß dieser Kurs nicht gehalten worden ist, sondern schon vormittags auf NNO geändert worden ist. Dieser NNO-Kurs führte direkt auf die Unfallstelle. Es findet daher die Aussage des Steuermanns ihre Bestätigung, daß dieser Kurs im allgemeinen, wenn man von dem starken Gieren des Schiffes absieht, bis zur Strandung gehalten worden ist. Das Seeamt sieht es als erwiesen an, daß die Seezeichen der Rauda-Bank tatsächlich nicht vorhanden waren unb nimmt ferner an, daß die Strandung höchst wahrscheinlich vermieden worden wäre, wenn diese Seezeichen an ihrem Platze gelegen hätten. Da das Wetter nur unsichtig von Regen, nicht aber etwa stark nebelig war und das Schiff gerade an der Stelle aufgelaufen ist, wo der eine Priggen nach derKarte liegen sollte, so kann unbedingt angenommen werden, daß Kapitän Holst dieses Seezeichen rechtzeitig gesehen und danach seinen Kurs geändert hätte, wenn es an seinem Platze gewesen wäre. Zunächst ist daher die Strandung durch das Fehlen der Seezeichen verursacht. Eine weitere Ursache der Strandung liegt aber auch in der überaus sorglosen Weise, in welcher sich Kapitän Holst der Untiefe genähert hat. Aus welchem Grunde er gegen 12 Uhr mittags seinen Kurs auf die Küste zu geändert hat, ist nicht völlig klargestellt. Da der Kapitän Holst zugibt, zunächst einen unwahren Grund vorgegeben zu haben, kann seine jetzt vorgebrachte Behauptung, daß er die Seezeichen habe ansteuern wollen, auf unbedingte Glaubwürdigkeit keinen Anspruch machen. Das Seeamt traut dieser Aussage umsoweniger, als der Kapitän erst durch die von Seiten des Seeamts ihm vorgelegten Fragen darauf gebracht ist, seinen Kurs in dieser Weise zu motivieren und weil es völlig unverständlich wäre, warum er diese Motivierung nicht früher vorgebracht hätte, wenn sie wirklich die wahre Triebfeder seiner Handlungsweise abgegeben hätte. Es würde sich nämlich an sich gegen einen solchen Entschluß, mit Rücksicht auf das unsichtige Wetter zwecks Orientierung die Seezeichen anzusteuern, nichts einwenden lassen. Es mag aber dahingestellt bleiben, aus welchem Grunde Kapitän Holst diese Kursänderung vorgenommen hat, da jedenfalls die Art und Weise, in welcher er die Untiefe angesteuert hat, eine überaus fahrlässige gewesen ist. Es trifft zunächst den Kapitän der Vorwurf, daß schon durch den Zustand seines Schiffes seine Navigierung erheblich an Zuverlässigkeit einbüßen mußte, da er nicht im Besitz eines brauchbaren Loggapparats war, und da das Schiff so schlecht getrimmt war, daß es außerordentlich schlecht steuerte. Die von dem Kapitän für diese Mängel vorgebrachten Entschuldigungen sind in keiner Weise anzuerkennen, es liegt vielmehr nach beiden Richtungen hin eine Pflichtverletzung des Kapitäns vor. Wenn er mit diesem schlecht steuernden Schiffe und bei dem unsicheren Schiffsorte die Küste ansteuerte, so durfte er dies nur unter Anwendung jeder und aller Vorsicht tun. Die Verhandlung hat aber ergeben, daß er es an jeder Vorsichtsmaßregel hat fehlen lassen. Er hat seine Fahrt bei dem unsichtigen Wetter mit voller Kraft fortgesetzt und hat nur ein einziges Mal versucht, durch Loten seinen Schiffsort zu bestimmen. Das Resultat, welches er bei diesem Loten fand, hätte ihm ohne weiteres klarmachen müssen, daß er sich schon erheblich näher dem Lande befand, als er annahm und daß eine Fortsetzung des Kurses ihn in kürzester Zeit auf Grund bringen müsse. Er war aber so wenig über die Tiefenverhältnisse orientiert, daß er sich ins Kartenhaus begeben und sich nach der Karte seinen Schiffsort überlegen mußte. Zu dieser Orientierung auf der Karte und zur Fassung seiner weiteren Entschlüsse hat er dann annähernd 3/4 Stunden gebraucht und hat während dieser Zeit das Schiff ruhig mit voller Kraft den verhängnisvollen Kurs fortsetzen lassen, trotzdem ihm angeblich schon vorher das Nichtinsichtkommen der Seezeichen aufgefallen war. Kapitän Holst befindet sich nur im Besitze eines Befähigungszeugnisses zum Schiffer auf kleiner Fahrt. Wenn auch im allgemeinen die an einen mit solchem Patent versehenen Schiffsführer zu stellenden Anforderungen nicht zu hoch zu spannen sind, so ist das Seeamt doch mit dem Reichskommissar einer Meinung darüber, daß Kapitän Holst hier durch seine schwere Pflichtwidrigkeit den Mangel solcher Eigenschaften dargetan hat, welche auch von einem Schiffer auf kleiner Fahrt unbedingt zu verlangen sind. Er hat durch Nachlässigkeit in der Ausrüstung seines Schiffes und durch Nachlässigkeit in der Navigierung des Schiffes das Leben seiner Mannschaft gefährdet und sein Schiff verloren. Es mußte ihm unter diesen Umständen die Befugnis zur weiteren Ausübung des Schiffergewerbes entzogen werden.

127. Spruch des Seeamts zu Flensburg vom 18. November 1902, betreffend den Seeunfall des Schraubendampfers „Adelheid" von Flensburg.

Der Spruch des Seeamts lautet:

Der Schraubendampfer „Adelheid" ist am 24. Juli 1902 auf der Reise von Manila über Labouan nach Bangkok auf den Luconia-Riffs in der südlichen China-See gestrandet und in der Folge völlig verloren gegangen.

Der Unfall ist in erster Linie durch Stromversetzung herbeigeführt.

Der Kapitän Jürgensen hat die Strandung dadurch verschuldet, daß er seinen Kurs dem Riffe zu nahe gesetzt und es unterlassen hat, alle Zeit für einen genügenden Ausguck zu sorgen.

Gründe. Der Schraubendampfer „Adelheid", — Heimatshafen Flensburg, Unterscheidungs-Signal SMQV, vermessen zu 4112,9 cbm Brutto- und 2609,1 cbm — 920,99 britischen Registertons Netto-Raumgehalt, — befand sich auf der Reise von Manila in Wasserballast nach Bangkok. Führer war der Kapitän auf großer Fahrt Nane Jürgensen aus Flensburg, erster Steuermann Andreas Johannsen Hildebrandt aus Kollund-Osterholz bei Flensburg, zweiter Steuermann Max Frech aus Lößnitz bei Freiberg.

Am 23. Juli 1902 war man die Insel Labouan an der Nordseite von Britisch Borneo angelaufen, um Bunkerkohlen einzunehmen. Nachmittags $3^{1}/_{2}$ Uhr hatte man Labouan nach Einnehmen von 200 Tons Bunkerkohlen verlassen. Das Schiff ging damals hinten 12 Fuß, vorn 6 Fuß tief. Man hatte zunächst an der Nordküste von Borneo entlang gesteuert. Als man um 6 Uhr 10 Minuten die Boje von Pelong Rocks passierte, war das Logg auf 00 gestellt worden. Die von da ab gesteuerten Kurse und nach dem Logg ausgefahrenen Entfernungen waren folgende:

bis 7 Uhr abends	mißw.	NWzW $^{3}/_{4}$ W	=	7 Seem.
von 7 „ 8 „ „	„	W $^{1}/_{2}$ S	=	9 „
„ 8 „ 10^{30} „ vorm. 24. Juli	„	WzS	=	126 „
„ 10^{30} „ mittags 12 Uhr	„	W $^{1}/_{2}$ N	=	14 „
„ mittags 12 bis nachmittags 1 Uhr		W $^{1}/_{4}$ S	=	10 „
„ 1 Uhr nachmitt. bis nachmitt. 1^{40}	„	WNW $^{1}/_{4}$ W	=	7 „
			insgesamt	173 Seem.

Die Reise war bis 1 Uhr 40 Min. nachmittags bei mäßigem südwestlichen Winde und leicht bewegter See glücklich verlaufen. Dann stieß das Schiff auf und blieb festsitzen. Wiederholte Versuche, den Ballasttank zu leeren und dann mit rückwärtsgehender Maschine und ausgebrachten Warpankern abzukommen, blieben erfolglos. Am andern Morgen war man allerseits der Überzeugung, daß das Schiff ohne fremde Hilfe nicht abzubringen war. Um 7 Uhr morgens wurde ein mit dem ersten Steuermann und 8 andern Leuten bemanntes Rettungsboot abgeschickt, um nach Labouan zu fahren und von dort Hilfe herbeizuholen. Gegen 12 Uhr mittags am 25. Juli wurde das Schiff bei steigendem Wasser mit rückwärtsgehender Maschine wieder flott. Das Schiff war durch das viele Hin- und Herstoßen während des Festsitzens an verschiedenen Stellen leck geworden, es hatte auch starke Backbordschlagseite bekommen. Trotzdem konnte man das eindringende Wasser noch so ziemlich mit den Pumpen bewältigen. Unter solchen Umständen ließ der Kapitän um 12 Uhr 30 Minuten die Maschine „voll Dampf vorwärts" gehen und nach Barram Point, der zunächst gelegenen Spitze der Nordküste von Borneo, zu steuern. Auf der Fahrt dorthin machte das Schiff so viel Wasser, daß es mit den Pumpen nicht mehr weggeschafft werden konnte. Da das Schiff immer tiefer sank, ging die übrig gebliebene Besatzung abends 9½ Uhr ins zweite Rettungsboot. Man hielt sich noch etwa 2 Stunden in der Nähe des Schiffes. Man beobachtete, daß es immer tiefer sank und schließlich nur noch die Back aus dem Wasser ragte. Da setzte man den Kurs direkt auf Land. Am 27. Juli nachmittags 1 Uhr kamen die Leute glücklich in Labouan an. Mittlerweile waren an demselben Morgen 5½ Uhr auch der erste Steuermann und die andern 8 Leute daselbst eingetroffen.

Als man am 24. Juli mittags 12 Uhr den Kurs von W½N auf W¼S veränderte, stand das Schiff nach Loggrechnung (Abgangspunkt: Die Boje bei Pelong Rocks) auf 4° 52′ nördlicher Breite und 112° 29′ östlicher Länge. Der Kapitän fand um diese Zeit durch Beobachtung der Sonne eine nördliche Breite von 4° 49′, wohingegen der zweite Steuermann 4° 53′ fand. Beide waren der Meinung, daß ihre Beobachtungen ungenau waren. Da die Beobachtung des zweiten Steuermanns das Schiff den Luconia-Riffs näher brachte als die seinige, nahm der Kapitän vorsichtshalber die letztere als die richtige an und setzte deshalb den Kurs ¾ Strich südlicher, um solchergestalt auf alle Fälle von den Riffs frei zu gehen. Um 1 Uhr wurde dann in der Annahme, daß man jetzt jedenfalls das Luconia-Riff passiert haben müsse, der Kurs auf WNW¼W nach der Bucht von Bangkok hin gesetzt.

Um 12 Uhr mittags am 24. Juli hatte der erste Steuermann die Wache zu übernehmen. Er hatte sich auch pünktlich auf der Kommandobrücke eingefunden, dieselbe aber alsbald wieder verlassen, um vorn an der Winsche Reparaturarbeiten zu leiten. Gegen 12½ Uhr war er wieder eine Weile auf der Brücke, um Gerätschaften zu holen. Dann blieb er vorn bei der Winsche beschäftigt. Der Kapitän selbst war, als der Steuermann kam und ging, auf der Kommandobrücke. Er verließ sie indes 6—7 Minuten vor dem Aufstoßen und ging ins Kartenhaus, um nochmals die abgesetzten Kurse nachzusehen. Zur Zeit des Aufstoßens war auf der Back ein Ausgucksmann nicht postiert. Auf der Kommandobrücke befand sich nur der am Ruder stehende Matrose. Er war ans Ruder gekommen, während der Kapitän im Kartenhause war. Die Sonne hatte ihm so in die Augen geschienen, daß er die Mütze in die Augen drückte und nur den Kompaß sehen konnte.

Sobald das Schiff aufstieß, sprang der Kapitän aus dem Kartenhause heraus und sah an der helleren Färbung des Wassers, daß man auf einem Riffe saß. Er griff ins Ruder und drehte es nach links. Das Schiff gehorchte dem Ruder nicht mehr, sondern lief nach Norden aus. Es wurde nun die Maschine, die bis dahin volle Kraft vorwärts gegangen war, auf volle Kraft rückwärts gestellt. Das Schiff rührte sich indes nicht mehr von der Stelle.

Lotungen um das Schiff herum ergaben Wassertiefen von 6—18 Fuß. Man konnte ganz genau sehen, wie groß das Riff war, auf dem der Dampfer saß. Der Kapitän meint, es sei etwa 700 Fuß lang und 250 Fuß breit gewesen. Während das Schiff festsaß, bemerkte man, daß Flut und Ebbe miteinander wechselten.

Der Kapitän hat während des Festsitzens keine weitere Berechnung und Beobachtung des Schiffsorts vorgenommen. Anfangs glaubte er, daß er auf einem der Luconia-Riffs festgelaufen sei. Später hat er von dem Führer des Bremer Dampfers Kedah, auf welchem er und seine Leute von Labouan nach Singapore fuhren, gehört, daß dieser auf der Strecke, wo die Adelheid vor der Strandung fuhr, sehr oft starke westliche Strömung gehabt habe. Er folgert hieraus, daß er nicht auf eines der Luconia-Riffs, sondern auf ein weiter westlich gelegenes in dee Karte nicht verzeichnetes Riff geraten sei.

In der südlichen China-See etwa 125—130 Seemeilen WzS von Labouan liegen die Luconia-Untiefen. Darüber sagt die englische Segelanweisung für die China-See Bd. II, S. 141 und 142 unter anderem folgendes:

„Die Süd-Luconia-Untiefen, von denen die südwestlichsten die gefährlichsten sind, gehen steil an und können gewöhnlich an den Brechseen erkannt werden, die darüber hingehen. Sie umfassen eine Gruppe von fünf Korallen-Riffs, die über eine Entfernung von ungefähr 12 Seemeilen in östlicher und westlicher Richtung zerstreut sind. Das südwestlichste Riff hat ungefähr eine Seemeile Umfang und die Form eines Pferdehufs. Ihre durchgängigen Tiefen sind 2 3 Faden, aber nahe der nordwestlichen Kante ist ein Felsen, der beinahe trocken liegt. Die Untiefe liegt in 4° 59′ nördlicher Breite und 112° 39′ östlicher Länge; sie peilt Barram Point in OzS¼S in einer Entfernung von 83 Seemeilen.“

Dem Seeamt ist es nicht zweifelhaft, daß dieses Korallenriff dasjenige ist, auf welches der Dampfer Adelheid am 24. Juli 1902 um 1 Uhr 40 Minuten nachmittags geraten ist.

Die Annahme des Kapitäns, er sei auf ein in der Karte nicht verzeichnetes Riff gestoßen, ist nicht haltbar. Mögen auch in der

Gegend, wo er fuhr, einzelne kleine Untiefen noch nicht aufgeklärt sein, so ist solches doch hinsichtlich eines so großen Riffes, wie der Kapitän es gefunden hat, in dem sehr belebten Fahrwasser nicht wohl denkbar.

Die aus den Sonnenbeobachtungen entnommenen Resultate für die um 12 Uhr mittags vorhandene Breite geben keinen festen Anhalt für das Besteck, weil sie, wie schon ihre Verschiedenheit ergibt, auf Zuverlässigkeit keinen Anspruch machen können. Der nach Loggrechnung und gesteuerten Kursen angenommene Schiffsort brachte das Schiff um 12 Uhr mittags allerdings an eine Stelle, welche 15 Seemeilen südwestlich von dem Riffe liegt. Hier hat das Schiff aber offenbar nicht gestanden, es wird vielmehr damals etwa 30 Seemeilen weiter östlich gestanden haben. Das ergibt sich, wenn man die von 12 Uhr mittags bis $1,^{40}$ Uhr nachmittags ausgefahrenen Entfernungen und Kurse von dem südwestlichsten Riffe zurückfährt. Die solchergestalt entstehende Differenz zwischen dem wirklichen und dem angenommenen Schiffsorte wird anf Stromversetzung zurückzuführen sein. Der Kapitän irrt, wenn er annimmt, es laufe hier in der Regel ein nach Westen setzender Strom. Den Beisitzern des Seeamts ist es aus langjähriger Erfahrung bekannt, daß im Sommer während des Südwestmonsums in dieser Gegend der Strom eben so oft nach Osten wie nach Westen setzt.

Für die Richtigkeit der diesseitigen Annahme spricht vor allem, daß das Schiff sich in der Gegend der Luconia-Riffs befand und daß die nach der Strandung geloteten Tiefen genau mit dem stimmen, was hierüber die englische Segelanweisung sagt.

Damit ist die Strandung erklärt aber nicht entschuldigt.

Zunächst muß gesagt werden, daß keine Notwendigkeit vorlag, den Kurs so nahe an die Luconia-Riffs heranzusetzen, daß das Schiff infolge einer Stromversetzung auf ein Riff geraten konnte. Das Fahrwasser südlich von den Luconia-Riffs bietet soviel Raum, daß man 40—80 Seemeilen von ihnen entfernt bleiben konnte, ohne damit einen erheblichen Umweg zu machen. Ein möglichst weites Entferntbleiben davon war wegen der allbekannten Gefährlichkeit dieser Korallenriffe von vorn herein von der Vorsicht geboten. Hätte man nur einige Seemeilen weiter südlich den Kurs genommen, so wäre die Strandung allemal vermieden worden.

Sodann durfte der Ausguck in dieser Gegend niemals unbesetzt bleiben. Der Kapitän hätte auch nicht auf einige Minuten die Kommandobrücke verlassen dürfen, sondern unentwegt Ausguck halten müssen nach den die Riffs kennzeichnenden Brechern und der Farbe des Wassers. Hätte er das getan, so würde er zweifelsohne vor der Strandung die gefährliche Lage des Schiffes so rechtzeitig erkannt haben, daß es ihm ein Leichtes gewesen wäre, durch entsprechende Ruderlage oder Stoppen der Maschine das Riff zu vermeiden.

Ihm ist auch zur Last zu legen, daß er nach der Strandung es unterließ, den Schiffsort und damit das Riff, auf dem der Dampfer saß, durch Berechnungen und Observationen tunlich genau festzustellen. Es muß in allen derartigen Fällen als eine Pflicht des Kapitäns anerkannt werden, dafür zu sorgen, daß die Strandungsstelle tunlich genau ermittelt werde. An Gelegenheit hierzu kann es ihm bei der Länge der Zeit, wo das Schiff festsaß, nicht gefehlt haben.

128. Spruch des Seeamts zu Bremerhaven vom 20. November 1902, betreffend den Seeunfall des Vollschiffes „Kaiser" von Bremen.

Der Spruch des Seeamts lautet:

Das Vollschiff „Kaiser" ist am 3. September 1902 von New-Orleans kommend in den Bremer Freihafen eingeschleppt worden mit zu einem Drittel an Beri-Beri erkrankter Schiffsbesatzung. Der Gesundheitszustand der Mannschaft war auf der Ende April 1902 von Bremen erfolgten Ausreise nach New-Orleans ein guter gewesen.

Während der sechswöchigen Liegezeit auf dem Mississippi bei South Port erkrankte ein Teil der Mannschaft an Malaria nach der Diagnose des behandelnden amerikanischen Arztes. Dieser erklärte indes am 15. Juli 1902 dem Kapitän, daß er mit der Mannschaft, für deren Gesundheitszustand eine Luftveränderung nur günstig sei, in See gehen könne.

Auf der Rückreise erkrankte die Besatzung zum Teil aufs neue und mußte die Arbeit einstellen. Nach Ankunft in Bremen wurden 7 Mann der Bremer Krankenanstalt zugeführt.

Die zur Sache befragten Sachverständigen erklärten übereinstimmend, den Beri-Beri-Symptomenkomplex für vorliegend. Die Ursache der Krankheit hat nicht festgestellt werden können.

Proviant und Wasser waren während der Reise gut an Bord, wie die ganzen Schiffsverhältnisse normale gewesen sind.

Die Behandlung der Kranken an Bord entsprach den Vorschriften.

Die Schiffsleitung trifft kein Verschulden.

Gründe. Das Vollschiff „Kaiser" führt das Unterscheidungs-Signal QDBF, hat Bremen zum Heimatshafen und gehört zur Reederei D. H. Watjen & Co. daselbst. Das Schiff ist im Jahre 1877 aus Holz erbaut und mißt brutto 3626,0 cbm = 1279,97 britischen Registertons und netto 3341,7 cbm = 1179,64 britischen Registertons. Es befindet sich ein Chronometer an Bord. Die Besatzung mit Einschluß des Schiffers besteht aus 23 Mann.

Das Schiff hat am 19. April 1902 den Holzhafen in Bremen verlassen, um nach New Orleans zu segeln. Es war vor der Abfahrt verproviantiert worden. Der Proviant war von der Reederei nach Aufgabe des Kapitäns besorgt, derselbe war gut und in genügender Menge an Bord.

Das Hartbrot war von erster Güte, außer dem Dauerproviant waren etwa 120 Viertel Kartoffel mitgenommen, die bis New-Orleans gereicht haben.

Im Bremer Holzhafen waren alle für die Mitnahme von Trinkwasser bestimmten Gefäße, vier kleine und ein großer eiserner Tank und vier an Deck stehende Holzfässer mit Leitungswasser — etwa 5000 Gallonen — gefüllt worden.

Die Hinreise verlief in jeder Beziehung nach Wunsch.

Am 12. Juni ging das Schiff auf dem Missisippistrom bei South Port oberhalb von New-Orleans vor Anker an einer Stelle, an der eine starke Strömung herrschte und, soweit in der Verhandlung bekundet werden konnte, Abzugsgräben nicht in den Fluß führten.

Bei Ankunft in New-Orleans war von dem Bremer Wasser nach Mindestschätzung der Zeugen noch vorhanden anderthalb Tank. Im Golf von Mexico war Regenwasser aufgefangen und in einen kleinen Tank gefüllt. Dieses Regenwasser ist nie gebraucht worden.

Bei South Port hat das Schiff gelegen bis zum 16. Juli 1902. In dieser Zeit ist das Bremer Wasser bis auf einen halben kleinen Tank verbraucht worden. Zur Komplettierung des Wasservorrats ist Missisippiwasser geschöpft, 24—48 Stunden abgeklart und in die Tanks und die Holzfässer nach deren Reinigung gefüllt worden.

Nach Aussage des Kapitäns sind in New-Orleans sämtliche Schiffe gezwungen, ihren Wasservorrat aus dem Flusse zu ergänzen, da das vorhandene Zisternenwasser noch nicht einmal für die Leute an Land reicht.

Das Mississippiwasser soll, wie ihm gesagt worden, an sich gesund sein und viel Eisen enthalten.

An Ladung ist in South Port Tabak in Fässern eingenommen worden.

Außer mit Schiffsarbeit ist die ganze Mannschaft beschäftigt worden mit dem Verstauen der Tabakfässer, zwischen die Faßstäbe geschoben wurden. Die Faßstäbe sind sehr schwer gewesen, indessen kann auf Grund der übereinstimmenden Aussage der Mehrzahl der Mannschaften angenommen werden, daß zur Bewältigung der Arbeit immer genügend Kräfte zur Verfügung standen und daß eine Überanstrengung der Mannschaft nicht stattgefunden hat.

Über die Verpflegung während des Aufenthalts bei South Port ist keine Klage geführt.

Der Kapitän hat nach Bedarf frische Kartoffeln angeschafft, in der ersten Zeit hat er dreimal jede Woche frisches Fleisch gegeben, später nur zweimal im Anschluß an die herrschende Übung auf den anderen an derselben Stelle liegenden 7 deutschen Schiffen.

Der Aufenthalt bei New-Orleans war sehr heiß, auch in den Nächten ist es warm gewesen.

Der Mannschaft ist verboten worden, auf Deck im Freien zu schlafen, der Kapitän hat auf der Back einen Sonnensegel ausgespannt, damit die Leute dort, ohne dem Tau ausgesetzt zu sein, an Deck schlafen konnten.

Diese Gelegenheit ist vielfach nicht benutzt, das Verbot ist übertreten worden.

Die Schiffsführung hatte gleichfalls der Mannschaft verboten, ungekochtes und unabgeklartes Mississippiwasser, wie es die heimischen Ladungsarbeiter, die auf dem Schiffe mitarbeiteten, durch Eis gekühlt zu trinken pflegten, zu sich zu nehmen.

Auch dies Verbot ist überschritten worden.

Abends nach Feierabend hat ein Teil der Mannschaft in einem „Giftbude" genannten Lokale, das in einem nahe dem Liegeplatze befindlichen Negerdorfe lag, verkehrt, doch scheint dieser Verkehr ein starker nicht gewesen zu sein.

Die „Giftbude" wird als nicht besonders reinlich von den meisten Zeugen geschildert, es wurde in ihr von der Mannschaft konsumiert Schnaps, schlechtes Bier, Ananas, Bananen, Wassermelonen und Fruchteis.

Der Kapitän hat gleich nach Ankunft zur Kontrolle und eventuellen Behandlung der Mannschaft den Arzt angenommen, den alle deutschen Schiffe dort anzunehmen pflegen.

Dieser Arzt hat die Kontrolle ständig ausgeübt.

Wenige Tage nach der Ankunft hat er die Einnahme von Chininkapseln als Präventivmaßregeln gegen den Einfluß des Klimas für die Besatzung angeordnet, deren Gebrauch von einigen Leuten verweigert wurde, weil sie gesund waren.

Etwa nach Ablauf von 2 Wochen nach Ankunft erkrankte der Koch unter Fieber, Mattigkeitserscheinungen und Erbrechen.

Der Arzt stellte die Diagnose auf Malaria.

In den nächsten Tagen erkrankten zwei andere Leute unter denselben Erscheinungen, bald darauf acht weitere Leute.

Die Krankheit hat dann hin und her geschwankt, sodaß bald mehr, bald weniger Leute krank waren.

Ein Mann kam ins Hospital und wurde dort bei der Abreise zurückgelassen.

Die Anordnungen des Arztes wurden befolgt.

Als das Schiff zur Rückreise nach Bremen fertig war, fühlten sich drei Leute noch schlecht, es waren aber bis auf einen Mann alle im Dienst.

Der Arzt hat dem Kapitän ein Zeugnis ausgestellt, daß er mit der Mannschaft die Rückreise antreten könne, er hat die Überzeugung geäußert, daß der Krankheitszustand sich auch durch die mit der Seereise bedingte Luftveränderung bessern würde.

Am 16. Juli hat das Schiff die Rückreise angetreten.

Der Proviant ist in New-Orleans vom Kapitän durch Einkauf eines Schweines im Gewichte von 300 Pfund, von 15 Barrels Kartoffeln und Mehl in genügender Menge ergänzt worden.

Auf der Rückreise, die am 3. September mit dem Einlaufen des Schiffes im Bremer Freihafen beendet wurde, sind von neuem Erkrankungen der Mannschaft eingetreten. Die Erscheinungen sind dieselben gewesen wie in New-Orleans, nur treten bei einzelnen auch Schwellungen der Extremitäten und Kribbeln in Händen und Füßen ein. Der Krankheitszustand schwankte.

Der Kapitän hat die Krankheit für Beri-Beri gehalten und eine Behandlung eintreten lassen entsprechend den Vorschriften der Anleitung zur Gesundheitspflege an Bord von Kauffahrteischiffen (§ 55).

Besonders verschlimmert wurde die Sachlage, als am 32. Tage nach Antritt der Rückreise der kranke Koch seinen Dienst aufgeben mußte, weil von da ab der Segelmacher die Zubereitung des Essens übernahm und sich darin als wenig sachkundig erwies. Die Klagen über die Verpflegung datieren von dieser Zeit und erklären sich durch die Sachlage.

Nach Verbrauch der frischen Kartoffeln sind präservierte Kartoffeln in doppelten Rationen verabfolgt worden. Der Zustand der Mannschaft hat sich allmählich so verschlimmert, daß sieben Leute arbeitsunfähig wurden.

Infolgedessen hat der Kapitän beim Galloper Feuerschiff einen Schleppdampfer für Bremerhaven angenommen. Von dort ist das Schiff weiter nach Bremen geschleppt, wo es am 3. September abends im Freihafen anlegte.

Die sieben Kranken wurden in die Bremer Krankenanstalt aufgenommen und sind daselbst an Beri-Beri behandelt worden.

Das Gutachten des behandelnden Arztes der Krankenanstalt lautet auf Grund der von ihm behandelten, im einzelnen dargelegten Fälle:

„Aus den angeführten Tatsachen folgt, daß sämtliche sieben Kranke an Beri-Beri leiden; eine Krankheit, deren Hauptsymptome eine multiple Nervenentzündung mit Schwäche, Schmerzen und Sensationsanomalien in den befallenen Körperteilen ist. Häufig besteht zugleich, zuweilen auch ohne beträchtliche nervöse Symptome, wässeriger Erguß in den großen Körperhöhlen und Anschwellung, besonders am Gesicht und an den Füßen. Bei allen unseren Kranken sind an den Beinen, zum Teil auch an den Armen, die nervösen Symptome beobachtet, mit Ausnahme von Nr. 7 haben auch alle das für Neuritis an den unteren Extremitäten charakteristische Symptom, nämlich das Fehlen der Sehnenreflexe an der Kniescheibe. Gelegentlich ist aber auch in der Literatur vorübergehendes Steigen der Reflexerregbarkeit an der Patelle erwähnt. Auch die Herabsetzung der elektrischen Erregbarkeit bei Nr. 2 und 5 geprüft, stützt die Diagnose. An der vorwiegend hydropischen Form der Krankheit ist nur Nr. 6 erkrankt, bei dem jetzt in typischer Weise unter riesiger Urinmenge die wässerigen Ergüsse abnehmen. Aber geringe Anschwellung der Füße und des Gesichts finden sich fast bei allen. Auch die Hautausschläge bei Nr. 1 und 3 gehören zu den allerdings selteneren Symptomen der Beri-Beri. Dagegen ist die Blasen- und Nierenentzündung des Kochs als zufällige, wahrscheinlich durch eine frühere Gonorrhoe entstandene Komplikation anzusehen, die nicht in das eigentliche Krankheitsbild gehört. Ebensowenig gehören hierher die Fieberbewegungen von Nr. 6

und 7. Nr. 6 bot das schwerste Krankheitsbild; neben der hydropischen Form der Beri-Beri sehr starke Milzschwellungen und mäßiges Fieber. Wenn es auch bis jetzt noch nicht gelungen ist, Malariaparasiten in seinem Blute nachzuweisen, so spricht doch die Krankengeschichte und das Absinken der Temperatur und der Milzschwellung nach Chinin mit Sicherheit dafür, daß hier Beri-Beri und Malaria kompliziert sind. Noch viel zweifelloser ist das bei Nr. 7 der Fall, bei dem die Febris tertiana ganz klar ersichtlich ist. Parasiten sind auch hier bis jetzt nicht gefunden.

Die Form und der Verlauf der Krankheit ist bei allen relativ leicht. Lebensgefahr besteht jetzt bei keinem der Kranken mehr; mehrere verlangen schon, in die Heimat zurückzureisen. Doch wird die Rekonvaleszenz bei allen noch längere Zeit in Anspruch nehmen. Die leichteren Fälle, die Nr. 1 bis 4, werden etwa in einem viertel Jahre, die schwersten, Nr. 5 bis 7 in einem halben Jahre wieder voll erwerbsfähig sein. Außer guter Ernährung, guter Hautpflege mit Bädern, später Massage und eventuell Elektrizität ist gegen Beri-Beri kein besonderes Heilverfahren angezeigt.

Die Veranlassung der Erkrankung ist deshalb nicht anzugeben, weil überhaupt die Ursache der Beri-Beri noch dunkel ist. Die Autoren vertreten in der Literatur noch sehr verschiedene Anschauungen. Während einige nur in schlechter Ernährung die Ursache der Krankheit finden wollen und dieselbe als Infektionskrankheit, die vom Darm ausgehe, hinstellen, glauben andere, daß es sich um eine Infektionskrankheit mit einem spezifischen Krankheitserreger handelt, den man nur bis jetzt noch nicht gefunden habe. Die auf bestimmte Erdteile beschränkte Verbreitung und wie es scheint, langsam durch den Schiffsverkehr vermittelte geographische Zunahme der Krankheit macht die letztere Annahme höchst wahrscheinlich. Wenn dies der Fall ist, können schlechte Kost und mangelnde hygienische Verhältnisse nur als Hilfsmomente bei der Entstehung mitwirken, sie schwächen den Körper, sodaß er dem spezifischen Krankheitserreger weniger Widerstand entgegensetzen kann, sie verursachen aber die Krankheit nicht. In unserem Falle scheint die schwere Arbeit bei großer Hitze und der ungewohnte Genuß von Bananen, Ananas, Fruchteis 2c. abends im Negerdorf bei der gesamten Mannschaft zuerst einen heftigen fieberhaften Magendarmkatarrh veranlaßt zu haben. Darnach erst, also als alle mehr oder weniger geschwächt waren, fingen die Symptome von Beri-Beri an, bei mehreren, besonders Nr. 1, 3 und 7 schon 10 bis 1 Tag vor der Abreise von New-Orleans, bei den übrigen innerhalb der ersten zwei Wochen der Rückreise. Augenscheinlich liegt also die schädigende Ursache im Fluß- oder im Landaufenthalt und nicht an Bord des Schiffes, denn bevor dasselbe New-Orleans erreichte, waren alle Leute gesund. Das Trinkwasser wird man nicht als Ursache annehmen dürfen, da die Autoren darin übereinstimmen, daß Beri-Beri nicht durch schlechtes Wasser herbeigeführt werde.

Vielleicht liegt die Schädlichkeit im Boden, besonders an feuchten Küsten, und wenn auch bis jetzt nicht bekannt ist, daß in der Gegend von New-Orleans Beri-Beri herrsche, so scheint es doch am wahrscheinlichsten, daß die Krankheit irgendwie durch den Schiffsverkehr dahin oder nach South Port eingeschleppt sei, und daß sich nur hier die Leute infiziert haben. Vielleicht haben sich auch nur die zuerst Erkrankten die Affektion am Lande geholt und die Krankheit dann auf das Schiff verschleppt und so die später erkrankten Kameraden auf dem Schiffe infiziert, denn es gibt große Schiffsepidemien, die erst nach der Abfahrt von Beri-Beri-Gegenden ausbrachen und dann auch Leute in Mitleidenschaft zogen, die vorher ganz frei waren.

Nach diesen Auseinandersetzungen ist es eine ganz sekundäre Frage, ob bei der Rückreise der Proviant an Bord und das Trinkwasser gut oder schlecht waren. Die Hauptschuld an den schlechten Speisen trug augenscheinlich die Zubereitung, die anfangs noch dem kranken Koch oblag und die dieser gewiß mangelhaft besorgt hat und die zuletzt in den Händen des in diesem Fache unerfahrenen Segelmachers lag. So sind augenscheinlich die Kranken nicht sehr gut und zweckmäßig ernährt worden. Das mag zu ihrer Schwächung etwas beigetragen haben, aber die Ursache der Krankheit ist darin nicht zu suchen."

Diesem Gutachten hat sich der zur Verhandlung zugezogene Bremerhavener Sachverständige angeschlossen.

Auch hat er zweifellos den Beri-Beri-Symptomenkomplex für vorliegend erachtet und die Ansicht geäußert, daß der Proviant nicht die Krankheit verursacht haben könne.

Durch den Genuß des ungekochten Mississippiwassers wären möglicherweise Magen- und Darmkatarrhe bedingt worden, diese ständen indes mit der Beri-Beri-Erkrankung in keinem ursächlichen Zusammenhange, sie könnten nur ein stark unterstützendes Moment abgeben.

Auf seine Äußerung, daß die Schiffsleitung vorsichtigerweise gekochtes Wasser in größeren Mengen hätte zur Verfügung stellen sollen, haben Kapitän und Steuermann übereinstimmend bekundet, daß es den Leuten frei stand, jeder Zeit Tee sich zu bereiten.

Die in Bremen angestellten Untersuchungen von Proben des Proviants und des Wassers haben nach dem Gutachten des Gesundheitsrats einen Anhalt zur Erklärung der Beri-Beri-Erkrankungen nicht ergeben.

Auch der Reichskommissar hat den Zustand des Proviants und des Wassers auf der Rückreise als in gutem Zustande befindlich erachtet und ein Verschulden der Schiffsleitung nicht für vorliegend angesehen.

Auf Grund des Tatbestands und der abgegebenen Gutachten hat das Seeamt erkannt, wie geschehen.

Hervorzuheben ist noch, daß die Behandlung der Kranken an Bord eine der Sachlage und den Vorschriften entsprechende gewesen ist.

129. Spruch des Seeamts zu Emden vom 20. November 1902, betreffend den Seeunfall der Bark „Silo" von Emden.

Der Spruch des Seeamts lautet:

> Am 1. August 1902 hat die Bark „Silo," auf 19° 30′ nördlicher Breite und 125° östlicher Länge die Takelage verloren und mit einer Nottakelage Nagasaki als Nothafen aufgesucht.
>
> Die Ursache des Unfalls ist auf einen Taifun zurückzuführen, das Aufsuchen des Nothafens als gerechtfertigt zu erachten. Die Schiffsführung verdient wegen der guten Navigierung in und nach dem Taifun volle Anerkennung.

Tatbestand. Die zuletzt in Emden heimatliche Bark „Silo" war im Jahr 1873 in Amsterdam aus Eisen und Holz erbaut und zwar derart, daß eine hölzerne Verplankung, welche verkupfert war, bis zur Wasserlinie auf der eisernen Schiffshaut befestigt war; Masten und Unterraaen waren von Eisen und die stehende Takelage von Stahldraht. Die Bark war vermessen zu einem Netto-Raumgehalt von 3697,7 cbm oder 1305,29 britische Registertons und gehörte dem Schiffsreeder Hemmes in Wolthusen. Dieser hatte im Jahre 1899 das Schiff in Amsterdam mit der Klasse 3/3 L I I für 12 Jahre für 60000 M. angekauft. Die erste Reise ging von Amsterdam nach New-York, dort wurde die Takelage renoviert. Dann wurden Reisen gemacht nach Hongkong, Chemaines, Liverpool, Pensacola, Petersburg, Wiborg und Bremerhaven. In letztgenanntem Hafen wurde die Bark mit einem Kostenaufwande von 14000 M. einer gründlichen Reparatur unterzogen, worauf die bisherige Klasse bestätigt wurde. Von Bremerhaven ging das Schiff nach Sundsvall, wo für Reparatur an Segel und Takelage 1500 Kronen verausgabt wurden, alsdann segelte es nach Kapstadt, erlitt aber in der Nordsee bei schwerem Sturm durch eine Sturzsee so schwere Beschädigungen, daß es Dünkirchen als Nothafen anlaufen mußte. Hier wurde die „Silo" mit einem Kostenaufwande von 10000 M. repariert, worauf sie nach ihrem Bestimmungshafen weitersegelte; versichert war die Bark in Bremen für 60000 M.

Mit einer Besatzung von im ganzen 15 Personen verließ die „Silo" am 12. Juni 1902 in gutem seetüchtigen Zustande Kapstadt in Ballast mit der Bestimmung nach Vancouver. Am 27. Juli geriet das Schiff auf 17° 24′ nördlicher Breite und 118° 36′ östlicher Länge in einen Taifun. Der Schiffer erkannte die Gefahr früh genug und gelang es durch Umsegelung des Sturmzentrums demselben zu entgehen. Am 31. Juli lief die „Silo" mit Ostkurs auf 19° 30′ nördlicher Breite und 125° östlicher Länge wieder in einen Taifun. Der Wind wurde bei stark fallendem Barometer stürmisch aus NNO, es schien deshalb mit Rücksicht darauf, daß der Taifunkurs dort in der Regel NW ist, dem Schiffführer nicht ratsam, den Versuch zu machen, vor dem Sturm vorüber zu kommen, er legte vielmehr nachmittags 4 Uhr bei einem Barometerstande von $29,^{66}$ das Schiff vor den Wind. Abends 6 Uhr lenzte die Bark, nachdem alle Segel festgemacht waren, vor Top und Takel mit SSW-Kurs, um 8 Uhr abends ging der Wind nach Norden herum und wurde nun so hart, daß das Schiff in dem hohen Seegange dem Ruder nicht mehr gehorchte und über Backbordbug sich beim Winde legte. Der Wind wurde nun, wie der Taifun in nordwestlicher Richtung fortschritt, westlicher und muß das Zentrum des Taifuns nahe an dem Schiffe vorbeigekommen sein, welches auch an dem unruhigen Barometerstande erkennbar war. Durch die Gewalt des Orkans brach am 1. August morgens zwischen 1 und 2 Uhr der Fockmast und riß in seinem Falle das Geschirr des Großtops bis auf den Untermast und die Besahnstenge mit über Bord. Bei Tagwerden wurde die noch am Schiffe hängende Takelage gekappt; die Beplankung des Schiffes unter der Wasserlinie war stark beschädigt, 5—6 Deckplanken waren eingeschlagen und die ganze Backbordverschanzung gebrochen und los. Es wurde jetzt ein Notmast von zwei Spieren errichtet und da es unmöglich war, mit dem so schwer beschädigten Schiffe den Bestimmungshafen zu erreichen, beschlossen, den nächsten Hafen, Shanghai oder Nagasaki, aufzusuchen. Am 9. August geriet das Schiff in der Nähe der Linkin-Insel wieder in einen Taifun, gelangte aber doch ohne weitere besondere Vorkommnisse am 21. August in den Hafen von Nagasaki, wo es für reparaturunwürdig erklärt und für 18000 ℳ an einen Japaner verkauft wurde.

Die Feststellung obiger Tatsachen gründet sich auf das vorgelegte Schiffsjournal, auf die in Nagasaki von dem Schiffsführer Gowers, dem Steuermann H. Dethloff, dem Matrosen Albrecht Faul, dem Matrosen R. Daniel und dem Steuermann B. Oltmanns vor dem Kaiserlich Deutschen Konsulat in Nagasaki am 9. September 1902 abgelegte Verklarung, sowie auf die in der heutigen Seeamtssitzung gemachten Aussagen des Kapitäns und des zweiten Steuermanns.

Entscheidungsgründe. In der am 9. September abgelegten Verklarung hat der Matrose Faul eidlich ausgesagt, daß die stehende Takelage der „Silo" alt und schlecht und fortwährend reparaturbedürftig gewesen sei und Daniel ebenfalls eidlich, daß die Takelage in ziemlich gutem Zustande, einige Segel jedoch alt und schlecht gewesen seien, während der Kapitän und die beiden Steuerleute in der Verklarung ausgesagt haben, daß die Bark sich beim Antritte der fraglichen Reise am 12. Juni nach jeder Richtung in gutem seetüchtigen Zustande befunden habe und alle sind dahin einig, daß das Schiff in dem Taifun am 27. Juli Schaden an der Takelage oder dem Schiffskörper nicht gelitten hat.

Der Reichskommissar hat auf Grund der Aussagen der Matrosen Faul und Daniel ausgeführt, daß die Takelage in Kapstadt besser hätte nachgesehen und verbessert werden müssen und daß dieselbe wahrscheinlich schon in dem Taifun am 27. Juli Schaden gelitten und deshalb in dem Taifun am 31. Juli nicht mehr genügend widerstandsfähig war.

Das Seeamt schließt sich diesen Ausführungen nicht an, hält es vielmehr für erwiesen, daß die „Silo" nach jeder Richtung in gutem seetüchtigen Zustande die Reise angetreten hat und führt die, wenn auch im guten Glauben gemachten Aussagen der Matrosen Faul und

Daniel auf ihre bei ihrem jugendlichen Alter noch geringe seemännische Erfahrung zurück.

Die Ursache des Unfalls mußte deshalb auf die elementare Gewalt des Taifuns am 1. August zurückgeführt werden. Der Schiffsführer hat am 31. Juli die Gefahr früh genug erkannt und die richtigen Maßregeln ergriffen, um derselben auszuweichen. Er legte das Schiff mit SSW-Kurs vor den Wind, um auf diese Weise sich von der Taifunbahn zu entfernen. Als dann aber abends 8 Uhr das Schiff bei dem furchtbaren Orkan in der wilden See dem Ruder nicht mehr gehorchte, und über Backbordbug sich an den Wind legte, war dies, an der linken Seite der Taifunbahn, der verkehrte Bug, da man jedoch die Herrschaft über das Schiff verloren hatte, kann der Schiffsleitung dies als ein Fehler nicht angerechnet werden. Durch die furchtbare Gewalt des Orkans ist der Fockmast gebrochen und dadurch der weitere Schaden an der Takelage und dem Schiffskörper verursacht.

Der Kapitän Gowers hat in der schwierigen Lage, in der er sich während des Taifuns und nach demselben ohne Takelage befand, als tüchtiger Seemann bewährt; es ist daher in voller Anerkennung dieser Tatsache, wie geschehen, erkannt.

130. Spruch des Seeamts zu Emden vom 20. November 1902, betreffend den Seeunfall des Dreimastschoners „Thekla" von Papenburg.

Der Spruch des Seeamts lautet:

> Der am 1. September 1902 in der Algoa-Bay durch Strandung erfolgte Totalverlust des Dreimastschoners „Thekla" ist auf den damals dort herrschenden Orkan aus SSO zurückzuführen. Der guten Disziplin an Bord ist es zuzuschreiben, daß dabei Menschenleben nicht verloren gegangen sind.

Tatbestand. Der in Papenburg heimatliche Dreimastschoner „Thekla", Unterscheidungs-Signal KHWF, ist dort im Jahre 1897 aus Eichenholz erbaut, vermessen zu einem Netto-Raumgehalt von 893,5 cbm = 315,4 britischen Registertons und gehörte einer Reederei an, wobei der Schiffsführer Heinrich Schnieders nicht beteiligt war.

Das Schiff hatte die höchste Klasse beim Veritas und war in Hamburg für 50000 M. versichert; im Juli 1901 war die Kupferhaut erneuert.

Mit einer Besatzung von im ganzen 11 Personen war die „Thekla“ am 21. August 1902 mit einer Ladung Zucker von Mauritius auf der Reede von Port Elisabeth angekommen und lag am 31. August nach Entlöschung der Ladung und der Einnahme von Ballast segelfertig die Reede wieder zu verlassen. Am genannten Tage wehte morgens eine frische, stets zunehmende Brise aus SO, so daß man um 11 Uhr vormittags die zweiten Anker fallen ließ und bis zu 80 Faden von der Backbordskette und 60 Faden von der Steuerbordskette aussteckte, außerdem wurden gute Springtaue auf beide Ketten gesetzt. Wind und Seegang nahmen bedeutend zu, das Schiff lag aber gut. Nachts wehte ein Orkan und brachen in der Nacht zum 1. September um $2^1/_2$ Uhr die Pallen des Spilles und hiernach die auf die Ketten gesetzten Springtaue. Die Zumning, womit die Backbordskette unter Deck befestigt war, brach und schlippte hierauf die Backbordskette über Bord. Eine Stunde später fing das Schiff an zu treiben; man ließ nun den dritten Anker fallen und machte Notsignale. Die „Thekla“ trieb indes schnell dem Lande zu und geriet bald in die furchtbare Brandung. Der Schiffsführer ließ nun die ganze Besatzung in die Kajüte unter Deck gehen, um ein vorzeitiges Ueberbordspringen der Leute oder ein Wegspülen derselben durch die überkommenden Seen zu verhüten. Gleich nach 4 Uhr nachts war das Schiff so hoch auf den Strand geschlagen, daß, da das Wasser fiel, das Hinterschiff trocken lag und um $8^1/_2$ Uhr morgens die Besatzung ohne Gefahr das Schiff verlassen und an Land gehen konnte. Die „Thekla“ ist total wrack geworden und für 210 £ verkauft.

Die Feststellung obiger Tatsachen gründet sich auf die vor dem Kaiserlich Deutschen Konsulat in Port Elisabeth am 11. September 1902 von dem Kapitän Heinrich Schnieders, dem Bootsmann Eugen Elentin und dem Matrosen Ernst Nicca abgelegte Seeverklarung und auf die in der heutigen Seeamtssitzung von dem Kapitän und dem Steuermann H. Buskenhenke gemachten Aussagen.

Entscheidungsgründe. Nach diesem Tatbestande ist erwiesen, daß die Strandung der „Thekla“ lediglich durch höhere Gewalt verursacht ist. Die gute Disziplin, die zur Zeit des Unfalls an Bord herrschte, verdient Anerkennung, zumal ihr zuzuschreiben ist, daß bei der Strandung keine Menschenleben verloren gegangen sind; deshalb war, wie geschehen, zu erkennen.

131. Spruch des Seeamts zu Flensburg vom 26. November 1902, betreffend den Zusammenstoß des Kieler Dampfers „Podbielski" mit einem mit Beurlaubten des russischen Schulschiffs „Okean" bemannten Boote im Kieler Hafen.

Der Spruch des Seeamts lautet:

Der Zusammenstoß des Kieler Hafendampfers „Podbielski" mit einem Motorboote des russischen Schulschiffes „Okean" am Abend des 21. September 1902 im Kieler Hafen ist dadurch herbeigeführt, daß man auf dem russischen Motorboote nicht die im Artikel 7 unter 1 und 2 der Kaiserlichen Verordnung zur Verhütung des Zusammenstoßens der Schiffe auf See vom 9. Mai 1897 vorgesehenen Lichter führte.

Gründe: Der der Neuen Dampfer-Kompagnie in Kiel gehörende, mit dem Unterscheidungs-Signal LBGD ins Schiffsregister eingetragene Hafendampfer „Podbielski" befand sich am Sonntag Abend des 21. September 1902 mit Passagieren auf der Fahrt von Friedrichsort nach Kiel. Führer war der Kapitän Wilhelm August Lewerenz aus Kiel.

Um 8 Uhr abends hatte man die Anlegebrücke bei Belevue verlassen. Die Luft war dunkel aber gut feuersichtig, der Wind nordwestlich. Während man mit langsam gehender Maschine nach der Stadt zu fuhr, sichtete man kurz nach dem Passieren der Seebadeanstalt in der Nähe des Kasernenschiffes „Prinz Adalbert" zwei weiße Lichter etwa 3 Strich an Steuerbord voraus in einer Entfernung von ungefähr 200 m. In der Meinung, daß die Lichter Segel- oder Ruderbooten angehörten, legte man das Ruder BB (Marine-Kommando) und gab gleichzeitig 2 kurze Töne mit der Dampfpfeife. Während der Dampfer nach Backbord drehte, sah man das eine der weißen Lichter nach derselben Seite hin auswandern. Als man dies gewahrte, wurde die Maschine gestoppt und auf volle Kraft rückwärts gestellt. Gleich darauf traf der Dampfer mit seinem Bug das dieses weiße Licht führende Fahrzeug hinten an Backbordseite und drückte dessen Heck unter seinen Vordersteven. Dann kamen die Fahrzeuge wieder von einander frei. Nachdem einige zur Besatzung des getroffenen Fahrzeuges gehörende Leute, die bei dem Anprall ins Wasser gesprungen waren, aufgefischt und geborgen waren, wurde die Fahrt wieder aufgenommen. Der Bestimmungsort ist demnächst ohne weiteren Zwischenfall erreicht worden.

Das getroffene Fahrzeug war ein russisches Marinefahrzeug, ein Motorboot, welches zu dem unlängst auf Howaldtswerken in Diedrichsdorf erbauten Kaiserlich russischen Schul- und Transportschiff „Okean" gehört. Dieses lag damals querab von der Seebadeanstalt an Boje 9 vertäut. Das Motorboot war mit Leuten des „Okean", die an Land beurlaubt gewesen waren, von der Gefion-Brücke ab nach dem „Okean" zurückgefahren. Es hatte insgesamt 50 Mann an Bord.

Die Russen behaupten, sie hätten 5 Minuten vor dem Zusammenstoß etwa 3 Strich an Backbordseite das rote Licht des Dampfers gesehen. Sie wollen ihren Kurs nicht verändert haben, bis sie sahen, daß der Zusammenstoß unvermeidlich war; dann haben sie das Ruder, wie sie sagen, etwas nach links gelegt.

Auf dem Motorboot führte man vorn eine dreifarbige Laterne und kein anderes Licht darüber oder darunter. Durch Vermittelung des Kaiserlich Russischen Konsulats ist die dreifarbige Laterne dem Seeamte zur Besichtigung und Prüfung überlassen worden.

Die Laterne hat die Gestalt eines Prismas mit Parallel-Trapez-Grundflächen. Die Seitenflächen bestehen aus Glas, die vordere Fläche ist durchsichtig, die linke kupferrot und die rechte grün. Der Winkel, den die klare Fläche zu den farbigen Flächen bildet, beträgt 9 Strich.

Die klare Vorderfläche hat eine Breite von 14,5 cm, die rote und grüne Fläche sind je 11,5 cm breit. Die undurchsichtige Hinterfläche hat eine Breite von 18,5 cm. Die Höhe der Laterne beträgt 25 cm, die des Schornsteins 9 cm.

Als Brennmaterial diente eine Stearinkerze von 7,8 cm Umfang, deren Leuchtkraft nach der roten und grünen Seite durch einen silberpolierten Reflektor verstärkt wird.

Die Laterne wurde am Abend des 21. Oktober 1902 bei dunkler, gut feuersichtiger, aber nicht mondheller Luft auf den Podest der Anlegebrücke von Bellevue bei Kiel gesetzt und zwar so, daß sie mit der weißen Glasscheibe nach dem Wasser hinaus stand. Eine mit dem Kanaldampfer „Borby" unternommene Fahrt parallel mit der Brücke und dem Lande und 30 m Abstand von der Laterne beim Passieren der Brücke ergab, daß bei einer Fahrt von 7 Seemeilen in der Stunde während 41 Sekunden nur weißes Licht zu sehen war und daß der Uebergang der einzelnen Farben höchstens 3—5 Sekunden dauerte. Auf einer Fahrt von einer Stelle, welche etwa 50 m von der Brücke entfernt lag, auf das Land zu, die Brücke etwas an Backbord voraus, sah man zunächst nur das weiße Licht. Erst als man bis auf etwa 10 m an die Brücke herangekommen war, und die Laterne etwa 6 Strich an Backbord voraus hatte, kam das rote Licht zum Vorschein.

Auf dem Dampfer „Podbielski" hat man kein farbiges Licht vom Motorboot gesehen.

Die russischen Zeugen geben an, die von ihnen geführte dreifarbige Laterne entspreche dem im Ministerium gebräuchlichen Muster und den Vorschriften des § 9 der internationalen Regeln zur Verhütung des Zusammenstoßens von Schiffen auf See.

Durch den Zusammenstoß wurde dem Motorboot der Dollbord zerbrochen und am Heck ein Leck gestoßen.

Der Kurs den das russische Motorboot gefahren sein muß, um nach den an Boje 9 vertäuten „Okean" zu kommen, lag dem Kurse des nach der Stadt fahrenden Dampfers „Podbielski" gegenüber derartig, daß beide Fahrzeuge sich zunächst an Steuerbordseite haben mußten. Damit stimmen auch die Angaben der Leute des Dampfers, man habe das weiße Licht zuerst 3 Strich an Steuerbord gesehen. Damit ist indes unvereinbar die Angabe der Russen, sie hätten 5 Minuten vor dem Zusammenstoß 3 Strich an Backbord das rote Licht des Dampfers gesehen. Es ist anzunehmen, daß die Leute auf dem russischen Dampfer sich in dieser Beziehung getäuscht haben; es ist sehr wohl möglich, daß das rote Licht, das sie gesehen haben wollen, nicht von dem Dampfer „Podbielski", sondern von einem andern in der Gegend befindlichen Schiffe herrührte.

Auf dem Dampfer „Podbielski" handelte man zunächst in anzuerkennender Weise der Vorsicht entsprechend, als man von Bellevue aus mit langsam gehender Maschine der Stadt zufuhr.

Nach § 10 Absatz 1 der Seepolizeiverordnung für das Reichskriegshafengebiet von Kiel war der Dampfer verpflichtet, jedem Ruderboot auf sichere Entfernung, mindestens 30 m auszuweichen. Nach § 6 Absatz 2 derselben Verordnung in Verbindung mit Artikel 7 zu 4 der internationalen Vorschriften zur Verhütung des Zusammenstoßens von Schiffen auf See haben im Reichskriegshafengebiet von Kiel Ruderboote, gleichviel ob sie rudern oder segeln, eine weiße Laterne mit brennendem Licht so zu zeigen, daß von dem Fahrzeug, dessen Aufmerksamkeit erregt werden soll, das Licht vom Beginn des Zeigens an ohne Unterbrechung bis nach Beendigung des Passierens beobachtet werden kann.

Der Führer des Dampfers war zu der Annahme berechtigt, daß

er es mit einem rudernden oder segelnden Boote zu tun habe, als er in einiger Entfernung das weiße Licht drei Strich an Steuerbord voraussah; denn die Einrichtung der russischen Laterne hinderte ihn daran, die farbigen Leuchtseiten zu erkennen, weil, wie die obenerwähnte Probefahrt ergeben hat, die farbigen Leuchtseiten in einiger Entfernung in der Richtung von vorn bis 4½ Strich nach jeder Seite überhaupt nicht sichtbar sind. Letzteres erklärt sich hinlänglich dadurch, daß in einiger Entfernung von vorn die farbigen Lichter von dem weißen Lichte vollkommen überstrahlt werden.

In der berechtigten Annahme, daß er es mit einem Segel- oder Ruderboote zu tun habe, handelte der Führer des Dampfers richtig, als er nach Backbord auswich, weil er hier den größeren Seeraum hatte.

Daß der Zusammenstoß wie geschehen, erfolgte, findet unter solchen Umständen seine Erklärung darin, daß das Motorboot viel schneller auf den Dampfer zukam, als es von einem Ruder- oder Segelboot hätte geschehen können und zwar soviel schneller, daß man auf dem Dampfer nicht mehr in der Lage war, diesen zum Stillstand zu bringen.

Ist hiernach der Führung des Dampfers ein Verschulden an dem Zusammenstoße nicht nachzuweisen, so kann es sich nur noch fragen, ob man auf dem Motorboote den Vorschriften hinsichtlich der Lichterführung genügt hat.

Artikel 9 der Kaiserlichen Verordnung zur Verhütung des Zusammenstoßens von Schiffen auf See kommt nicht in Betracht, weil er nur den Erlaß von Regeln für Fischerfahrzeuge vorbehält.

In Betracht kommt zunächst Absatz 3 der Einleitung, wonach unter Dampffahrzeugen alle durch Maschinenkraft bewegte Fahrzeuge einbegriffen sind. Sodann kommen in Betracht die Vorschriften des Artikel 7 unter 1 und 2.

Es müssen danach Dampffahrzeuge unter 113 cbm Bruttogehalt, falls sie nicht die im Artikel 2 unter a, b, c vorgeschriebenen Lichter führen, ein im Artikel 7 unter 1a näher bezeichnetes weißes Licht, mindestens 3 m hoch über dem Schandeckel führen. Dieselben Fahrzeuge müssen, wenn sie die im Artikel 2 unter b und c vorgeschriebenen farbigen Seitenlichter nicht führen, an deren Stelle eine im Artikel 7 unter 1b näher beschriebene doppelfarbige Laterne führen, welche an den betreffenden Seiten ein grünes und ein rotes Licht von recht voraus bis zu zwei Strich hinter die Richtung quer ab (2 Strich achterlicher als dwars zeigt). Diese Laterne muß mindestens ein Meter unter dem weißen Licht geführt werden.

Für kleine Dampffahrzeuge, wie z. B. die Motorboote des „Okean" sind indessen noch Abweichungen von diesen Höhenangaben gestattet. Der bezügliche Absatz-Artikel 7 unter 2 lautet:

> Kleine Dampfboote, wie zum Beispiel solche, welche von Seeschiffen an Bord geführt werden, dürfen das weiße Licht niedriger als 3 Meter über dem Schanddeckel, jedoch über der unter 1 b erwähnten doppelfarbigen Laterne führen.

Das weiße Licht soll also selbst auf den kleinsten Dampffahrzeugen stets an einer höheren Stelle als die farbigen Lichter geführt werden, und jedes der farbigen Lichter soll von recht voraus bis zwei Strich achterlicher als dwars sichtbar sein.

Diesen Anforderungen entsprach die an Bord des Motorbootes geführte dreifarbige Laterne nicht, weil sie weder ein grünes und rotes Licht von recht voraus bis zwei Strich achterlicher als dwars zeigte, noch über diesen Lichtern ein weißes Licht hatte.

Hätte das Motorboot die im Artikel 7 unter 1 und 2 vorgeschriebenen Lichter geführt, so hätte der Führer des Dampfers leicht erkennen können nicht allein, daß er es mit einem Dampffahrzeuge zu tun hatte, sondern auch in welcher Richtung sich solches bewegte. Er hätte dann, sobald er der Lichter ansichtig wurde, rechtzeitig genug sein Schiff zum Stillstand bringen und damit den Zusammenstoß vermeiden können.

Es kann hiernach nicht zweifelhaft sein, daß der Zusammenstoß lediglich darauf zurückzuführen ist, daß man an Bord des russischen Motorbootes nicht die in der Kaiserlichen Verordnung zur Verhütung des Zusammenstoßens von Schiffen auf See im Artikel 7 unter 1a, b, c vorgeschriebenen Lichter führte.

132. Spruch des Seeamts zu Hamburg vom 27. Mai 1902 und Entscheidung des Kaiserlichen Ober-Seeamts vom 27. November 1902, betreffend den Seeunfall des Schraubendampfers „Hamburg" von Hamburg.

Der Spruch des Seeamts lautet:

> Die Ursachen des am 28. März 1902 im Hafen von Reval an Bord des Dampfers „Hamburg" ausgebrochenen Feuers haben sich nicht ermitteln lassen.

Kapitän Dittmer hat sich an den Maßregeln zur Rettung des Schiffes nicht beteiligt, da er offenbar völlig den Kopf verloren hatte.

Die Befugnis zur Ausübung des Schiffergewerbes wird dem Kapitän belassen, da nicht festzustellen ist, daß durch sein Verhalten der Schaden verschlimmert ist.

Die Regelung des Wachdienstes an Bord, sowohl an Deck, wie in der Maschine, ließ viel zu wünschen übrig.

Dem ersten Steuermann Wilhelm Blank vom Dampfer „Möwe" gebührt für sein tatkräftiges Eingreifen Anerkennung.

Tatbestand. Der Schraubendampfer „Hamburg", Unterscheidungs-Signal RDKQ, ist Eigentum der Firma A. Kirsten und von 15 Mitreedern und steht unter Führung des Kapitäns Christian Wilhelm Dittmer, Inhaber eines Befähigungszeugnisses zum Schiffer auf großer Fahrt. Der im Jahre 1872 zu Hull erbaute Dampfer ist zu 2222,6 cbm = 784,58 britischen Registertons brutto und 1389,7 cbm = 490,56 britischen Registertons netto vermessen.

Auf diesem Dampfer ist am Abend des 28. März 1902 im Hafen von Reval ein Feuer ausgebrochen, durch welches die hinter der Maschine gelegenen Kammern der Steuerleute und Maschinisten sowie die Messe ausbrannten und Deck, Platten, Spanten, Mast und Skylights beschädigt wurden. Die Reparaturkosten haben sich auf etwa 25 000 Mark belaufen.

Durch die seeamtliche Untersuchung ist über den Hergang dieses Unfalls das Folgende festgestellt worden.

Das Schiff, welches am Nachmittage verholt hatte, lag am Abend des 28. März neben dem englischen Dampfer „Princeß Alexandra", welcher am Quai vertäut war und zwar lagen die Schiffe hinten zusammen, während der Vordersteven des „Hamburg" von dem englischen Dampfer abgeschoren war und im Eise festlag.

Die Ladung, welche aus Stückgütern, darunter 1000 Faß Naphta, bestand, war vollständig eingenommen und man beabsichtigte, am nächsten Morgen in See zu gehen. Die Naphtaladung war im Unterraum über das ganze Schiff verstaut.

Der Kapitän war gegen 6 Uhr mit dem ersten Steuermann Hofmann und den Maschinisten an Land gegangen, um über einen Eisschaden, welchen das Schiff erlitten hatte, Verklarung abzulegen. Der zweite Steuermann Haselbeck, welcher bis 9 Uhr Wache hatte, blieb an Bord zurück. Etwa um 8½ Uhr oder etwas später kehrte Kapitän Dittmer an Bord zurück und rief in die Kappe des Niederganges zur Messe hinein nach dem ersten Steuermann. Als er die Antwort erhielt, daß dieser noch nicht zurückgekehrt sei, ging er nach hinten in die Kajüte.

Der zweite Steuermann Haselbeck, dessen Wache bis 9 Uhr lief, übergab um 9 Uhr die Wache dem Matrosen Johannsen und ging dann aus Land. Er war der Meinung, daß kein Offizier an Bord sei, da er die Rückkehr des Kapitäns nicht bemerkt hatte.

Gegen 9½ Uhr bemerkte der Wachmann Johannsen, daß aus der Kappe der Offizierskammern Rauch und Flammen hervordrangen. Er schlug sofort Lärm und weckte die in der Koje liegenden Matrosen und Heizer. Bei seiner Vernehmung im Vorverfahren — in der Hauptverhandlung hat er nicht vernommen werden können, da er auf See war — hat er behauptet, dann in die Kajüte gelaufen zu sein, um den Kapitän zu benachrichtigen. Der Kapitän habe ihm auf seine Meldung geantwortet: „Ach was Feuer, was geht mich das an, laß den Dreck doch brennen". Kapitän Dittmer bestreitet, daß Johannsen ihm Meldung von dem Ausbruch des Feuers gemacht habe, will vielmehr durch Dampfpfeifensignale aufmerksam geworden sein und den Steward hinaufgeschickt haben, damit er nachsehe, was die Ursache des Lärms sei. Als der Steward ihm dann gemeldet habe, das Schiff brenne, sei er sofort hinauf gegangen.

Steward Waldheim bestätigt diese Aussagen des Kapitäns, während Matrose Müller angibt, daß ihm Johannsen sofort den Vorgang in der Kajüte, wie vorstehend geschildert, mitgeteilt habe.

Er, Müller, sei dann nach der Kajütskappe gegangen, in welcher der Kapitän ihm schon entgegengekommen sei. Auch jetzt habe der Kapitän wieder geäußert, das Feuer gehe ihn nichts an, man solle es nur brennen lassen.

Unter Leitung des Zimmermanns Näthler versuchten jetzt die an Bord befindlichen Leute dem Feuer zu Leibe zu gehen. Der Koch Dombrowski goß einige Pützen Wasser, welches er in der Kombüse hatte, in das Feuer und läutete auf der Kommandobrücke die Glocke. Durch dieses Signal wurde die Aufmerksamkeit der übrigen im Hafen liegenden Dampfer erregt und diese veranlaßt, mit ihren Dampfpfeifen Notsignale zu geben. Zimmermann Näthler will auch mit der Dampfpfeife des „Hamburg" Signale gegeben haben, während von dem Maschinenpersonal übereinstimmend behauptet wird, daß hierzu nicht genügend Dampf vorhanden gewesen sei. Näthler, Matrosen Müller und Johannsen holten einen Schlauch, schroben ihn auf das in der Nähe der Kappe befindliche Rohr, durch welches

Wasser von außenbords mittels der Maschine gepumpt wird. Es stellte sich aber heraus, daß man nicht mehr in den Maschinenraum hineindringen konnte, da dort schon zu viel Rauch und Qualm eingedrungen war. Der Koch versuchte mit der Handpumpe Wasser in das Feuer zu pumpen, es kam aber nur Luft aus der Pumpe, da anscheinend das durch die Messe laufende Pumpenrohr schon abgeschmolzen war. Die weiteren Versuche, Wasser von außenbords mittels Eimern aufzuholen, erwiesen sich auch als erfolglos, da das Eis zu dick war, als daß man Wasser hätte schöpfen können. Nach einiger Zeit kamen unaufgefordert Leute vom englischen Dampfer „Princeß Alexandra" an Bord mit einem Schlauch und der Zimmermann Näthler schlug jetzt die Skylights ein, um das Wasser durch diese Öffnungen in das Feuer leiten zu können. Es stellte sich aber heraus, daß auch der englische Dampfer nicht genug Dampf auf hatte, um ordentlich pumpen zu können und daß der Schlauch zu kurz war. Inzwischen erschien der erste Steuermann Wilhelm Blank von dem Bremer Dampfer „Möwe" an Bord des „Hamburg" und hat sich der weiteren Leitung der Rettungsarbeiten angenommen. Er erklärt, daß bis auf wenige Leute die ganze Besatzung des Dampfers nur damit beschäftigt gewesen sei, ihre Sachen zu packen und daß er dieserhalb Vorwürfe erhoben und die Leute herangeholt habe.

Etwa 3/4 Stunden nach Entdeckung des Feuers erschien die Revaler freiwillige Feuerwehr am Land, welche Schläuche über die „Princeß Alexandra" hinüber an Deck des „Hamburg" legte und in die brennenden Räume Wasser spritzte. Das Wasser wurde durch Schläuche, teils unter Deck, teils durch in das Deck gehauene Öffnungen in das Feuer geleitet. Der Bericht des Hauptmanns der Feuerwehr klagt auch darüber, daß er von Seiten des Kapitäns oder der Mannschaft keinerlei Unterstützung gefunden habe.

Nachdem die Feuerwehr etwa eine Stunde gearbeitet hatte, unterstützt von dem Schleppdampfer „Assistent", welcher sich längsseite gelegt und mit seiner Druckpumpe Wasser in das Schiff gepumpt hatte, sah man ein, daß man das Feuer so nicht löschen könne. Das Kommando der Feuerwehr gab daher mit Rücksicht auf die große Gefahr, welche eine Explosion des an Bord des brennenden Schiffes befindlichen Naphtas für den ganzen Hafen bedeutete, den Befehl, den „Hamburg" aus dem Hafen hinauszuschleppen. Der „Assistent" hat den „Hamburg" dann hinausgeschleppt, bis er im Eise stecken blieb und gezwungen war, noch einen zweiten Dampfer, den „Meteor" zur Hilfeleistung heranzurufen. Diese beiden Schlepper haben zusammen das brennende Schiff genügend weit hinausgeschleppt, sich dann längsseite gelegt und gemeinschaftlich mit ihren Pumpen das Feuer gelöscht. Nach Löschung des Feuers, welches nach zweistündiger Arbeit gelang, pumpte der „Meteor" das Wasser aus dem Dampfer „Hamburg" wieder aus und bugsierte den Dampfer am anderen Morgen wieder in den Hafen.

Als der „Meteor" und der „Assistent" längsseite des „Hamburg" lagen und das Feuer löschten, ist die ganze Mannschaft des „Hamburg" auf diese Dampfer mit ihren Habseligkeiten übergegangen und erst zurückgekehrt, als das Feuer gelöscht war. Der Kapitän, die Schiffsoffiziere und Maschinisten blieben an Bord zurück. Der Kapitän hat davon, daß die Besatzung das Schiff verließ, angeblich nichts bemerkt und es ist ihm auch nichts davon mitgeteilt worden. Der Kommandeur der Feuerwehr soll den Befehl gegeben haben, das Schiff zu verlassen, und diesen Befehl durch einen seiner Offiziere, welcher des Deutschen mächtig war, bekannt gegeben haben.

Der erste Steuermann Hofmann ist während dieser Vorgänge nicht an Bord gewesen, da er erst nach dem Quai zurückkam, als die Feuerwehr den Zugang zum Schiffe schon abgesperrt hatte und er nicht mehr durchgelassen wurde. Der zweite Steuermann Haselbeck und die beiden Maschinisten kehrten erst kurze Zeit, nachdem die Feuerwehr eingetroffen war, an Bord zurück, sodaß der Kapitän während der ersten Zeit nach Ausbruch des Feuers der einzige Offizier an Bord war. Er hat trotzdem während dieser Zeit und auch nachher eine völlig passive Rolle gespielt und es sogar geduldig geschehen lassen, daß der erste Steuermann der „Möwe" auf seinem Schiffe das Kommando und die Leitung der Arbeiten übernahm. Das Verhalten des Kapitäns war so auffallend, daß mehrere Zeugen zu der Meinung gelangten, der Kapitän sei völlig betrunken. Hiermit ist auch in Verbindung gebracht worden, daß der Kapitän, während der Dampfer auf die Reede geschleppt wurde, beim Hinunterklettern von der Brücke zu Fall kam. Kapitän Dittmer bestreitet entschieden, irgend etwas während des Nachmittags und des Abends getrunken zu haben, gibt aber zu, daß er so aufgeregt geworden sei durch das Feuer, daß er sich nicht direkt an den Löschungsmaßregeln beteiligt habe. Der Steward Waldheim, welcher während der letzten Stunde vor Ausbruch des Feuers mit dem Kapitän zusammen in der Kajüte gewesen ist, bestätigt, daß der Kapitän vollständig nüchtern gewesen sei und während dieser Zeit nichts getrunken habe. Erst während des Hinausschleppens des Schiffes habe sich der Kapitän ein Glas Portwein geben lassen.

Die Nachforschung nach den Ursachen des Brandes hat nur ergeben, daß am Tage vorher in der Kammer der Steuerleute ein starker Gasgeruch zu verspüren gewesen ist, welcher sich aber, nachdem die Tür geöffnet war, verzog. Der Ofen in der Maschinistenkammer war an dem Unfallstage geheizt worden, und es war noch Feuer im Ofen, als die Maschinisten an Land gingen. Der Ofen in der Steuermannskammer und der Messe war nicht geheizt worden. Diese Öfen waren gewöhnliche eiserne von Blech umkleidete Regulieröfen, deren Rohr 6—7 Zoll Abstand von der Wand hatte, und welche mit einer eisernen Vorlage versehen waren, sodaß durch fallende glühende Kohlen ein Feuer nicht entstehen konnte. Der zweite Steuermann, welcher zuletzt um 4½ Uhr in der Kammer gewesen ist, hat nichts Verdächtiges bemerkt, hat auch nicht etwa in der Kammer eine Zigarre angezündet. Eine Kokosmatte befindet sich in den Kammern nicht.

Die Lampen, Hängelampen mit Kuppel und Zylinder, hingen in der Mitte der Kammern. Der zweite Maschinist Kollaudt hat die Lampe in der Maschinistenkammer ausgelöscht, als er von Bord ging. Der zweite Steuermann hat, als er um 4½ Uhr an Deck ging, die Lampen in der Offizierskammer und der Messe ausgelöscht. Die Schotten, welche die Kammern von der Ladung und der Messe bezw. die Steuermannskammer von dem Bunker abtrennten, waren aus Holz.

Der Reichskommissar hat den Antrag gestellt, dem Kapitän Dittmer die Befugnis zur Ausübung des Schiffergewerbes zu entziehen, da er sich zugestandenermaßen garnicht um die Löschung des Feuers bekümmert habe.

Es sei ferner nicht in der Ordnung gewesen, daß der zweite Steuermann nach Ablauf seiner Wache das Schiff verlassen habe und daß nicht ein Maschinist an Bord gewesen sei. Es sei nicht unwahrscheinlich, daß das Feuer eher entdeckt worden wäre und dann wirksamer hätte bekämpft werden können, wenn nach dieser Richtung hin die bestehenden Vorschriften befolgt worden wären. Das ganze Bild des Unfalls sei für die deutsche Schiffahrt beschämend. Dem ersten Steuermann der „Möwe", Blank, gebührt für sein Eingreifen Lob.

Gründe. Es hat sich durch diese Untersuchung keine Aufklärung darüber gewinnen lassen, auf welche Weise das Feuer entstanden ist. Weder die Lage der Kammern, noch die Einrichtung der Öfen und

Lampen können zu Bedenken Anlaß geben und irgendwie den Schluß rechtfertigen, daß das Feuer durch fehlerhafte Anlagen im Schiffe verursacht sei. Es mag sein, daß doch irgend ein Mitglied der Besatzung unbemerkt in einer der Kammern oder der Messe gewesen ist und sich dort vielleicht eines Streichholzes bedient hat, welches er achtlos fortgeworfen hat. Irgend etwas Positives hat aber hierüber nicht ermittelt werden können, sodaß die Ursachen des Feuers völlig im Dunkeln geblieben sind.

Das Verhalten des Kapitäns Dittmer nach Ausbruch des Feuers hat bei einer Reihe von Zeugen den Eindruck erweckt, als sei der Kapitän völlig betrunken. Das Seeamt erachtet es nicht für erwiesen, daß der Kapitän betrunken gewesen ist, da die Aussage des Kapitäns in diesem Punkte von dem Steward Waldheim und den Schiffsoffizieren bestätigt wird. Ebensowenig kann als erwiesen gelten, daß Kapitän Dittmer auf die Meldung von dem Feuer erwidert hat: „Laßt den Dreck brennen" und daß er lachend dem Feuer zugesehen hat, wie Heizer Kinde bei dem unsicheren Schein des Feuers beobachtet haben will. Wäre Kapitän Dittmer wirklich so betrunken gewesen, wie die Heizer Dreyer und Kinde behaupten, so hätte der Steward, mit welchem der Kapitän in der Kajüte zusammen gewesen ist, dies unbedingt merken müssen. Es muß daher angenommen werden, daß die Heizer sich bei der unsicheren Beleuchtung an Deck geirrt haben, wenn sie gesehen haben wollen, daß der Kapitän geschwankt hat und sich hat festhalten müssen. Ebensowenig läßt der Umstand, daß der Kapitän im Dunkeln auf der Brückenleiter zu Fall kam, einen Schluß darauf zu, daß er betrunken gewesen sei.

Wenn aber bei einer Reihe von Zeugen der Eindruck erweckt ist, als sei der Kapitän betrunken, so erklärt sich dies allerdings durch sein außerordentlich auffallendes Verhalten.

Es ist durch das Zugeständnis des Kapitäns in Verbindung mit den Zeugenaussagen und dem Bericht der Revaler Feuerwehr erwiesen, daß der Kapitän untätig dem Feuer zugesehen hat. Das einzige, was von einem Eingreifen seitens des Kapitäns erwähnt wird, ist, daß er einmal gerufen hat, man solle Wasser holen, einen Schlauch holen und die Pumpe ansetzen. Diese letzteren Befehle hat er aber erst gegeben, als die Leute schon vergeblich versucht hatten, die Pumpe in Betrieb zu nehmen.

Wenn man von diesen drei Äußerungen absieht, so findet man weiter nichts, was der Kapitän zur Rettung seines Schiffes getan hätte. Er hat in keiner Weise seine Leute angeleitet, sodaß jeder auf eigene Faust handelte, er hat nicht daran gedacht, Hilfe herbeizurufen, sei es durch Signale oder durch Absendung eines Boten auf den benachbarten Dampfer, er hat sich sogar nicht einmal darum gekümmert, ob die im Logis liegenden Leute auch geweckt waren, trotzdem das Schiff mit der im Unterraum befindlichen Naphtaladung in dringendster Gefahr schwebte. Er hat sich selbst dann nicht zu irgend welchem Handeln aufgerafft, als der erste Steuermann der „Möwe" Blank auf seinem Schiffe erschien und hat untätig hinten stehend zugesehen, wie dieser Blank auf seinem Schiffe gleichsam das Kommando übernahm. Auch als die Feuerwehr erschien, ist der Kapitän dieser in keiner Weise behilflich gewesen und hat es nicht einmal für nötig erachtet, sich dem Führer der Feuerwehr als Kapitän vorzustellen. Die weiteren Maßregeln sind denn auch ohne Hinzuziehung des Kapitäns getroffen, und es scheint sogar der Befehl zum Verlassen des Schiffes von dem Führer der Feuerwehr gegeben zu sein, ohne daß der Kapitän von dieser Maßregel Kenntnis bekommen hat.

Das Seeamt nimmt, wie gesagt, nicht an, daß Kapitän Dittmer betrunken gewesen ist, sondern glaubt dem Kapitän, daß sein Verhalten eine Folge davon gewesen ist, daß er durch die seinem Schiffe drohende Gefahr in eine hochgradige Aufregung versetzt ist, also völlig den Kopf verloren hat. Zu einer milderen Beurteilung seines Verhaltens kann dieses aber nicht führen. Ein Kapitän, welcher im Augenblicke der Gefahr, in welchem gerade von ihm und seiner Besonnenheit das Schicksal des Schiffes und vielleicht vieler Menschenleben abhängt, so völlig versagt, entbehrt offenbar in hohem Grade solcher Eigenschaften, welche für den Betrieb des Schiffergewerbes erforderlich sind.

Wenn das Seeamt also in dieser Beziehung mit dem Reichskommissar in der Beurteilung des Verhaltens des Kapitän Dittmer völlig einig war, so hat es doch aus einer rechtlichen Erwägung dem gestellten Antrage auf Patententziehung nicht folgen können.

Nach dem Gesetze kann einem Kapitän oder Steuermann nicht schon dann das Patent entzogen werden, wenn er bewiesen hat, daß es ihm an Eigenschaften mangelt, welche zur Ausübung seines Gewerbes erforderlich sind, es muß vielmehr hinzukommen, daß er durch diesen Mangel solcher Eigenschaften einen Unfall oder dessen Folgen verschuldet hat.

cfr. Entscheidung des Ober-Seeamts, Band 10, S. 137.

Da im vorliegenden Falle keine Rede davon sein kann, daß Kapitän Dittmer den Unfall selbst verschuldet hat, konnte es sich nur fragen, ob durch das mangelhafte Verhalten des Kapitäns die Folgen des Unfalls verschlimmert sind.

Bei Beantwortung dieser Frage erscheint es nicht zulässig, mit Vermutungen oder Wahrscheinlichkeiten zu operieren, es muß sich vielmehr fragen, ob nachweislich der Schaden sich geringer gestaltet hätte, wenn der Kapitän seine Pflicht getan hätte, bezw. ob nachweislich Maßregeln versäumt sind, durch welche eine schnellere Löschung des Feuers möglich gewesen wäre.

Diese Frage hat das Seeamt nicht bejahen können.

Es ist einmal anzuerkennen, daß bei Ausbruch des Feuers der Dampfer „Hamburg" insofern in einer sehr prekären Lage war, als er sich mit seinen eigenen Mitteln nicht helfen konnte und auf fremde Hilfe angewiesen war. Das Wenige, was geschehen konnte, ist ohne Zutun des Kapitäns von der Mannschaft getan, und man ist auf dem benachbarten Dampfer alsbald auf das Feuer aufmerksam geworden und hat Hilfe geschickt, auch durch Signale die anderen Dampfer und die Feuerwehr alarmiert. Ob Hilfe schneller zur Stelle gewesen wäre, wenn der Kapitän die ersten Anordnungen getroffen hätte, erscheint zweifelhaft und kann auf keinen Fall als erwiesen gelten. Ebensowenig kann mit Sicherheit behauptet werden, daß die Tätigkeit der russischen Feuerwehr wirksamer gewesen wäre, wenn der Kapitän ihr mit seinem Rat und seiner Kenntnis der Schiffsräume zur Seite gestanden hätte.

Unter diesen Umständen ist dem Kapitän Dittmer das Patent belassen worden, da es nicht als nachgewiesen gelten kann, daß er den Unfall oder seine Folgen verschuldet hat.

Die Untersuchung hat des weiteren ergeben, das die Bestimmungen des Artikel 517 des Handelsgesetzbuchs und § 2 der Unfallverhütungsvorschriften der See-Berufsgenossenschaft, nach welchen vom Beginn des Ladens an Schiffer und Steuermann nur in dringenden Fällen das Schiff gleichzeitig verlassen dürfen und mindestens ein Maschinist oder geeigneter Vertreter an Bord sein muß, hier nicht beachtet sind. Wenn auch der zweite Steuermann Haselbeck das Schiff am Abend des Feuers tatsächlich erst verlassen hat, nachdem der Kapitän an Bord zurückgekehrt war, so hat sich doch gezeigt, daß er über die Anwesenheit des Kapitäns nicht unterrichtet und der Meinung war, das Schiff verlassen zu dürfen, trotzdem seines Wissens kein anderer Offizier an Bord war.

Die Maschinisten waren beide an Land geblieben, nachdem sie von der Verklarungsverhandlung entlassen waren, und die Maschine war bei aufgebänkten Feuern völlig ohne Aufsicht.

Dieser Zustand verstieß gegen die gesetzlichen Vorschriften, und auch für diesen Verstoß trägt der Kapitän die Verantwortung, da die Ursache ersichtlich in dem Fehlen jedes geordneten Wachdienstes, jeder ordentlichen Instruktion zu suchen ist. Der vorgebrachte Einwand, daß bei solch kleinen Schiffen solche Instruktionen nicht üblich seien, ist verfehlt, da das Gesetz hier einen Unterschied zwischen kleinen und großen Schiffen aus gutem Grunde nicht kennt.

Wenn der Reichskommissar ausgeführt hat, daß das Feuer wahrscheinlich eher entdeckt worden sein würde, wenn dem Gesetze entsprechend ein Offizier und ein Maschinist an Bord gewesen wären, da diese sich vermutlich in ihren Kammern, in denen anscheinend das Feuer ausgebrochen ist, aufgehalten haben würden, so ist dem durchaus zuzustimmen. Auch hier handelt es sich aber wieder nur um eine Wahrscheinlichkeit, ein Nachweis, daß bei einer besseren Regelung des Dienstes an Bord der Schaden geringer gewesen wäre, ist nicht zu erbringen.

In Übereinstimmung mit dem Reichskommissar hat das Seeamt dem ersten Steuermann Blank des Dampfers „Möwe" für sein tatkräftiges Eingreifen seine Anerkennung ausgesprochen.

Die Entscheidung des Ober-Seeamts lautet:

Auf die Beschwerde des Reichskommissars gegen den Spruch des Seeamts zu Hamburg vom 27. Mai 1902 über den Brand des Dampfers „Hamburg" von Hamburg hat das Kaiserliche Ober-Seeamt in seiner zu Berlin am 27. November 1902 abgehaltenen öffentlichen Sitzung nach mündlicher Verhandlung der Sache entschieden,

> daß der Spruch des Seeamts zu Hamburg vom 27. Mai 1902 über den Brand des Dampfers „Hamburg" von Hamburg dahin abzuändern, daß dem Kapitän Christian Wilhelm Dittmer die Befugnis zur Ausübung des Schiffergewerbes zu entziehen, und die baren Auslagen des Verfahrens außer Ansatz zu lassen.

Gründe. Das Seeamt hat in Übereinstimmung mit dem Reichskommissar anerkannt, daß der Kapitän Dittmer bei dem Brande an Bord des von ihm geführten Dampfers „Hamburg" einen Mangel derjenigen Eigenschaften bewiesen hat, welche für die Ausübung des Schiffergewerbes unerläßlich sind. Gleichwohl hat es dem Antrage des Reichskommissars, dem Kapitän Dittmer die Befugnis zur Ausübung des Schiffergewerbes zu entziehen, nicht Folge gegeben, weil es einen ursächlichen Zusammenhang zwischen der Pflichtversäumnis des Kapitäns und dem durch das Feuer verursachten Schaden nicht für nachgewiesen erachtet. Das Seeamt hält es vielmehr für zweifelhaft, ob die fremde Hilfe, auf die das Schiff in seiner Lage angewiesen war, schneller zur Stelle gewesen wäre, wenn der Kapitän die ersten Anordnungen selbst getroffen hätte und ist auch nicht davon überzeugt, daß die Tätigkeit der russischen Feuerwehr wirksamer gewesen wäre, wenn der Kapitän ihr mit seinem Rat und seiner Ortskenntnis zur Seite gestanden hätte.

Was zunächst die Frage anlangt, ob die Bestimmungen des § 517 des Handelsgesetzbuchs vom 10. Mai 1897 und des § 2 der Unfallverhütungsvorschriften der See-Berufsgenossenschaft beobachtet worden sind, so nimmt das Ober-Seeamt einerseits an, daß der Kapitän weder einen entsprechenden Wachdienst eingerichtet, noch seine Offiziere und Maschinisten ordentlich belehrt hat; andererseits aber ist es der Ansicht, daß ein objektiver Verstoß gegen jene Vorschriften gerade zur Zeit der Feststellung des Brandes nicht vorgelegen hat, weil damals tatsächlich ein Offizier — nämlich der Kapitän selbst — sowie ein Vertreter der Maschinisten in der Person des Donkeymanns Zielinski an Bord gewesen sind.

In Bezug auf das persönliche Verhalten des Kapitäns Dittmer bei dem Brande pflichtet das Ober-Seeamt dem Seeamt darin völlig bei, daß Dittmer seine Pflicht in unverantwortlicher Weise vernachlässigt hat, weicht aber von der seeamtlichen Auffassung insofern ab, als es den entstandenen Schaden zu einem nicht unerheblichen Teil unmittelbar auf die Untätigkeit Dittmers zurückgeführt. Das Ober-Seeamt will zwar zu Gunsten Dittmers annehmen, daß die Revaler Feuerwehr, trotzdem er ihr keinerlei Nachricht über den Ausbruch des Feuers und die Größe der Gefahr hatte zukommen lassen, doch infolge des allgemeinen Feuerlärms so schleunig und in solcher Stärke zu Hilfe geeilt ist, als es ihr überhaupt möglich war; es gelangt indessen auf Grund des mit den Zeugenaussagen im wesentlichen im Einklang stehenden Berichts des Leiters der Feuerwehr zu dem Schlusse, daß die Feuerwehr mit den eigentlichen Löscharbeiten schneller begonnen und das Feuer wirksamer bekämpft haben würde, wenn sie von dem Kapitän und seinen Leuten gehörig unterstützt worden wäre. Der Hauptmann des Kommandos der Revaler freiwilligen Feuerwehr, J. P. Winogradow hat wörtlich berichtet:

„... Mir und den anderen Feuerwehrleuten gelang es nicht die Besatzung des Schiffes zu finden, die uns hätte Nachricht geben können über die Einteilung der Dampferräume und darüber, was sich in jedem Raume befand. Der Kapitän des Dampfers „Hamburg" hat sich mir nicht vorgestellt. Überhaupt war keine Mitwirkung von Seiten des Kapitäns noch der Mannschaft des Dampfers während des Brandes zu bemerken".

Hiernach hat die Feuerwehr, wie es auch den Umständen durchaus angemessen war, den Versuch gemacht, sich über die Art ihres Vorgehens mit dem Kapitän und der Besatzung zu verständigen, auch den Wunsch gehabt, daß diese sich bei den Löscharbeiten beteiligen möchten. Sie hat mithin für das vergebliche Suchen nach dem Kapitän und der Besatzung und demnächst für die selbständige Orientierung auf dem Schiffe kostbare Zeit aufwenden müssen, während deren das Feuer weiter um sich gegriffen haben muß, und hat auch die ohnehin verspätet in Angriff genommenen Löscharbeiten naturgemäß nicht mit vollem Nachdruck ausführen können, weil ihr jede organisierte Hilfe seitens der Schiffsmannschaft gefehlt hat. Ob es der Feuerwehr, wenn sie über die Schiffsräume schleunigst unterrichtet worden wäre, und wenn ihr die Mannschaft unter der gewohnten und energischen Leitung eines besonnenen und umsichtigen Kapitäns von Anfang an zur Seite gestanden hätte, nicht vielleicht bald gelungen wäre, des Feuers Herr zu werden, sodaß es unnötig gewesen wäre, das Schiff von seinem Platz zu schleppen und die Mannschaft anderer Schiffe in Tätigkeit treten zu lassen, mag dahingestellt bleiben. Es erübrigt sich, Vermutungen hierüber aufzustellen, da die Feststellung genügend ist, daß das Feuer bei pflichtmäßiger Mitwirkung des Kapitäns Dittmer und seiner Mannschaft zweifellos auf einen kleineren Herd beschränkt geblieben wäre, und daß Dittmer die Schuld an dem Unterbleiben der Hilfsleistung trägt.

Fallen somit die rechtlichen Bedenken des Seeamts, so muß dem Kapitän Dittmer die Befugnis zur Ausübung des Schiffergewerbes entzogen werden; denn ein Schiffer, welcher im Augenblick dringendster Gefahr den Kopf vollständig verliert und gänzlich untätig zuschaut, wie das seiner Führung anvertraute, mit feuer- und explosionsgefährlichen Stoffen beladene Schiff in Flammen aufzugehen droht, kann nicht für fähig erachtet werden, seinen Beruf weiterhin auszuüben. Die Berechtigung zur Ausübung des Steuermannsgewerbes ist ihm indessen belassen worden, weil nach seinem Vorleben die Annahme gerechtfertigt erscheint, daß er unter der Aufsicht eines tüchtigen Kapitäns den Dienst als Steuermann ordnungmäßig versehen wird.

Die baren Auslagen des Beschwerdeverfahrens bleiben außer Ansatz, weil die Beschwerde vom Reichskommissar eingelegt worden ist.

133. Spruch des Seeamts zu Emden vom 27. November 1902, betreffend den Seeunfall der Bark „Elli" von Oldersum.

Der Spruch des Seeamts lautet:

Der am 9. Oktober 1902 etwa 7 Seemeilen südlich von Kap Orlov beim Eingang des Weißen Meeres durch Strandung erfolgte Totalverlust der Bark „Elli" von Oldersum ist auf Stromversetzung, auf nicht genügende Beobachtung des Feuers von Orlov durch den ersten Steuermann, sowie wahrscheinlich auch auf Überschätzung des Abstandes von Kap Orlov seitens des Kapitäns bei der letzten Peilung zurückzuführen.

Die Mannschaft hat sich im eigenen Boote gerettet.

Tatbestand. Die zuletzt in Oldersum heimatliche Bark „Elli", Unterscheidungs-Signal KJGB, war in St. Malo (Frankreich) im Jahre 1877 aus Holz erbaut, vermessen zu einem Netto-Raumgehalt von 481,11 britischen Registertons und gehörte seit April 1901 einer Reederei in Oldersum an, an der der Schiffsführer Albert Johann Bodeewes von Papenburg nicht beteiligt war. Bis Dezember 1902 war die Bark beim Veritas 3. 3. A. 1. 1. klassifiziert und bei einem Taxwerte von 30 000 M. für 18 000 M. in Bremen versichert.

Am 4. Oktober 1902 trat die „Elli", beladen mit 178 Standart verschiedener Hölzer und 40 Tons Steinballast und mit einer aus 12 Mann bestehenden Besatzung, die Reise von Archangel nach Liverpool an. Das Schiff befand sich in gutem seetüchtigen Zustande und hatte mit der genannten Ladung einen Tiefgang von 4,5 m vorn und 4,9 m hinten. Am 6. Oktober gelangte die „Elli" mit südlichem Winde in See und sichtete am 8. morgens 10 Uhr Kap Orlov W½S in etwa 7 Seemeilen Entfernung.

Der Wind wurde nun stürmisch aus ONO mit schweren Schnee- und Hagelböen. Die leichten Segel wurden festgemacht und lag das Schiff mit Steuerbordshalsen Nord bis NzW an; nachmittags wurde der Wind stürmisch aus NO mit heftigem Schneegestöber und zerriß den Klüver, das Großstag- und Vorstagsegel. Als es um 4 Uhr etwas aufklarte, erblickte man auf etwa 4 bis 5 Seemeilen Entfernung Land dwars ab bis recht voraus; man halste das Schiff herum und mußte nun mit Backbordshalsen starken Segeldruck gebrauchen, um frei von der Küste zu segeln. Der Wind ging weiter nach Norden herum, wobei das Schiff in der hohen von vorn laufenden See sehr schwer arbeitete. Morgens 2 Uhr am 9. Oktober halste man wieder über Backbord, und um 7½ Uhr wieder über Steuerbord, am Mittag befand sich das Schiff auf 67° 29′ nördlicher Breite und 42° 9′ östlicher Länge. Der Wind nahm nachmittags etwas ab; die zerrissenen Segel wurden durch andere ersetzt. Um 1¾ Uhr wurde wieder über Backbord gehalst und mußten jetzt bei wieder zunehmendem Winde die Segel stehen bleiben, um von den Orlovska-Banken frei zu kommen. Abends 7½ Uhr peilte man Orlov-Feuer NW½W in etwa 7 Seemeilen Abstand. Der Wind war inzwischen ganz nach Westen herumgegangen und wieder sehr stürmisch geworden. Der Schiffsführer beschloß nun, während der nächstfolgenden Nacht bei den ungünstigen Witterungsverhältnissen südlich zu steuern, legte das Schiff mit kleinen Segeln beim Winde und übergab um 8 Uhr die Wache an den Steuermann Carsjens, das Schiff lag SSW an und hatte etwa 3 Strich Abtrift. Der Steuermann peilte um 9 Uhr Orlov-Feuer NNW½W und sah 20 Minuten später Land recht voraus. Man legte nun sofort das Ruder hart Steuerbord, geite den Besahn und das Besahnstagsegel auf, das Schiff fiel aber nur langsam ab und stieß, als es bis SSO abgefallen war, mehrere Male heftig auf Grund und blieb dann sitzen; das Feuer von Orlov wurde nun NzW½W gepeilt. Die „Elli" legte sich schwer nach Backbord über, so daß man fürchten mußte, daß das Schiff kentern würde, man beschloß deshalb die Masten zu kappen. Nachdem dies geschehen war, richtete das Fahrzeug sich wieder etwas auf. Am nächsten Morgen sah man, daß der Hintersteven sich um etwa 2 Fuß gehoben hatte. Man setzte nun beide Boote aus, packte die Effekten, Proviant und Wasser hinein, verließ um 7½ Uhr das Schiff und landete etwa 2 Schiffslängen von der Unfallstelle entfernt. Von hier schickte der Kapitän den Steuermann und den Koch zu dem etwa 7 Seemeilen entfernten Leuchtturm von Orlov, um Hilfe zu holen. In der dann folgenden Nacht wurde die „Elli" bei Sturm aus Norden wieder flott, trieb mit dem Heck gegen die Klippen und brach bald ganz auf. Am 11. Oktober mittags kamen der Steuermann und der Koch mit einem Boot nnd 3 Mann von Kap Orlov zurück, da aber von Schiff und Ladung nichts mehr zu retten war, fuhren die Schiffbrüchigen nach Kap Orlov, wo sie von dem Leuchtturmpersonal freundlich aufgenommen wurden. Von da fuhren sie am 14. Oktober mit dem russischen Transportdampfer „Solombala“ nach Vardö, wo sie am 20. Oktober ankamen.

Die Feststellung obiger Tatsachen gründet sich auf das vorgelegte Schiffsjournal, auf die vor dem Amtsgerichte in Hamburg am 5. November 1902 von dem Schiffsführer Bodeewes, dem Steuermann Carsjens, dem Matrosen Willy Brauer, dem Leichtmatrosen Gottschalk und dem Schiffsjungen Carl Pohl abgelegte Verklarung und auf die Aussagen, welche der Schiffsführer, der Steuermann und der Matrose Brauer, dieser nach Eidesleistung, in der heutigen Seeamtssitzung gemacht haben.

Entscheidungsgründe. Nach diesem Tatbestande hatte die „Elli“ am 8. und 9. Oktober, beim Aussegeln aus dem Weißen Meere durch den schmalen Westkanal mit stürmischen nördlichen Winden, Schneeböen und unsichtigem Wetter zu kämpfen. Als das Schiff dann am Abend des 9. Oktober wieder südlich von dem schmalen gefährlichen Fahrwasser sich befand, handelte der Schiffsführer seemännisch richtig, indem er beschloß, während der nächstfolgenden Nacht unter den obwaltenden Witterungsverhältnissen in raumerem Fahrwasser zu bleiben und südlich zu steuern.

Es ist dann durch die Hauptverhandlung festgestellt, daß die „Elli“ sich mit kleinen Segeln bei stürmischem Wetter mit ablandigem Winde bei dem Winde längs der Küste liegend mit 3 Strich Abtrift doch dem Lande genähert hat und darauf gestrandet ist. Unter gewöhnlichen Verhältnissen hätte das Schiff vom Lande abtreiben müssen und daß dies nicht geschehen ist, kann nur durch eine sehr starke Strömung auf den Leebug verursacht sein. Das Feuer von Orlov ist von 7½ Uhr bis 9 Uhr 20 Minuten abends von NW½W bis NzW½W deshalb 3 Strich angewandert, während das Schiff nach Kurs und Abtrift sich in der Richtung SzO fortbewegen mußte. Diese ziemlich schnelle Auswanderung des genannten Feuers in der Zeit von 8 bis 9 Uhr abends hätte dem Steuermann Carsjens bei einiger Aufmerksamkeit auffallen und ihn veranlassen müssen, früher abzuhalten, eventuell den Kapitän zu rufen. Diese Unachtsamkeit des Steuermanns hat deshalb zur Strandung mit beigetragen.

Hierzu kommt noch, daß höchstwahrscheinlich der Schiffsführer um 7½ Uhr bei der letzten Peilung den Abstand von Orlov-Feuer im NW½W zu hoch geschätzt hat und daß das Schiff damals schon der Küste bedeutend näher gewesen sein wird.

Die Ursache des Unfalls war deshalb auf die Zusammenwirkung der genannten drei Umstände zurückzuführen und, wie geschehen, zu erkennen.

134. Spruch des Seeamts zu Hamburg vom 13. Dezember 1902, betreffend den Seeunfall des Schraubendampfers „Bergedorf" von Hamburg.

Der Spruch des Seeamts lautet:

Die Ursache des Feuers, welches am 5. November 1902 in der Ladung des Dampfers „Bergedorf" ausgebrochen ist, hat sich nicht ermitteln lassen.

Die vom Kapitän Saegert zur Bekämpfung des Feuers ergriffenen Maßregeln waren sachgemäß.

Tatbestand. Der Schraubendampfer „Bergedorf", Unterscheidungs-Signal RLSK, ist Eigentum der Deutsch-Australischen Dampfschiffs-Gesellschaft und steht unter Führung des Kapitäns Saegert, Inhabers eines Befähigungszeugnisses zum Schiffer auf großer Fahrt.

Der im Jahre 1900 in Middlesbrough on Tees erbaute Dampfer ist zu 14 470,8 cbm = 5108,20 britischen Registertons brutto, 9403,3 cbm = 3319,35 britischen Registertons netto vermessen.

An Bord dieses Dampfers ist auf der Reise von Port Said nach Marseille am 5. November 1902 in der Ladung ein Feuer ausgebrochen, durch welches Schiff und Ladung schwer beschädigt worden sind.

Über die näheren Umstände dieses Unfalls hat die seeamtliche Untersuchung das Folgende ergeben.

Der Dampfer hatte am 2. November 1902 morgens Port Said verlassen, wo man aus dem Raum I des Zwischendecks 1000 Säcke Kopra gelöscht und dafür 150 Kisten Gummi geladen hatte.

Die Reise verlief bei schönem Wetter ohne Unfall, bis am Morgen des 5. November um 8¾ Uhr bemerkt wurde, daß aus den Ventilatoren des Raumes No. I Rauch emporstieg. Diese Ventilatoren gehen durch das Zwischendeck in den Unterraum und sind dadurch, daß in dem oben stärkeren Rohr im Zwischendeck ein Rohr von geringerem Durchmesser angesetzt ist, so eingerichtet, daß sie den Raum I im Zwischendeck und im Unterraum ventilieren.

Nachdem man zunächst die Luke zu Raum I geöffnet hatte, um nach dem Herde des Feuers zu sehen, im Raum jedoch nichts von einem Feuer hatte sehen können, ließ der Kapitän die Luke I dicht verschalken, die Ventilatorenköpfe abnehmen und die Ventilatorenfüße durch Holz- und Blechkappen dicht machen, um den Raum I hermetisch zu verschließen und dadurch das Feuer zu ersticken.

Ferner wurde durch Anbringung von Ladebäumen alles aus Raum I bereit gemacht und Dampfrohre in den Raum geleitet, um eventuell das Feuer auch durch Dampfeinlassen zu löschen.

Während dieser Zeit steuerte das Schiff in die Straße von Messina ein und Messina wurde um 1 Uhr 26 Minuten vormittags passiert.

Kapitän Saegert ließ jetzt die Ventilatoren wieder öffnen, um die Wirkung der bis dahin ergriffenen Maßregeln zu prüfen und fand die Ventilatoren jetzt frei von Rauch. Es war fast kein Brandgeruch vorhanden und man konnte durch die Ventilatoren klar auf die im Unterraum befindliche Ladung blicken.

Der Kapitän schloß hieraus, daß es ihm gelungen sei, das Feuer zu ersticken und er beschloß deshalb, die Reise fortzusetzen. Die Ventilatoren wurden wieder geschlossen, und alles zum Dampf- und Wassereinlassen sowie zum Löschen aus dem Raum parat gehalten.

Als um 3½ Uhr vormittags eine abermalige Untersuchung der Ventilatoren vorgenommen wurde, drang aus denselben eine starke Rauchwolke heraus. Dies veranlaßte den Kapitän nach Beratung mit den Offizieren und Ältesten der Mannschaft, den Kurs nach Messina zurückzusetzen, um dort Hilfe zu suchen.

Nachdem um 6½ Uhr auf der Reede von Messina Anker geworfen waren, fuhr der Kapitän an Land, um Hilfe zu requirieren, während an Bord sofort an Löschung der Ladung aus Raum I gegangen wurde, um den Herd des Feuers aufzusuchen.

Die Ladung im Unterraum I, welcher bis an die Luke vollgestaut war, bestand aus 2518 Bündel Rattans (spanisches Rohr), welche unten an der vorderen Seite lagen, aus Kokosnußölfässern, welche hinten lagen, aus Kopra und Bleierzen, Kokosnußfasern, nutmegs und Gummi. Die Nußfasern waren zum Teil zwischen den Ölfässern verstaut und es hat sich später herausgestellt, daß dieser ganz unten liegende Teil der Ladung unversehrt war.

Im Zwischendeck lag in der Hauptsache Kopra, ferner Ölkuchen, Rattans und die in Suez eingenommenen 150 Kisten Gummi. Die Luke zum Unterraum war im Zwischendeck geschlossen und durch die Kopraladung verdeckt, die Luke war auch in Port Said nicht geöffnet worden.

Man legte durch Hinaufschaffen von Kopra zunächst einen Teil der Luke im Zwischendeck frei und begann dann, aus dem Unterraum Kopra an Deck zu schaffen. Der Herd des Feuers befand sich im Unterraum, da der Rauch von unten her durch die Luke ins Zwischendeck zog. Gegen 9½ Uhr abends, als der Kapitän von Land zurückkam, wo er vergeblich nach ordentlichen Pumpen geforscht hatte, und man etwa 350 Säcke Kopra an Deck geworfen hatte, wurde die Rauchentwicklung so stark, daß vier der im Unterraum arbeitenden Leute ohnmächtig wurden und man das Weiterarbeiten in der Ladung aufgeben mußte.

Es wurden daher die Luken wieder aufgelegt und dicht gemacht und nunmehr durch die Ventilatoren gespannter Dampf in den Raum gelassen.

In der Nacht um 2 Uhr schien es wieder, als ob man das Feuer erstickt habe, da bei Öffnung der Ventilatoren fast kein Rauch mehr hervorkam. Nachdem man aber das Dampfeinblasen bis 9 Uhr morgens des folgenden Tages fortgesetzt hatte und die Luken dann wieder öffnete, zeigte sich wieder starker Rauch und es war damit klar, daß das Feuer noch im vollen Gange war.

Kapitän Saegert entschloß sich jetzt, den Raum I unter Wasser zu setzen und er ließ zugleich Wasser von unten durch das Lenzrohr einlaufen und von oben durch zwei Schläuche einpumpen.

Es erschien jetzt auch die städtische Feuerwehr, deren Handspritzen jedoch sehr klein waren. Am Abend gegen 7 Uhr hatte man 20½ Fuß Wasser im Raum I, das Feuer brannte aber trotzdem weiter, da das brennende Öl auf dem Wasser schwamm.

Gegen 7½ Uhr morgens ereignete sich im Raum I eine Explosion, durch welche die Lukenbretter in die Höhe geschleudert wurden. Die hellen Flammen brachen jetzt aus der Luke hervor. Das wasserdichte Schott zwischen Raum I und II, welches bis dahin gehalten hatte, gab anscheinend infolge der Explosion nach, da man gleich darauf 4 Fuß Wasser im Raum II peilte.

Das Schiff, welches vorher eine geringe Schlagseite nach Backbord gehabt hatte, bekam jetzt, als es durch Auffüllen des Tanks III aufgerichtet werden sollte, plötzlich eine so starke Schlagseite nach

Steuerbord, daß der Kapitän, um ein Kentern des Schiffes zu verhindern, den Anker slippte und das Schiff auf einer vorher vom Hafenmeister bezeichneten, geeigneten Stelle auf den Strand setzte.

Am Abend des 6. November kam noch ein Wasserboot zu Hilfe und wurde sofort in Tätigkeit gesetzt. Das Feuer griff trotzdem immer mehr um sich, sodaß man nur noch darauf bedacht blieb, das Feuer auf den Raum I und das Vorderkastell zu beschränken. Zu diesem Zwecke wurde aus Raum II vorne Ladung an Deck geschafft und dadurch das Schott freigelegt, welches dann ständig gekühlt wurde. Auch wurden Löcher ins Deck geschlagen, um durch diese nötigenfalls Wasser in den Raum pumpen zu können.

Am Morgen des 7. November kamen Leichter längsseite, in welche die an Deck geschaffte Ladung gelöscht wurde. Am Nachmittag waren Back und Logis vollständig ausgebrannt und das Feuer griff auch auf das Kabelgatt über.

Am 8. November nachmittags hörte das Wasserboot mit Arbeiten auf, da eine zu hohe See stand. Um 4¼ Uhr nachmittags erschien der Hamburger Bergungsdampfer „Berger Wilhelm" und gab sofort 4 große Schläuche an Deck, von denen 3 in Raum I und einer in die Vorpeak gelegt wurde. Der Bergungsdampfer begann um 7 Uhr 20 Minuten nachmittags zu pumpen und es gelang ihm, nachdem er bis 12 Uhr mittags des folgenden Tages gepumpt hatte, das Feuer zu löschen.

Da das Schott zwischen Raum I und II sehr undicht war, strömte bei der schrägen Lage des Schiffes das Wasser so heftig in Raum II und von dort in Raum III, daß man die Räume durch die Maschinenpumpen nicht mehr lenz halten konnte. Um Mitternacht am 9. November standen in allen drei Räumen 20 Fuß Wasser. Durch den oberen Teil des Maschinenschotts drang auch soviel Wasser in die Maschine und den Heizraum, daß die Heizer bis an die Brust im Wasser standen.

Auch in die hinteren Laderäume ist Wasser teils durch den Tunnel, teils aus dem hinteren Tank gedrungen, die Ladung ist dort aber unbeschädigt geblieben.

Als das Feuer gelöscht war, wurde mit allen Maschinenpumpen sowie den Pumpen des Dampfers „Berger Wilhelm" ununterbrochen aus Vorraum und Maschine gelenzt und das Schiff war am Morgen des 11. November um 3 Uhr ungefähr lenz.

Um 7 Uhr morgens gelang es, ohne fremde Hilfe vom Strande abzukommen und in den Hafen von Messina zu dampfen.

In den folgenden Tagen mußte die Ladung sorgfältig beobachtet und zeitweilig mit Wasser bespritzt werden, da sie sich an verschiedenen Stellen wieder erhitzte und Feuer fing. Das Schiff war, wie durch Taucher festgestellt wurde, vollständig dicht geblieben. Nach Ausführung von Notreparaturen wurde das Schiff durch Sachverständige, welche der deutsche Konsul ernannte, besichtigt und für seetüchtig erklärt, die Reise nach Marseille unter genügenden Vorsichtsmaßregeln für den Fall eines abermaligen Aufflackern des Feuers anzutreten. Am 18. November trat der Dampfer unter Zurücklassung der in Messina gelöschten Ladung in Begleitung des Bergungsdampfers die Fahrt nach Marseille an, welches am 21. November glücklich erreicht wurde.

Der Schaden an der Ladung ist sehr bedeutend. Der dem Schiff zugefügte Schaden besteht darin, daß die Platten des Vorschiffs außenbords und auf Deck ausgeglüht und wellenförmig verbogen sind. Spanten, Decksbalken und Stützen sind völlig und in großem Maßstabe außer Form gebracht, Vorpeak, Back, Volkslogis und Kabelgatt sind ganz ausgebrannt. Sämtliche Stores, Segel, Sonnensegel, alles Reservetauwerk, Farben, Öle, Blocken, fast sämtliche Lampen, Zimmermannsgeschirr sind verbrannt. Alles Material von Eisen im Vorschiff und drei Stahltaue sind ausgeglüht, die Baumtaljen und das laufende Gut am Vorderraum sind angebrannt, auch alle Effekten der Leute verbrannt.

Während man in Port Said mit dem Entlöschen von Kopra aus Raum I des Zwischendecks beschäftigt war, ist eine der bei der Arbeit benutzten Petroleumlampen umgefallen und dadurch ausgegangen. Nach Aussage des Heizers Böse hatte man bei der Arbeit zwei Lampen, von denen die eine an Steuerbord aufgehängt, die andere an Backbordseite auf den Säcken hingestellt war. Als diese Lampe aus einer nicht näher festgestellten Ursache umgefallen und ausgegangen war, hat Böse sich von dem an Deck bei der Winsch stehenden Matrosen Medon eine Schachtel mit schwedischen Streichhölzern reichen lassen und hat die Lampe unten im Zwischendeck wieder angesteckt. Er behauptet, das Streichholz dann gut ausgelöscht und in die Lampe gelegt zu haben. Es handelte sich hier um eine Petroleumlampe mit Zylinder, welche in einer mit 4 Scheiben versehenen Laterne stand. Von diesen 4 Scheiben war eine zerbrochen. Wie der Lampentrimmer bekundet, fehlten noch an anderen dieser in den Laderäumen stets benutzten Lampen einzelne Glasscheiben, welche man nicht mehr hatte erneuern können, da man den Reservevorrat von solchen Glasscheiben schon aufgebraucht hatte.

Der Reichskommissar hat seine Ansicht dahin geäußert, daß die Ursache des Brandes wohl mit diesem vorschriftswidrigen Hantieren mit der beschädigten Laterne und dem offenen Streichholz in Port Said in Verbindung zu bringen sei. Es lasse sich wenigstens, da Kopra nicht zur Selbstentzündung neige, eine andere Erklärung nicht finden.

Die vom Kapitän zur Bekämpfung des Feuers ergriffenen Maßregeln seien im allgemeinen sachgemäß gewesen. Nur wäre es wohl richtiger gewesen, unter den gegebenen Verhältnissen sofort in Messina einzulaufen, auch eher als geschehen, dem Feuer mit Wasser zu Leibe zu gehen.

Die durch diesen Fall abermals erwiesene große Feuergefährlichkeit des Kopra zeige, daß die in dem Spruche des Seeamts Rostock vom 21. Januar 1890 (Band 9, S. 305) gegebenen Anregungen die weiteste Beachtung verdienten.

Gründe. Die Ursachen des Feuers sind nach Ansicht des Seeamts nicht zu ermitteln gewesen.

Bei den hier in Frage stehenden Waren ist nach allgemeiner Erfahrung (cfr. auch den oben zitierten Spruch des Seeamts zu Rostock) eine Selbstentzündung als ausgeschlossen zu betrachten. Wenn die Möglichkeit erwähnt ist, daß die Kokosnußfasern vielleicht durch das aus den Fässern leckende Öl getränkt worden sein konnten und in diesem Zustande durch Reibung Feuer gefangen haben könnten, so scheidet auch diese Möglichkeit aus, nachdem der Kapitän erklärt hat, daß nach dem Brande gerade die Kokosnußfasern, welche unten zwischen den Oelfässern verstaut waren, unversehrt aufgefunden wurden.

Dafür, daß der Brand böswillig angelegt sein könnte, fehlt es an jedem Anhalt und es erscheint dies auch bei der Lage des Feuerherdes offenbar ausgeschlossen.

Bei Beantwortung der weiteren Frage, ob fahrlässige Brandstiftung vorliegen kann, ist an die Möglichkeit gedacht, daß ein Funken aus dem Schornstein in einen unrichtig gestellten Ventilator geflogen und so in die leicht entzündliche Kopraladung geraten sein könnte und ferner daran, daß das Umfallen der Lampe in Port Said und das Anstecken der Lampe mit dem Feuer in Zusammenhang stehen könnte.

Bei Würdigung des Beweisergebnisses ist das Seeamt aber zu dem Resultat gekommen, daß sich auch auf diese Weise eine Erklärung für den Ausbruch des Feuers nicht gewinnen läßt und zwar deshalb nicht, weil das Feuer nicht im Zwischendeck oder auf der Oberfläche der Unterraumladung, sondern erwiesenermaßen unten in der Ladung des Unterraums etwa 6 Fuß über dem Boden des Unterraums seinen Herd gehabt hat. Es ist hieran nach den Aussagen des Kapitäns, welcher nach dem Brande den tiefsten von dem Feuer berührten Punkt etwa 6 Fuß über dem Boden gefunden hat und welcher mit Recht darauf hinweist, daß nach dem Wassereinpumpen das Feuer sich nur noch nach oben hin ausbreiten konnte, nicht zu zweifeln.

Wenn aber ein Funken oder ein glimmendes Streichholz auf die Ladung gefallen wäre, so hätte das Feuer auf der Oberfläche der Ladung entstehen müssen, was festgestelltermaßen nicht der Fall gewesen ist.

Die Art, wie mit einer überdies beschädigten Lampe im Raum hantiert ist, war zweifellos nicht in der Ordnung, insbesondere war es entschieden unvorsichtig, die Lampe im Raum mit einem Streichholz wieder anzustecken. Daß dem 2. Steuermann hierfür ein Vorwurf zu machen ist, ist nicht anzuerkennen, da nicht erwiesen ist, daß dieser etwas von dem Vorgange bemerkt hat.

Im übrigen war an sich die Verwendung solcher Petroleumlampen, wenn sie nur in ordentlichem Zustande waren, nicht im Widerspruch zu den bestehenden Bestimmungen, da Kopra nicht unter den feuergefährlichen Stoffen im Sinne der Unfallverhütungsvorschriften der See-Berufsgenossenschaft aufgezählt ist, zuverlässige Sicherheitslampen hier also zur Zeit nicht verlangt werden können.

Es war hiernach nicht möglich, zu ermitteln, wodurch das Feuer entstanden ist, und es kann nicht einmal eine irgend wahrscheinliche Vermutung ausgesprochen werden.

Die Art und Weise, in welcher nach Entdeckung des Feuers der Kampf gegen dieses geführt worden ist, hat die uneingeschränkte Anerkennung des Seeamts gefunden. Es ist dem Kapitän Saegert auch daraus, daß er nicht sofort Messina anlief, ein Vorwurf nach Sachlage nicht zu machen. Als er Messina passierte, ließ er die Luken öffnen und konstatierte eine solche Abnahme des Rauchs und Brandgeruchs, daß er glauben konnte, das Feuer erstickt zu haben. Wenn er unter diesen Umständen seinen Kurs auf Marseille unter allen Vorsichtsmaßregeln beibehielt, wo er auf alle Fälle auch bessere Hilfe gegen Feuersgefahr haben konnte, als in Messina, so kann dies nicht für unrichtig erachtet werden. Sobald dann wieder eine stärkere Rauchentwicklung bemerkt und damit festgestellt wurde, daß das Feuer doch noch brannte, ist Kapitän Saegert umgekehrt und nach Messina zurückgedampft.

Er hat dann zunächst den Versuch gemacht, das Feuer durch Dampfeinlassen zu ersticken und hat sich erst, als dies nicht gelang, dazu entschlossen, den Raum unter Wasser zu setzen. Auch dieses Verfahren muß für richtig erachtet werden. Es war, als der Kapitän seinen Entschluß zu fassen hatte, unbekannt, welche Ausdehnung das Feuer schon gewonnen hatte. Der Versuch des Kapitäns, zunächst durch Dampf das Feuer zu töten, war mithin nicht von vornherein aussichtslos und man kann es ihm nicht verargen, daß er zunächst dasjenige Mittel versuchte, durch welches er die größere Beschädigung der Ladung vermied.

Im übrigen sind die Löscharbeiten von der gesamten Besatzung mit großer Energie und Ausdauer betrieben. Die italienischen Behörden, insbesondere die Munizipalverwaltung und die Sicherheitspolizei haben nach Kräften Beistand geleistet.

135. Spruch des Seeamts zu Hamburg vom 25. März 1902 und Entscheidung des Kaiserlichen Ober-Seeamts vom 16. Dezember 1902, betreffend den Seeunfall des Vollschiffs „Brunshausen" von Hamburg.

Der Spruch des Seeamts lautet:

Das Vollschiff „Brunshausen" ist am 24. Dezember 1901 infolge der Selbstentzündung der Kohlenladung in Brand geraten und ist, nachdem es von der Mannschaft verlassen war, aller Wahrscheinlichkeit nach durch Explosion der an Bord befindlichen Sprengstoffe vernichtet worden.

Kapitän Johann Heinrich Friedrich Pieplow gen. Ihns hat die für den Transport von Kohlenladungen vorgeschriebenen Vorsichtsmaßregeln in grober Weise verabsäumt, und es wird ihm wegen der hierdurch bewiesenen Nachlässigkeit die Befugnis zur Ausübung des Schiffergewerbes entzogen.

Den ersten Steuermann Fritz Hellhoff trifft gleichfalls der Vorwurf, seine Pflichten nicht in genügender Weise erfüllt zu haben.

Tatbestand. Das eiserne Vollschiff „Brunshausen", Unterscheidungs-Signal RKQW, 1877 zu Stockton on Tees erbaut, zu 4030,0 cbm = 1422,60 britischen Registertons Brutto, 3732,0 cbm = 1317,41 britischen Registertons Netto vermessen, welches früher unter britischer Flagge den Namen „Saint Mildred" führte, ist im Jahre 1897 durch Kauf in das Eigentum der Firma Eugène Cellier in Hamburg übergegangen.

Am 15. September 1901 hat dieses Schiff unter Führung des Kapitäns Johann Friedrich Heinr. Pieplow gen. Ihns, Inhaber eines Befähigungszeugnisses zum Schiffer auf großer Fahrt, eine Reise nach der Westküste von Südamerika mit einer aus Kohlen, Koks und Stückgütern, darunter Pulver, Sprengkapseln und Dynamit, bestehenden Ladung angetreten.

Auf dieser Reise ist unweit der chilenischen Küste am 24. Dezember 1901 Feuer in der Kohlenladung ausgebrochen, die Mannschaft hat das Schiff in Booten verlassen müssen, und das Schiff ist durch Explosion der an Bord befindlichen Sprengstoffe bezw. durch das in der Ladung ausgebrochene Feuer verloren gegangen.

Die seeamtliche Untersuchung der Ursachen dieses Unfalls hat folgendes ergeben:

Die Ladung des Schiffes hat außer verschiedenen hier nicht in Frage kommenden Gütern aus 874 Tons Kohlen und etwa 3600 Kisten Dynamit, Sprengkapseln und Pulver, welche für Iquique, Callao und Salaverry bestimmt waren, bestanden.

Die Kohlenladung bestand aus 100 Tons westfälischen gewaschenen Schmiedekohlen und 774 Tons West Hartley Main Screened Steam Coals aus der Cramlington Grube Newcastle on Tyne. Von den letzteren wurden 100 Tons am 22./23. August 1901 als Ballastgut aus offenen Schuten übergeladen. Diese 100 Tons kamen am 19. und 21. August per Dampfer in Hamburg an. Die übrigen 674 Tons sind am 4. und 5. September aus dem Dampfer „Holderneß" direkt in die „Brunshausen" übergeladen worden und zwar in der Weise, daß die beiden Schiffe Bord an Bord gelegt wurden und hölzerne Spouts gebaut wurden, auf denen die Kohlen in die Räume der „Brunshausen" niedergleiten konnten. Sämtliche Kohlen waren nach Mitteilung der Kohlenfirma O. L. Eichmann frisch gefördert gewesen, sodaß für die 100 Tons etwa 6 Tage, für die 674 Tons etwa 3—4 Tage zwischen Förderung aus dem Schacht und Lieferung in die „Brunshausen" verflossen waren.

Die vom Rheinisch-Westfälischen Kohlensyndikat gelieferten 100 Tons gewaschene Schmiedenußkohlen, Zeche Schamrock, sind direkt von der Grube in die Eisenbahnwagen verladen, zwei Tage unterwegs gewesen und prompt am Kirchenpauerquai in die „Brunshausen" übergeladen worden.

Die verschiedenen Kohlensorten sind getrennt von einander verstaut worden.

Im Unterraum waren zwei hölzerne Querschotten aufgerichtet, und es wurden in dem hierdurch abgeteilten vorderen Raum neben verschiedenen Stückgütern die westfälischen Kohlen, in dem Mittelraum die englischen Kohlen, im Hinterraum Koks verladen. Die englischen Kohlen lagen ferner im Zwischendeck an der Hinterkante der Großluke bis unter Deck und unter der Luke schräge nach vorne zu verlaufend. Im Hinterraum des Zwischendecks unter der Achterluke war das Pulver und die Sprengkapseln so verstaut, daß es stets leicht an Deck geschafft werden konnte. Im Zwischendeck waren vor den Kohlen Stückgüter verstaut, gegen diese dann bis zur Hinterkante der Vorderluke quer über das Schiff die Dynamitladung. Das Nähere über die Verstauung ergibt die bei den Akten act. 30a befindliche, von dem Inspektor der Reederei eingereichte Zeichnung. Zu bemerken ist nur, daß die einzelnen Partien Kohlen, Stückgüter und Dynamit durch hölzerne Bretterwände von einander abgeteilt waren.

Vor der Einladung der Kohlen, welche bei trockenem Wetter erfolgt ist, sind Röhren zum Zwecke vorzunehmender Temperaturmessungen im Schiffe befestigt worden und zwar an der Großluke zwei und der Vorluke eine Röhre, welche bis 2 Fuß über dem Kielschwein hinunterführten. Das Schiff hatte 3 Ventilatoren, einen bei der Großluke und 2 vorne. Der Ventilator am Großmast hatte einen Durchmesser von 26 Zoll, die vorderen Ventilatoren waren von geringerer Dimension.

Kapitän Ihns, welcher seine erste Reise auf der „Brunshausen" machte, ist erst an Bord gekommen, nachdem die Ladung eingenommen war, sodaß er mit der Verstauung der Ladung nichts mehr zu tun gehabt hat. Die am 15. September 1901 angetretene Reise verlief bis zum 24. Dezember 1901 ohne Zwischenfälle und im allgemeinen bei gutem Wetter. Während dieser 3 Monate ist eine Kontrolle der Temperatur der Kohlenladung nur in der Weise geübt worden, daß der erste Steuermann Hellhoff mit dem Zimmermann Maier zusammen jeden Sonnabend einmal vorne und mittschiffs gemessen haben. Es ist stets fast dieselbe Temperatur gefunden worden. An den beiden letzten Sonnabenden vor Ausbruch des Feuers sind auch, wie Zimmermann Maier bekundet, diese Messungen unterlassen worden, weil man befürchtet habe, Wasser in die Luken zu bekommen, und der erste Steuermann gemeint habe, die Temperatur werde wohl dieselbe sein, wie früher. Der Kapitän und erste Steuermann behaupten dagegen, daß noch etwa 8 Tage vorher gemessen sei.

Die Luken sind während der Reise geschlossen gehalten worden, trotz im allgemeinen guten Wetters, und sind nur geöffnet worden, wenn etwas aus dem Raum herausgeholt wurde. Die Vorluke mußte auch bei den Temperaturmessungen geöffnet werden, während dies bei der Großluke nicht der Fall war, da hier die Röhren durch den Lukendeckel reichten. Desgleichen sind die Ventilatoren während der Reise geschlossen gehalten worden. Der Kapitän und der erste Steuermann gaben zu, daß eine beständige Oberflächenventilation der Kohlenladung nicht vorhanden war, meinen aber, daß die Klüsen der Kettenkasten vorne als Ventilatoren gedient hätten und daß hierdurch in Verbindung mit dem von Zeit zu Zeit erfolgten Öffnen der Luken doch eine genügende Ventilation erzielt sei.

Schon am 23. Dezember 1901 haben sich einige Anzeichen des in der Ladung ausgebrochenen Feuers bemerkbar gemacht. Am Vormittag des 23. verspürte der Matrose Bauer einen auffallenden Gasgeruch als er einen der Ventilatoren anmalte und machte hiervon dem ersten Steuermann Meldung, dieser meinte, der Geruch komme wohl aus der Kombüse, der Koch verbrenne wohl verfaultes Holz. Am Abend des 23. bemerkte der am Ruder stehende Schmied Rohde einen auffallenden Petroleumgeruch. Als er hierüber zu dem neben ihm stehenden Matrosen Schmidt eine Äußerung machte, meinte der erste Steuermann, welcher die Äußerung gehört hatte, der Junge habe die Lampen gereinigt, davon komme wohl der Geruch.

Am Morgen des 24. Dezember sollten Ankerketten aus dem Kettenkasten heraufgeholt werden. Der zum Anstecken der Ketten in den Raum hinuntergeschickte Matrose Lorenz kam nach kurzer Zeit zurück mit der Meldung, daß er es wegen der schlechten Luft unten nicht aushalten könne. Als die Klüsen geöffnet worden waren, hatte man bemerkt, daß ein gelblicher Qualm aus dem Raum emporstieg, hatte sich allgemein aber damit beruhigt, daß das wohl nur der Dunst der Koksladung sei. Der erste Steuermann schickte, als Matrose Lorenz erklärte, unten nicht arbeiten zu können, den Leichtmatrosen Radfau hinunter. Dieser hat unten zwar eine sehr strenge Luft bemerkt, hat sich aber ohne weitere Beschwerden etwa 10 Minuten unten aufhalten und die Arbeit ausführen können. Die Ventilatoren am Fockmast sind dann von dem Matrosen Schmidt auf Anordnung des ersten Steuermanns geöffnet worden, damit der Dunst abziehen könne.

Kapitän Ihns hat am Vormittag an Deck den aus den Klüsen aufsteigenden Dampf gesehen und mit den Leuten darüber gesprochen. Auch er hat die Erscheinung mit Ladungsdunst erklärt und der Sache weiter keine Bedeutung beigemessen. Ob ihm von dem Unwohlsein des Matrosen Lorenz Meldung gemacht ist, erinnert er sich nicht.

Es ist dann im weiteren Verlauf des Tages vorerst nichts geschehen, um der Ursache der Qualmentwicklung auf den Grund zu gehen. Am Nachmittage gegen 5 Uhr beobachteten Segelmacher Prang und Schmied Rhode, daß die Dampfentwicklung aus den Ventilatoren zunahm und gewannen daraus die Überzeugung, daß man Feuer im Schiffe haben müsse. Der Schmied begab sich deshalb zu dem in der Kajüte befindlichen Kapitän und teilte ihm seine Vermutung mit. Der Kapitän meinte: „Das kann ja nicht angehen", nahm aber jetzt Messungen der Temperatur der Ladung vor. Es wurde zunächst bei der Vorluke gemessen, dort aber nichts Auffälliges gefunden. Als man dann das in der Röhre bei der Großluke hinabgelassene Thermometer nach einiger Zeit heraufholte, konstatierte man, daß das Thermometer angebrannt war. Damit stand es fest, daß es in der Kohlenladung brannte.

Der Kapitän ließ jetzt zunächst das unter der Achterluke verstaute Pulver und die Sprengkapseln an Deck bringen und dann mit der ganzen Mannschaft die Dynamitkisten heraufholen. Es war die Absicht des Kapitäns, zunächst die Sprengstoffe an Deck zu schaffen und dann den Herd des Feuers aufzusuchen. Während vorne an dem Heraufbringen der Dynamitkisten gearbeitet wurde, hat der Kapitän mit dem Jungen Geerds die Boote klar gemacht. Es wurden die Taillen gelöst und eingepickt, sodaß die Boote klar zum Ausschwingen waren. Proviant oder frisches Wasser ist nicht in die Boote geschafft worden. Der Kapitän hatte, wie er behauptet, früher während der Reise die Boote durch den ersten Steuermann inspizieren lassen und die Meldung bekommen, daß dort alles in Ordnung sei.

Die Arbeit der den Dynamit an Deck schaffenden Leute wurde durch den im Raum immer zunehmenden Qualm sehr erschwert. Die Arbeit mußte mehrere Male eingestellt werden, und zwei Leute fielen halb erstickt an Deck nieder. Unter diesen Umständen begann man, um die Arbeit zu beschleunigen, die Dynamitkisten über Bord zu werfen. Als etwa 1000 Kisten über Bord geworfen waren, wurde im Raum ein Zischen und Knattern gehört, und die Achterluke wurde hoch geschleudert, während dicker Qualm den Luken und Ventilatoren entströmte. Da jetzt befürchtet wurde, daß jeden Augenblick eine Explosion der Sprengstoffe erfolgen würde, eilte alles zu den Booten, während der Kapitän das Schiff in den Wind drehte, um es vor dem Zuwasserbringen der Boote zum Stehen zu bringen. Beim Aufheißen des Großboots stürzte dieses um und schlug sich ein Loch in die Seite, wodurch es unbrauchbar war. Die beiden anderen Boote kamen zu Wasser, das kleinere Boot verlor aber dabei zwei Riemen und das Ruder. In diesem Boot befanden sich der zweite Steuermann und 6 Mann. In dem größeren Boot, welches zuletzt abstieß, befanden sich der Kapitän und 12 Mann. Die beiden Boote, welche möglichst schnell aus der gefährlichen Nähe des brennenden Schiffes zu kommen trachteten, verloren sich in der Dunkelheit und dem hohen Seegang bald aus den Augen. Es wehte ein günstiger Südostpassat, durch den beide Boote rudernd und segelnd der etwa 180 Seemeilen entfernten chilenischen Küste zugetrieben wurden. In der Nacht vom 25. auf den 26. Dezember ist auf beiden Booten der Knall einer Explosion und eine starke Feuersäule in der Richtung, in welcher sich die verlassene „Brunshausen" befinden mußte, beobachtet worden.

Am 28. Dezember kam dem größeren Boot Land in Sicht, und es gelang am 29. Dezember 11 Uhr morgens bei Mejilonnes die Landung. Bald darauf wurde ein südwärts steuernder Dampfer gesichtet, auf welchen die Schiffbrüchigen zuhielten und von welchem sie aufgenommen und nach Antofagasta gebracht wurden. Es war dies der chilenische Dampfer „Cachapoal". Die Leute, welche in diesem größeren Boote gerettet sind, haben sehr darunter zu leiden gehabt, daß das Wasserfäßchen in dem Boot nur höchstens 3/4 voll gewesen und daß das Wasser noch von der vorherigen Reise des Schiffes stammte. Die Matrosen Schmidt und Bauer behaupten, daß das Wasser sehr schlecht gewesen sei und eine rötlich-braune Färbung gehabt habe. Das kleinere Boot ist auch insofern nicht seeklar gewesen, als sich in ihm kein Mast befunden hat. Die Leute, welche das kleinere Boot zu Wasser ließen, haben einen Kompaß, einen 3/4 vollen Wassertank, einen Sack mit Schiffsbrot, ein Stück Mast, aus dem beschädigten Großboot, drei Riemen, einen Haken und ein Ruder in dasselbe geschafft, ehe sie es hinunterließen. Da die Vordertalje hierbei nicht rechtzeitig gekappt wurde, geriet das Boot mit dem Hinterteile unter Wasser, wobei zwei Riemen und das Ruder weggewaschen wurden. Das in diesem Boot mitgenommene Wasser war zwar frisch und gut, aber auch hier hatten die Leute sehr unter Durst und Hitze zu leiden, weil am zweiten Tage ein Matrose versehentlich den Hahn des Wasserfäßchens aufdrehte und dies erst merkte, als ein großer Teil des Wassers ausgelaufen war. Gegen 1 Uhr nachts am 1. Januar gelang es diesem Boot, an der Halbinsel Cavancha südlich von Iquique zu landen, wobei ein dort wohnhafter deutscher Zimmermann Heinrich Lohmeyer wirksame Hilfe geleistet hat.

Der Reichskommissar hat die Ursache des Feuers auf Selbstentzündung der Kohlenladung zurückgeführt. Kapitän Ihns habe weder für eine genügende Ventilation des Schiffes gesorgt, noch nach Ausbruch des Feuers genügende Maßregeln ergriffen. Die Pflichtverletzung des Kapitäns sei eine so schwere, daß der Antrag gestellt werde, dem Kapitän die Befugnis zur ferneren Ausübung des Schiffergewerbes zu entziehen.

Gründe. Der Herd des Feuers ist, wie aus dem Befunde bei den am 24. Dezember vorgenommenen Temperaturmessungen hervorgeht, in den unter der Großluke im Unterraum und Zwischendeck verstauten englischen Kohlen zu suchen. Geht schon aus diesem örtlichen Befunde hervor, daß kaum etwas anderes als Selbstentzündung der Kohlen die Ursache des Feuers sein kann, so hat das Seeamt noch umsoweniger Anlaß, hieran zu zweifeln, als die hier in Frage stehende Kohlensorte eine solche ist, welche erfahrungsgemäß zu Selbstentzündung neigt. Gelegentlich der Untersuchung der Ursachen der an Bord des Dampfers „Granada" ausgebrochenen Feuers ist dem Seeamt durch das englische Board of Trade ein ausführliches Material zugestellt worden, aus welchem zu entnehmen ist, daß die Kohle der Cramlington-Grube im allgemeinen recht schwefelkieshaltig ist, und daß die Ladungen dieser Kohle sich schon recht häufig entzündet haben. Es kann hierfür auf den Spruch des Seeamts vom 8. Juli 1901 verwiesen werden.

Es kommt hier noch hinzu, daß die Kohle verhältnismäßig frisch gefördert zur Verladung gebracht ist, womit ein weiteres die Selbstentzündung begünstigendes Moment gegeben war.

Diese an und für sich gefährliche Kohle ist zusammen mit einer großen Partie von Sprengstoffen auf dem Schiffe verladen worden. Es war dies an sich zulässig nach § 76 der Unfallverhütungsvorschriften der See-Berufsgenossenschaft, vorausgesetzt, daß den dort angegebenen Vorsichtsmaßregeln genügt wurde. Ob in dieser Beziehung die Vorschriften erfüllt sind, ob insbesondere das Dynamit und die Kohlen in „verschiedenen Räumen" im Sinne der Vorschriften verstaut waren, erscheint nicht völlig klargestellt, da es zweifelhaft bleibt, ob die zur Trennung der einzelnen Ladungsteile aufgerichteten Holzschotten als besondere Räume im Sinne der Vorschriften hergestellt worden sind. Es kann dies aber dahingestellt bleiben, da den Kapitän jedenfalls eine Verantwortung für die Art und Weise der Stauung der Ladung, weil er erst kurz vor der Abfahrt an Bord gekommen ist, nicht trifft.

Ist Kapitän Ihns auch für die Art der Stauung der Ladung nicht verantwortlich zu machen, so trifft ihn doch der Vorwurf, während des Transports dieser gefährlichen Ladung eine kaum zu begreifende Nachlässigkeit bewiesen zu haben, indem er die nach Sachlage gebotenen Vorsichtsmaßregeln völlig außer acht ließ. Diese Maßregeln bestehen hauptsächlich in der Einrichtung einer guten Oberflächenventilation, welche den Kohlengasen Abzug gestattet, und in der sorgfältigen Kontrolle der Temperatur der Ladung. Kapitän Ihns, welcher sich nach den Eigenschaften der an Bord befindlichen Kohle gar nicht erkundigt hat, hat offenbar gar nicht an die vorhandene Gefahr gedacht. Nur so läßt es sich erklären, daß er die vorhandenen drei Ventilatoren, welche an sich nach Sachlage als eine genügende Einrichtung zur Erzielung der Oberflächenventilation anzusehen waren, während der ganzen Reise mit Ausnahme einiger weniger Tage geschlossen hielt, und daß er auch die Luken nie zum Zwecke der Ventilierung der Ladung offen halten ließ, trotzdem das Wetter dies, wie er zugibt, nicht verhinderte. Wenn die Luken auch zeitweilig geöffnet worden sein mögen, wenn man Temperaturmessungen vornehmen ließ, oder sonst irgend etwas in den Räumen vorzunehmen hatte, so ändert dies nichts an der Tatsache, daß die Oberflächenventilation eine völlig ungenügende gewesen ist. Das Verhalten des Kapitäns ließe vielleicht eine andere Beurteilung zu, wenn er sich darauf berufen hätte, daß in neuerer Zeit von mancher Seite auch ein vollständiger Abschluß der Kohlen von der Luft empfohlen wird. Es war ihm dies aber offenbar nicht bekannt, ist also auch nicht der Grund seiner Maßnahmen gewesen.

In gleich nachlässiger Weise sind die Temperaturmessungen während der Reise vorgenommen worden. Es wurde jede Woche einmal mittels dreier fest in den Kohlen eingebauter Röhren gemessen, in den letzten zwei Wochen, oder wenigstens in der dem Brande vorhergehenden Woche ist überhaupt nicht gemessen worden.

Der Kapitän hat sich anscheinend um diese Messungen überhaupt nicht gekümmert, sondern sich in diesem Punkte auf seinen ersten

Steuermann verlassen. Ob die Resultate der Messungen in das Journal eingetragen sind, steht dahin, da das Schiffsjournal beim Verlassen des Schiffes zurückgelassen worden ist.

Jeder Wert ist den gemachten Messungen dadurch genommen, daß sie nur jede Woche einmal und zum Schlusse noch seltener gemacht sind. Wenn man mit dieser Maßregel die Sicherheit erreichen will, daß sich nicht unbemerkt eine Erhitzung und schließlich eine Entzündung in den Kohlen entwickeln kann, so muß die Temperatur der Kohlen mindestens täglich einmal gemessen werden. Es kann hier bemerkt werden, daß auf den deutschen Kriegsschiffen die Temperatur der Bunkerkohlen sogar täglich mehrere Male gemessen wird.

Auf die Wichtigkeit der hier behandelten Vorsichtsmaßregeln, schon beim Transport von Kohlenladungen unter gewöhnlichen Umständen, ist von den deutschen Seeämtern immer wieder mit Nachdruck hingewiesen worden. Auch die See-Berufsgenossenschaft hat die zur Erzielung der Ventilation und Ermöglichung der Temperaturmessungen nötigen Einrichtungen vorgeschrieben und damit auch natürlich die Benutzung dieser Einrichtungen den Schiffsführern zur Pflicht gemacht. Solange auch die zur Prüfung der einschlägigen Fragen berufenen Organe nicht anerkennen, daß auf Grund neuerer Erfahrungen die bisher vorgeschriebenen Vorsichtsmaßregeln durch neue zu ersetzen sind, sind die Schiffsführer als an die bestehenden Vorschriften gebunden zu erachten. Es würde zu einem unhaltbaren Zustande führen, wenn man einem Schiffsführer gestatten wollte, auf Grund angeblichen besseren Wissens die Vorschriften der See-Berufsgenossenschaft zu mißachten.

In diesem Falle war Kapitän Ihns zu um so größerer Vorsicht verpflichtet, als er neben der Kohlenladung Sprengstoffe an Bord hatte. Wenn er unter diesen Umständen die für die Sicherheit der ihm anvertrauten Menschenleben und Güter gebotenen Vorsichtsmaßregeln in der Weise, wie dargetan, außer acht ließ, so hat er damit einen Grad von Nachlässigkeit gezeigt, welcher schon allein genügen würde, den vom Reichskommissar gestellten Antrag auf Entziehung der Gewerbebefugnis zu rechtfertigen.

Es kommt aber noch hinzu, daß das Verhalten des Kapitäns, nachdem die ersten Anzeichen des Feuers bemerkbar wurden, in gleicher Weise tadelnswert erscheint. Als am Vormittag des 24. Dezember gelblicher Qualm der Kettenkammer entstieg, beruhigte man sich allgemein damit, daß dies wohl nur Dunst der Ladung sei und der Kapitän entschloß sich erst nach mehreren Stunden, als Leute der

Mannschaft unruhig wurden und in ihn drangen, dazu, die Temperatur der Ladung zu messen. Hätte er diese Maßregel sofort angeordnet, so hätte man sicherlich das Feuer schon am Vormittag festgestellt und hätte dann vielleicht noch Zeit gehabt, das Schiff zu retten, jedenfalls aber Zeit, mit besseren Vorbereitungen in die Rettungsboote zu gehen.

Jedenfalls ist es nur einem Zusammentreffen glücklicher Umstände zu danken, daß es noch der Mannschaft gelungen ist, sich in den keineswegs genügend ausgerüsteten Booten zu retten. Wenn die Entfernung von der Küste eine größere gewesen wäre, oder durch irgend einen Zufall die Boote verhindert worden wären, so schnell, wie geschehen, die Küste zu erreichen, so hätte die mangelhafte Ausrüstung der Boote zweifellos noch schwere Folgen nach sich gezogen. Es gilt dies besonders von dem größeren Boot, in welchem sich noch Wasser von der vorherigen Reise und noch dazu in ungenügender Menge befunden hat.

Kapitän Ihns kann sich zu seiner Entschuldigung nicht darauf berufen, daß er sich auf seinen ersten Steuermann verlassen habe. Der Kapitän hat, zumal auf einer mehrmonatlichen Reise auf einem Segelschiffe, Zeit genug, sich auch selbst um den Zustand seiner Rettungsboote zu bekümmern. Wenn er nur seine Pflicht getan hätte, hätte er aber auch am Tage des Ausbruchs des Feuers noch Zeit genug gefunden, die Boote mit frischem Wasser und Proviant zu versehen.

Unter diesen Umständen stimmte das Seeamt dem Reichskommissar darin bei, daß der Kapitän den Mangel solcher Eigenschaften bewiesen hat, welche zum Berufe des Schiffers erforderlich sind, und hat ihm daher die Befugnis zur ferneren Ausübung des Schiffergewerbes entzogen.

Die Verhandlung hat weiter ergeben, daß auch dem ersten Steuermann Fritz Hellhoff ein Teil der Schuld beizumessen ist. Solche Zustände, wie sie an Bord der „Brunshausen" geherrscht haben, wären nicht möglich gewesen, wenn der erste Steuermann in vollem Umfange seine Pflicht getan hätte. Wenn der Kapitän sich in keiner Weise um die durch die gefährliche Ladung gebotene Vorsicht kümmerte, so hätte der erste Steuermann kraft seiner Stellung eingreifen müssen. Speziell trifft den ersten Steuermann der Vorwurf, daß er die Temperaturmessungen in so ungenügender Weise vorgenommen hat, daß er sich auch den ersten Anzeichen des Feuers gegenüber völlig gleichgültig verhalten hat sowie daß die Rettungsboote, welche er zu inspizieren gehabt hat, nicht in ordentlichem Zustande waren. Das Seeamt hat deshalb ausgesprochen, daß auch dem ersten Steuermann Hellhoff der Vorwurf der mangelhaften Pflichterfüllung zu machen ist.

Der zweite Steuermann Fölser hat wegen Abwesenheit nicht vor das Seeamt geladen werden können, es ist daher das Verhalten dieses Schiffsoffiziers nicht Gegenstand der Untersuchung geworden.

Die Entscheidung des Ober-Seeamts lautet:

Auf die Beschwerde des Kapitäns Johann Heinrich Friedrich Pieplow gen. Ihns gegen den Spruch des Seeamts in Hamburg vom 25. März 1902 über den Seeunfall des Vollschiffs „Brunshausen" von Hamburg hat das Kaiserliche Ober-Seeamt in seiner zu Berlin am 16. Dezember 1902 abgehaltenen öffentlichen Sitzung nach mündlicher Verhandlung der Sache entschieden,

> daß der Spruch des Seeamts zu Hamburg vom 25. März 1902, betreffend den Seeunfall des Vollschiffs „Brunshausen" von Hamburg, dahin abzuändern, daß dem Kapitän Johann Heinrich Friedrich Pieplow gen. Ihns die Befugnis zur Ausübung des Schiffergewerbes zu belassen und die baren Auslagen des Beschwerdeverfahrens außer Ansatz zu lassen.

Gründe. Das Ober-Seeamt geht davon aus, daß die Ursache des Brandes auf der „Brunshausen" auch durch die weiteren von ihm veranlaßten Erhebungen nicht zweifelsfrei festgestellt worden ist. Es nimmt zwar an, daß der Brand wahrscheinlich durch Selbstentzündung der Kohlenladung entstanden ist, hält aber mit Rücksicht darauf, daß das Schiff noch mit zahlreichen anderen leicht entzündlichen Stoffen befrachtet war, eine andere Ursache sehr wohl für möglich. Auf den Kohlen, und teilweise von diesen umgeben, haben sich unter anderem hölzerne Fässer mit Öl, Zündschnur usw. befunden, und es gewinnt nach der Beweisaufnahme den Anschein, als ob auch andere zur Ladung gehörige feuergefährliche Güter, wie Ätznatron, Schwefelsäure usw. in unzulänglicher Weise verstaut gewesen sind. Bei der langen, zum Teil bei stürmischem Wetter und stark bewegter See zurückgelegten Reise ist es keineswegs ausgeschlossen, daß die Fässer und sonstigen Behältnisse durch Reibung schadhaft geworden sind, daß infolge davon deren Inhalt in die Kohlen gesickert ist und sie durchtränkt hat, und daß hierdurch das Feuer entstanden ist. Diese Möglichkeit muß um so mehr in Betracht gezogen werden, als tatsächlich das Feuer erst etwa 100 Tage nach der Abfahrt, also lange nach dem Ablaufe der erfahrungsgemäß für die Selbstentzündung von Kohlen kritischen Zeit (30 bis 40 Tage nach Einnahme der Kohlen) ausgebrochen ist.

Kann aber nicht als festgestellt gelten, daß sich die Kohlen selbst entzündet haben, so ist auch der § 26 des Seeunfallgesetzes nicht anwendbar, da andernfalls ein ursächlicher Zusammenhang zwischen dem Seeunfall und einem Verschulden des Kapitäns Ihns nicht als vorhanden zu erachten ist. Denn für die vorschriftswidrige Verstauung der Ladung, in welcher dann die Ursache für die Entstehung des Feuers erblickt werden müßte, kann, wie auch das Seeamt anerkennt, der Kapitän Ihns, dem das vollbeladene Schiff erst unmittelbar vor dem Antritte der Reise übergeben worden ist, nicht verantwortlich gemacht werden. Es gebrach ihm an Zeit, noch nachträglich eine eingehende Prüfung des Schiffes und der Ladung vorzunehmen, und deshalb können ihm auch die vom Seeamte mit Recht gerügten Mängel in der Ausrüstung des Schiffes nicht zur Last gelegt werden. Unter den obwaltenden Umständen trägt vielmehr in erster Linie die Reederei die Verantwortung für die festgestellten Mängel.

Im übrigen ist auch das Ober-Seeamt zu der Überzeugung gelangt, daß der Kapitän Ihns der Gefährlichkeit der Ladung mehr, als er getan, hätte Rechnung tragen, und insbesondere alle Maßregeln hätte treffen müssen, um eine Entzündung der Kohlen zu verhüten oder doch tunlichst zeitig zu entdecken. Dabei hält es indessen die Frage, ob eine wirksame Ventilation stattfinden konnte und tatsächlich stattgefunden hat, nicht für völlig aufgeklärt. Daß genügende Einrichtungen für eine regelrechte Oberflächen-Ventilation der Laderäume, wie sie die Vorschriften der See-Berufsgenossenschaft fordern, auf der „Brunshausen" vorhanden gewesen sind, kann kaum angenommen werden, da der Schiffsinspektor Kuhfal der Callier'schen Reederei vor dem Seeamte dies selbst in Zweifel gezogen hat. Ein Ventilator war am Großmaste vorhanden, welcher bis zum Zwischendeck reichte, wo die Frischwassertanks standen. Von dort ging ein Schacht zum Pumpenfood, welcher oben nicht so dicht verschlossen war, als daß nicht die durch den Ventilator eintretende Luft nach unten hinziehen konnte. Die beiden vorderen Ventilatoren reichten auch nur bis zum Zwischendeck. Von den ursprünglich im Schiffe vorhanden gewesenen fünf Ventilatoren waren die beiden hinteren früher abgenommen, die Löcher im Deck vernagelt und die einzelnen Teile, Röhren und Tutsen, im hinteren Proviantraume verstaut worden; hiervon waren zwar der erste und zweite Steuermann, nicht aber auch der Kapitän Ihns unterrichtet worden. Der letztere hat nun vor dem Ober-Seeamte mit Bestimmtheit erklärt, daß er die benutzbaren Ventilatoren bei günstigem Wetter offen gehalten habe. Das Ober-Seeamt, auf das er den Eindruck eines wahrheitsliebenden Mannes gemacht hat, glaubt ihm unter diesen Umständen ein Verschulden in bezug auf die Ventilation nicht beimessen zu können. Dagegen muß das Ober-Seeamt es als durchaus ungenügend bezeichnen, daß auf der „Brunshausen" die Temperatur in den Laderäumen nur ein Mal wöchentlich und in der letzten Zeit anscheinend nicht einmal regelmäßig gemessen worden ist, und kann den bezüglichen Ausführungen des Seeamts nur in allen Punkten beipflichten. Jedoch hält das Ober-Seeamt es auch hier mindestens für zweifelhaft, ob der Ausbruch des Feuers erheblich früher entdeckt worden wäre, wenn man tägliche Messungen, welche an sich angezeigt gewesen wären, vorgenommen hätte. In diesem Falle würde allerdings eine allmähliche Erhitzung der Kohlen, wie sie der Selbstentzündung vorausgeht, wohl nicht unbemerkt geblieben sein; wenn aber das Feuer durch plötzliche Entzündung anderer Stoffe entstanden sein sollte, so würde der Verlauf der Sache sich ungeachtet solcher Messungen wahrscheinlich nicht anders gestaltet haben, als er tatsächlich gewesen ist. Ein näheres Eingehen auf dieses Verschulden des Kapitäns erübrigt sich hiernach, zumal, wie oben bemerkt, nicht klar gestellt ist, wodurch der Brand verursacht worden und wann er in erkennbarer Weise ausgebrochen ist.

Weiter muß noch hervorgehoben werden, daß auch das Ober-Seeamt das Verhalten des Kapitäns gegenüber den ersten verdächtigen Anzeichen im höchsten Grade mißbilligt und keine Erklärung dafür zu finden vermag, weshalb er sich, anstatt mit der denkbar größten Beschleunigung die sorgfältigsten Nachforschungen anzustellen, mehrere Stunden lang durch haltloses Gerede der Schiffsmannschaft hat beruhigen lassen. Was die spätere Handlungsweise des Kapitäns nach dem Ausbruche des Brandes anlangt, so erkennt das Ober-Seeamt an, daß er große Besonnenheit und Ruhe bewiesen und in sachgemäßer Weise die nötigen Maßnahmen ergriffen hat, um eine Explosion der Sprengstoffe zu verhüten und die Mannschaft zu retten. Hinsichtlich der mangelhaften Ausrüstung der Rettungsboote gereicht ihm einigermaßen zur Entschuldigung, daß er von dem ersten Steuermanne Hellhoff, den er mit der Beaufsichtigung und Instandsetzung der Boote beauftragt hatte, die Meldung erhalten hatte, sie seien in Ordnung. Auch kommt dem Kapitän zustatten, daß durch die Mängel ein eigentlicher Unfall der Boote nicht herbeigeführt und die Rettung der Mannschaft ja geglückt ist.

Den Ausführungen des Seeamts hinsichtlich der Verfehlungen des Hellhoff schließt sich das Ober-Seeamt an und will noch ausdrücklich betonen, wie das ganze Verhalten dieses Schiffsoffiziers einen recht ungünstigen Eindruck gemacht hat.

Bei der Prüfung dieses ernsten Seeunfalls hat es sich als ein Übelstand herausgestellt, daß es an zwingenden Vorschriften gebricht, welche die Behandlung der Kohlenladungen nach Maßgabe der in der neuesten Zeit gemachten Erfahrungen im einzelnen regeln. Es wird ein Hinweis darauf genügen, daß in der im Jahre 1889 im Auftrage des Reichsamts des Innern bearbeiteten gemeinfaßlichen Darstellung eine Anweisung darüber fehlt, wie oft die Temperatur in den Laderäumen gemessen werden soll, und daß auch die von der See-Berufsgenossenschaft erlassenen Unfallverhütungsvorschriften gleichfalls hierüber nichts enthalten und nicht einmal die Anwendung von Maximumthermometern verlangen. Das Ober-Seeamt würde daher eine Ergänzung der Bestimmungen im Interesse der Sicherheit der Schiffahrt mit Freude begrüßen.

Nach den vorgehenden Ausführungen war der Beschwerde des Kapitäns Ihns Folge zu geben und der seeamtliche Spruch, wie geschehen, abzuändern. Die Kosten des Beschwerdeverfahrens mußten außer Ansatz bleiben, weil das Rechtsmittel Erfolg gehabt hat.

136. Spruch des Seeamts zu Königsberg vom 29. Dezember 1902, betreffend den Seeunfall des Schraubendampfers „Commerzienrath Fowler" von Memel.

Der Spruch des Seeamts lautet:

Das am 15. April 1902 an Bord des Dampfers „Commerzienrath Fowler" ausgebrochene Feuer ist durch Entzündung des aus einer jedenfalls schadhaft gewordenen Kanne ausgeströmten Gasäthers entstanden. Eine Schuld an der Entstehung des Feuers, sowie an dem Tode des Heizers Riemann, welcher den erlittenen Brandwunden am 2. Tage nach dem Unfall erlegen ist, ist niemandem beizumessen.

Es muß empfohlen werden, derartige leicht entzündliche Stoffe, wie Gasäther, überhaupt nicht an Bord zu halten, oder sie wenigstens an durchaus feuersicheren Orten aufzubewahren.

Gründe. Am 15. April 1902 ist auf dem Schraubendampfer „Commerzienrath Fowler" in der Farbenkammer Feuer ausgebrochen, welches den Tod des Heizers Friedrich Wilhelm Riemann zur Folge gehabt hat.

Die Untersuchung des Unfalls, bei welcher der damalige Kapitän des Dampfers Groß, der damalige Steuermann Stange und der Heizer Kaiser zeugeneidlich vernommen sind, hat folgendes ergeben:

Der der Memeler Dampfschiffs-Aktiengesellschaft gehörige Dampfer „Commerzienrath Fowler", Unterscheidungs-Signal HBQW, Heimatshafen Memel, vermessen zu einem Netto-Raumgehalt von 1580,7 cbm = 558 britischen Registertons, im Jahre 1884 aus Eisen erbaut, befand sich am gedachten Tage auf der Reise von Memel nach Grimsby in der Höhe der Insel Bornholm. Um 3 Uhr nachmittags betrat der die Wache habende Steuermann Robert Stange die Farbenkammer, um Farben anzurühren. Da bei der Dunkelheit des Raumes die Bezeichnungen der Farbenbehälter nicht ohne Licht erkannt werden konnten, zündete Stange unmittelbar in der Türe ein Streichholz an, worauf sofort ein Zischen erfolgte und die Farbenkammer in Flammen stand. Stange rief sogleich die Heizer, die in dem zu der Farbenkammer im rechten Winkel liegenden Heizerlogis schliefen, an Deck. Der Heizer Kaiser kam auch alsbald unversehrt aus dem Raume heraus, während der Heizer Riemann, welcher ersteren noch angespornt hatte, trotz wiederholter Zurufe seitens des Stange und des inzwischen auf Deck erschienenen Kapitäns mit dem Verlassen des Logis zögerte, dann plötzlich den Kopf durch das Seitenfenster steckte, und erst als Stange den Schlauch der Wasserspritze auf ihn richtete, auf Deck sprang. Riemann war an Händen, Beinen, Brust und Rücken verbrüht; offene Brandwunden hat er nicht gehabt; selbst seine Kleidung — er hatte Hemd und Unterhosen an — ist unversehrt geblieben, so daß anzunehmen ist, daß er mehr durch die Hitze als direkt durch Feuer verletzt worden ist.

Der Kapitän leistete ihm die erste Hilfe und lief am nächsten Morgen, den 16. April 1902, Helsingör an, um ihn in das Hospital einzuliefern. Dort ist Riemann nach der Auskunft des Krankenhausarztes am 17. April 1902 seinen Verletzungen erlegen.

Über die Entstehung des Feuers ist folgendes ermittelt.

In der Farbenkammer, in welcher im übrigen nur Farben und Öle aufbewahrt wurden, befand sich auch eine Eisenblechkanne mit „Gasäther", welcher zur Speisung der Lampen bei den Löschungsarbeiten des Nachts gebraucht zu werden pflegte. Diese Kanne ist jedenfalls schadhaft geworden, und es ist ihr Inhalt ausgelaufen, bezw. haben sich Gase entwickelt, welche durch die Berührung mit dem von dem Steuermann Stange angesteckten Streichholz in Entzündung gerieten. Das Feuer, welches ungefähr 15—20 Minuten dauerte, hat das Heizerlogis selbst nicht ergriffen, doch ist die Farbenkammer ausgebrannt und Decke und Türfüllung angekohlt.

Eine Schuld an dem Ausbruche des Feuers kann niemandem beigemessen werden, da der Steuermann Stange, als er die Farbenkammer mit Licht betrat, die drohende Gefahr einer Entzündung nicht ahnen konnte, auch ein Verbot, die Kammer mit offenem Lichte zu betreten, an Bord nicht bestand.

Demnach trifft auch niemand ein Verschulden an dem Tode des Heizers Riemann. Stange hat rechtzeitig die Heizer geweckt, er sowie der Kapitän haben ihm wiederholt zugerufen, heraufzukommen, ein gewaltsames Herausholen war bei der großen Hitze nicht möglich. Daß Riemann sich nicht sogleich in's Freie zu retten suchte, kann nur dadurch erklärt werden, daß er durch Einatmen von Gasen betäubt oder doch zeitweise der Überlegung beraubt worden ist.

Der Unfall hat jedoch dem Seeamte zu der Bemerkung Veranlassung gegeben, daß es sich empfiehlt, solche feuergefährlichen Stoffe, wie Gasäther, überhaupt nicht an Bord zu halten, oder sie wenigstens an ganz feuersicheren Orten aufzubewahren.

Es war daher der Spruch, wie geschehen, abzugeben.

137. Spruch des Seeamts zu Flensburg vom 3. Januar 1903, betreffend den Untergang des in Düsseldorf beheimateten Dampfbaggers „G. G. 4" in der Ostsee.

Der Spruch des Seeamts lautet:

Der der Firma Gebr. Goedhart in Düsseldorf gehörende eiserne Dampfbagger „G. G. 4" ist am 14. Oktober 1902, während er sich im Schlepp des Kieler Dampfers „Bülk" auf der Fahrt von Neufahrwasser nach Gjedser befand, etwa 7 Seemeilen SOzS vom Adlergrund-Feuerschiff gesunken.

Der Dampfbagger war in dem hohen Seegange leckgesprungen und hatte sich infolgedessen mit Wasser gefüllt.

Mit einem solchen Fahrzeuge, wie dem gesunkenen Dampfbagger, sollte man nur dann über See gehen, wenn man einen betriebsfähigen Kessel zum Betriebe der Lenzpumpen an Bord hat.

Gründe. Der der Bauunternehmung Gebr. Goedhart in Düsseldorf gehörende eiserne Dampfbagger „G. G. 4" ist am 14. Oktober 1902, während er sich im Schlepp des Kieler Dampfers „Bülk" auf der Fahrt von Neufahrwasser nach Gjedser befand, etwa 7 Seemeilen SOzS vom Adlergrund-Feuerschiff gesunken.

Führer des Schleppdampfers war der Kapitän Gustav Heinrich Hinz aus Kiel.

Die Besatzung des Baggers bestand aus folgenden Personen:

1. dem Baggermeister Leendard van der Heuvel aus Sliedrehd bei Dortrecht, zur Zeit wohnhaft in Danzig,
2. dem Arbeiter Gottlieb Schoenfeld aus Danzig,
3. dem Maschinisten Nikolaus Wagner aus Danzig,
4. dem Heizer Fritz Thiel aus Weichselmünde.

Der Bagger war von der Firma A. F. Smulders in Utrecht aus Stahleisen gebaut, nur die Scheuerleisten waren von Holz. Er war 36 m lang und 6,5 m breit. Vorn hatte er einen 3 m langen Podest mit eisernem Winkeleisen darunter. Auf dem Podest befand sich die Dampfwinde.

Auf der Mitte des Baggers stand der 7—8 m hohe Kran mit nur einem Eimergange.

Der Bagger hatte eine Handpumpe und 4 Dampfpumpen.

Die Dampfpumpen konnten aber nicht benutzt werden, weil der Kessel außer Betrieb gestellt war. Er war in dem Bagger nicht eingebaut. Um der Gefahr des Umfallens bei Seegang vorzubeugen, war er völlig mit Holz umkleidet und abgesteift.

Die Luken und sonstigen Öffnungen im Deck waren geschlossen und verschalkt.

Der Bagger hatte einen glatten Boden und ging nur 1 m tief.

Am 12. Oktober vormittags 10 Uhr 10 Minuten war der Schleppzug von Neufahrwasser abgegangen.

Als man am Nachmittage Rixhöft hinter sich hatte, ging der Wind, der bis dahin westlich gewesen war, nach Norden um. Er nahm zu und die See wurde immer hochgehender. Der Bagger arbeitete sehr in der hohen See und wurde leck, indem sich verschiedene Nieten lösten. Die Leute auf dem Bagger versuchten mit Hanf, Putzwolle und Menninge die Nieten zu dichten. Das gelang indes nicht; während des Arbeitens sprangen immer mehr Nieten offen. Das Wasser stand schließlich 1 ½ Fuß hoch im Raum. Die Handpumpe hatte man nicht benutzt, weil stets mehr Wasser eindrang, als die Pumpe bewältigen konnte.

Unter solchen Umständen signalisierten die Leute auf dem Bagger abends 9 Uhr nach dem Schleppdampfer hinüber, daß sie von Bord genommen werden wollten.

Auf dem Schleppdampfer wurde dann versucht ein Boot auszusetzen. Das gelang nicht, weil bei dem starken Rollen des Schiffes das Boot gegen die Galgen entzwei schlug, aushakte und ins Wasser fiel. Nachdem man das voll Wasser geschlagene Boot mit vieler Mühe wieder eingesetzt und die Leute auf dem Bagger von der Sachlage verständigt hatte, fuhr man weiter, indem man den Bagger mit langsamer Fahrt frei von der Küste hielt. Das ging gut vonstatten, weil Wind und Seegang etwas abnahmen.

Am anderen Morgen machte der Bagger so viel Wasser, daß die Besatzungsleute sich genötigt sahen, ihr Verlangen um Abnahme auf den Schleppdampfer zu wiederholen. Um 6 Uhr morgens ging der Schleppdampfer längsseit und nahm die Leute vom Bagger an Bord.

Es wurde nun die Schleppleine mit weiteren 35 m Stahltrosse verlängert und dann die Reise mit halbe Kraft gehender Maschine fortgesetzt. Man steuerte auf Jasmund zu, um hier Schutz zu finden oder Saßnitz anzulaufen. Der Bagger folgte gut.

Am Morgen des 14. Oktober nahmen Wind und See wieder zu. Um 5¼ Uhr war von dem Bagger selbst nichts mehr zu sehen.

Da, wo er sein sollte, zeigte sich nur Brandung. Um 5 Uhr 20 Minuten schoß der Bagger noch einmal mit einer großen Wasserwolke aus dem Wasser hervor, dann sank er weg und kam nicht wieder zum Vorschein.

Auf dem Schleppdampfer hatte man eine Boje auf die Schlepptrosse gebunden, als der Bagger zum letzten Male empor kam, dann hatte man die Trosse gekappt. Solchergestalt war die Stelle, wo der Baggar sank, durch eine Boje gekennzeichnet.

Der Bagger sank auf 54° 45′ nördlicher Breite und 14° 31′ östlicher Länge von Greenwich, etwa 7 Seemeilen SOzS vom Adlergrund-Feuerschiff.

Dann fuhr der Schleppdampfer mit den geborgenen Leuten nach Kiel.

Nach dem, was vorliegt, ist es nicht zweifelhaft, daß der Bagger für die hohe See zu schwach gebaut war. Er ist offenbar durch das harte Arbeiten in der hohen See leckgesprungen und hat sich infolge davon so mit Wasser gefüllt, daß er schließlich sinken mußte.

Jedenfalls hat die vorn etwa 3 m ausgebaute Plattform oder Podest sehr dazu beigetragen, daß der Bagger lecksprang. Die aufgeregte See, welche noch von dem kurz vorher herrschenden Westwinde hoch lief, wird unter und gegen die Plattform des Baggers geschlagen sein und dabei die Befestigungen, die den Podest mit dem Hauptkörper des Baggers verbanden, zertrümmert haben.

Will man mit einem solchen Fahrzeug über die hohe See gehen, so sollte solches nur dann geschehen, wenn man einen betriebsfähigen Kessel an Bord hat, mit welchem man im Notfalle die vorhandenen Dampfpumpen in Gang halten kann. Hätte man das im vorliegenden Falle können, so wäre voraussichtlich das Sinken des Baggers vermieden worden.

138. Spruch des Seeamts zu Emden vom 25. Februar 1902 und Entscheidung des Kaiserlichen Ober-Seeamts vom 20. Januar 1903, betreffend die Seeunfälle der Tjalk „Norden" von Norden.

Der Spruch des Seeamts lautet:

Am 13. Dezember 1902 morgens 6 Uhr ist der Geestemünder Lotsenschooner „Verena" zwischen dem Weser-Feuerschiff und der Jade-Leuchttonne mit der Tjalk „Norden" von Norden bei stürmischem Wetter zusammengestoßen. Infolge dieses Zusammenstoßes hat die Tjalk ihr Vorgeschirr gebrochen und ist dadurch weniger manövrierfähig geworden.

An demselben Tage ist sie auf Spiekeroog gestrandet, von der Besatzung verlassen, jedoch später wieder abgebracht.

Die Ursache des Zusammenstoßes hat, da die Aussagen der Beteiligten einander gegenüber stehen, nicht ermittelt werden können.

Ein Verstoß gegen die Kaiserliche Verordnung über das Verhalten der Schiffer nach einem Zusammenstoß ist nicht festgestellt.

Die Ursache der Strandung ist auf die geringere Manövrierfähigkeit der Tjalk in Verbindung mit dem stürmischen Wetter zurückzuführen.

Das Verlassen des Schiffes war als gerechtfertigt zu erachten und dem Kapitän sein Patent zu belassen.

Tatbestand. Die in Norden heimatliche Tjalk „Norden", Unterscheidungs-Signal KHWD, auf der Folkerts'schen Werft daselbst im Jahre 1897 aus Holz erbaut, vermessen zu einem Netto-Raumgehalte von 101 cbm = 35,66 britischen Registertons, beim Germanischen Lloyd A 1 klassifiziert, steht seit Anfang 1900 im Alleineigentume des Schiffsführers U. O. Ulrichs in Baltrum.

Das Schiff ist für 9000 Mark in Mannheim versichert.

Am 6. Dezember 1901 nahm die Tjalk in Altona eine nach Benserſiel bestimmte Ladung, bestehend aus 600 Zentnern Gerste und 200 Sack Mehl ein, womit sie vorn einen Tiefgang von 4¾ und hinten 4½ Fuß bei einer Auswässerung von 1½ Fuß hatte. Mit einer Besatzung, bestehend aus dem genannten Schiffsführer, dem Bestmanne G. P. Hinrichs und dem Jungen E. Y. Groenewold, alle aus Baltrum, trat die „Norden" am 11. Dezember die Reise an. Ohne besondere Vorkommnisse war die Tjalk am 13. Dezember, morgens 5 Uhr bis zur Weser-Schlüsseltonne gelangt.

Der Wind war SO, hatte Stärke 8 mit grober See, es war nachts 1 Uhr Hochwasser gewesen und deshalb noch Ebbe, die Nacht war dunkel aber feuersichtig. Die Tjalk lag mit Backbordshalsen beim Winde, nur mit dem gerefften Großsegel bei, hatte die gereffte Stagfock, fertig zum Gebrauche, lose an Deck liegen und machte nur etwa 1½ Knoten Fahrt bei großer Abtrift.

Die ganze Besatzung war zu genannter Zeit an Deck und will man etwa 3 bis 4 Strich in Lee achteraus ein rotes Licht bemerkt haben, welches die Tjalk überholte und, da letztere scheinbar auch mehr abtrieb, auch quer ab sich ihr näherte. Als das, das rote Licht führende Fahrzeug ungefähr 1½ Strich vorlicher als dwars war, worüber seit dem Insichtkommen desselben etwa eine halbe Stunde vergangen sein soll, und man von diesem Fahrzeuge schon einige Zeit das gut brennende grüne Licht der Tjalk hat sehen müssen, ging für eine kurze Zeit das rote Licht aus Sicht, man sah dann auf der Tjalk einen Augenblick ein grünes Licht und dann gleich wieder das rote. Der Schiffsführer Ulrichs folgerte aus dieser Veränderung der Lichter, daß das andere Fahrzeug gewendet habe und sich ihm jetzt mit Steuerbordshalsen näherte. Da es ihm aber sehr fraglich erschien, ob er dieser Lage nach mit Backbordsruder hinter dem anderen Fahrzeuge herum kommen konnte, holte er schnell das Nebelhorn und gab zwei kurze Töne, um anzudeuten, daß er nicht abhalte. Das andere Fahrzeug behielt scheinbar aber seinen Kurs bei, zeigte fortwährend sein rotes Licht und legte nun Kapitän Ulrichs, um der drohenden

Gefahr, recht vor den Bug des anderen Fahrzeugs zu kommen und überrannt zu werden, zu entgehen, sein Ruder hart Backbord, setzte die Stagfock bei und warf die Piek des Großsegels los. Die Tjalk fiel nun schnell ab, geriet aber, als sie etwa 5 Strich abgefallen war, in schräger Richtung mit ihrem Bugspriet in die Takelage des anderen Fahrzeugs, wurde dadurch etwas herumgeholt und kam bald wieder frei. Nach Angabe der Besatzung der Tjalk können zwischen dem Zeitpunkte, wo das fremde Fahrzeug für kurze Zeit sein grünes Licht zeigte und dem Zusammenstoß etwa 5 Minuten vergangen sein. Durch den Zusammenstoß war das Bugspriet gebrochen und nach hinten geschoben, wodurch die Pallstütze des Ankerspills nach hinten gedrückt und das Spill unbrauchbar geworden war, auch war eine Hand des Backbordsankers gebrochen. Nach dem Zusammenstoße trieben die Schiffe sofort auseinander und will die Besatzung der Tjalk von dem anderen Fahrzeuge, welches sie als einen Weserlotsenschooner erkannt hatte, nichts mehr gesehen haben.

Als es Tag wurde und die Tjalk durch die inzwischen eingetretene Flut wieder in die Nähe der Unfallstelle getrieben war, sah man einen Lotsenschooner, aber nicht denjenigen, womit der Zusammenstoß stattgefunden hatte.

Das Schiff, womit die Tjalk in Kollision gewesen war, war der Geestemünder Lotsenschooner „Varena".

Dieser Schooner befand sich auf der Reise aus See nach Geestemünde.

Morgens 4 Uhr, am 13. Dezember, hatten auf diesem Fahrzeuge der Seelotse Gerdes als verantwortlicher Schiffsführer, der Seelotse Meyer und der Lotsen-Aspirant Golzwarden die Wache übernommen. In der von diesen Lotsen abgelegten Verklarung ist wörtlich gesagt: „Als wir gegen 6 Uhr mit Steuerbordshalsen ONO anlagen, sichteten wir etwa 2½ Strich an Backbord plötzlich ein grünes Licht in solcher Nähe, daß trotz der Dunkelheit auch gleich die Segel des Fahrzeugs zu sehen waren. Eine Kollision war unvermeidlich; um dieselbe abzuschwächen, legten wir das Ruder hart in Lee und ließen den Schooner in den Wind schießen". Die mündlichen Aussagen der genannten Zeugen vervollständigten die Verklarung dahin, daß der Schooner schon 20 Minuten bis eine halbe Stunde vor dem Zusammenstoße mit Steuerbordshalsen beim Winde gelegen habe. Auf die Frage der Lotsen beim Zusammenstoße nach Namen und Bestimmungsort der Tjalk will man auf dem Schooner eine Antwort nicht verstanden haben, auch waren die Fahrzeuge sofort wieder von einander frei und hatte nach Ansicht der Lotsen die Tjalk keinen Schaden erlitten. Von dem, von dem Kapitän der Tjalk gegebenen Signale mit dem Nebelhorne will man auf dem Schooner nichts gehört haben. Man will dann mit dem Lotsenschooner noch etwa 2½ Stunden auf der Unfallstelle geblieben sein, anhaltend Flackerfeuer gezeigt, und erst dann, als von dem fraglichen Fahrzeug auch bei Tagesanbruch nichts mehr zu sehen war, die Reise nach Bremerhaven fortgesetzt haben, wo man nachmittags 4 Uhr ankam, am nächsten Tage den Schooner in den alten Hafen legte, um den erlittenen Schaden besichtigen und reparieren zu lassen.

Die Tjalk kreuzte morgens 10 Uhr mit harter Brise aus SO bis SOzO die Harle ein. Beim Überstaggehen versagte jedoch das Schiff die Wendung, man hielt noch einmal gut voll, da aber, wegen des gebrochenen Bugspriets der Klüver nicht geführt werden konnte, versagte das Schiff die Wendung wieder und war nun dem Lande schon so nahe gekommen, daß es auf Grund stieß. Man ließ nun den Backbordanker fallen und setzte eine Notflagge auf. Das Schiff blieb dicht und war nach etwa 2 Stunden wieder flott, worauf die Notflagge wieder eingezogen wurde. Das Großsegel und der Besahn wurden nun doppelt gerefft und da das Ankerspill unbrauchbar war, mußte man die Ankerkette mit etwa 20 Faden slippen. Der Versuch, das Schiff mit Steuerbordshalsen an den Wind zu bringen, mißlang aber und fiel dasselbe wieder dem Lande zu ab. Ein dann gemachter Versuch zu halsen mißlang ebenfalls, da die Tjalk wieder anluvte, und als sie dann nochmals die Wendung versagte, ließ man in etwa 7 Fuß Wasser den Steuerbordanker fallen. Auf dem Winde liegend ließ man auch diesen Anker mit 30 Faden Kette slippen. Das Schiff fiel jedoch wieder über Steuerbord, stieß gleich darauf an Grund und blieb sitzen. Auf ein gesetztes Notsignal kam nachmittags 4 Uhr zuerst ein Wangerooger, dann ein Harlingersieler und zuletzt ein Spiekerooger Rettungsboot heran. Auf Anraten des Bootführers des Wangerooger Rettungsboots verließ die Besatzung der Tjalk abends 10 Uhr das Schiff mit dem genannten Boote, weil das Barometer einen sehr niedrigen Stand hatte und das regnerische Wetter sich sehr ungünstig ansah.

Die Ladung der Tjalk ist später geborgen und das Schiff wieder abgebracht.

Die Feststellung der obigen Tatsachen gründet sich auf das vorgelegte Schiffsjournal der Tjalk „Norden", auf die von der ganzen Besatzung des genannten Schiffes am 18. Dezember 1902 vor dem

Königlichen Amtsgerichte zu Esens abgelegte Verklarung und die daselbst gemachte Nachverklarung des Kapitäns Ulrichs am 4. Januar 1903, auf die vor dem Amtsgerichte Bremerhaven am 18. Dezember 1902 von den Seelotsen F. Bliefernicht, Gerdes und Meyer und den Aspiranten Golzwarden und Müller abgelegte Verklarung, sowie auf die in der am 11. bezw. in der heutigen Seeamtssitzung gemachten Aussagen der Besatzung der Tjalk und der auf dem Schooner „Varena" auf Wache gewesenen Lotsen und des Aspiranten.

In der Seeamtssitzung am 11. dieses Monats wurde der Bestmann Hinrichs und in der heutigen Seeamtssitzung der Seelotse Meyer und der Aspirant Golzwarden beeidigt.

Nach Prüfung des Ergebnisses durch den Reichskommissar beantragt derselbe, dem Kapitän Ulrichs die Befugnis zur ferneren Ausübung des Schiffergewerbes zu entziehen, weil er

1. den Zusammenstoß mit der „Varena" verschuldet habe,
2. entgegen der Kaiserlichen Verordnung über das Verhalten der Schiffer nach einem Zusammenstoße nicht bei dem Schooner geblieben, sondern seine Reise fortgesetzt habe,
3. ohne hinreichenden Grund Notsignale gesetzt und
4. ohne genügenden Grund das Schiff verlassen habe.

Entscheidungsgründe. Nach dem vorliegenden Ergebnisse der Untersuchung stehen die Aussagen der Besatzung der Tjalk „Norden" mit den Aussagen der Lotsen und des Aspiranten in bezug auf die Lage der Schiffe zu einander kurz vor dem Zusammenstoß in direktem Widerspruche. Nach Angabe der erstgenannten Leute haben sie in Lee achteraus das rote Licht eines, über denselben Bug liegenden, überholenden Fahrzeugs gesehen, welches dann in der Peilung 1½ Strich vorlicher als dwars gewendet bezw. gehalst hat.

Nach Art. 24 Abs. 2 der Kaiserlichen Verordnung zur Verhütung des Zusammenstoßens der Schiffe auf See hatte, die Richtigkeit der Angaben der Besatzung der Tjalk vorausgesetzt, das überholende Fahrzeug, auch nachdem es gewendet bezw. gehalst hatte, da es lange vor der Wendung in dem Lichtsektor des grünen Lichtes der Tjalk gewesen ist, dieser aus dem Wege zu gehen, bis es dieselbe klar passiert hatte. Kapitän Ulrichs handelte deshalb, nach seiner Auffassung der Sachlage völlig richtig, indem er seinen Kurs beibehielt und dies durch zwei kurze Töne auf dem Nebelhorne zu erkennen gab.

Als er dann aber sah, daß dies Signal nicht beachtet bezw. nicht gehört wurde, hielt er ab und hat dies Manöver mit allen ihm zu

Gebote stehenden Mitteln so schnell ausgeführt, daß die ihm drohende Gefahr, überrannt zu werden, vermieden wurde. Auch von Seiten des Schooners ist alles aufgewendet, den Zusammenstoß abzuschwächen, so daß schwere Folgen glücklicherweise nicht eingetreten sind.

Die Lotsen und der Aspirant behaupten dagegen, daß der Lotsenschooner schon 20 Minuten bis 1/2 Stunde vor dem Zusammenstoße mit Steuerbordhalsen gelegen habe; wäre dies richtig, dann hätte aber die Besatzung der Tjalk das rote Licht des Schooners nicht als das eines überholenden Fahrzeugs, d. h. auswandernd von hinten nach vorn sehen können, dieses Licht hätte vielmehr von vorn nach hinten, wenn auch wegen des geringen Vorwärtsganges der Tjalk nur wenig, auswandern müssen. Die Behauptung der einen Partei schließt die der anderen aus. Wenn man nun annehmen will, daß vielleicht ein anderes Fahrzeug die Tjalk in der fraglichen Zeit überholt hat, dann hätte man auf dem Lotsenschooner etwa 5 Minuten vor dem Zusammenstoße dieses Fahrzeug nahebei passieren und sehen müssen, was nicht geschehen ist, und ist somit eine solche Annahme sehr unwahrscheinlich, sie würde übrigens auch noch nicht das von der Besatzung der Tjalk gesehene grüne Licht erklären. Nimmt man die Aussagen der Lotsen und des Aspiranten als richtig an, dann bleibt noch unerklärlich, daß man auf dem Schooner das hellbrennende Licht der Tjalk nicht früher gesehen hat.

Der Wortlaut der Verklarung: „Als wir gegen 6 Uhr über Steuerbordshalsen ONO anlagen, sichteten wir usw.", läßt die Auslegung zu, daß das Sichten des grünen Lichtes 2½ Strich in Lee unmittelbar nach dem Legen über Steuerbordshals erfolgt ist, während nach den gemachten Aussagen ein Zeitraum von 20 bis 30 Minuten dazwischen gelegen haben soll. Die Lotsen wollen das grüne Licht der Tjalk 2½ Strich in Lee mit ONO-Kurs, deshalb im NO½N etwa 5 Minuten vor dem Zusammenstoße gesichtet haben, während ebenfalls etwa 5 Minuten vor dem Zusammenstoße die Besatzung der Tjalk das rote Licht des Schooners, nachdem eine kurze Zeit das grüne Licht sichtbar gewesen war, 1½ Strich vorlicher als dwars mit SSW-Kurs, deshalb im W½N gesehen haben will. Der Schooner lief 4 bis 5 Knoten Fahrt, die Tjalk 1½ bis 2 Knoten. Wäre die Angabe von Kurs und Peilung auf dem Lotsenschooner richtig, dann hätten die Schiffe unter den vorliegenden Verhältnissen nicht zusammenstoßen können. Der Winkel zwischen Segelung und Peilung würde dann bei dem Schooner 2½ Strich und bei der Tjalk nur 1½ Strich betragen haben. Da gegenüber dem größten Winkel auch die größte

Seite liegt, so wäre der Weg, den die Tjalk von irgend einem Punkte von der Peilungslinie in der Richtung SSW bis zum Zusammenstoß abzulegen hatte, länger gewesen als der Weg, den der Schooner zurücklegen mußte. Wenn der Schooner im vorliegenden Falle 4½ Knoten Fahrt machte, hätte die Tjalk etwa 7 Knoten Fahrt machen müssen. Die Tjalk hat aber nur 1½ bis 2 Knoten Fahrt gemacht und trieb außerdem bedeutend mehr ab, als der Schooner.

Aber auch die Peilung der Besatzung der Tjalk, W½N, in welcher sie das rote Licht des Schooners gesehen haben will, kann nicht richtig sein, wenn der Schooner ONO anlag, denn dann hätte sie nur das grüne Licht des Schooners sehen können und wäre längst den Bug desselben passiert gewesen.

Das Seeamt hat bei diesen sich widersprechenden Aussagen, beim Mangel fester Anhaltspunkte, keiner Aussage den Vorrang gegeben, die Ursache des Unfalls daher nicht ermitteln und somit den zu 1 gemachten Ausführungen des Reichskommissars nicht beitreten können.

Nach dem Zusammenstoße sind die Schiffe wieder sofort frei von einander gekommen und ist die Tjalk über Steuerbordsbug von der Unfallstelle weggetrieben. Ein Bleiben an besagter Stelle hätte nur durch an Ankergehen erzielt werden können, dies war aber für die Tjalk bei der groben See und dem schweren Sturme unausführbar. Auch der Schooner hat nicht geankert, will aber bis Tagesanbruch an der Unfallstelle geblieben sein, ohne von dem Fahrzeuge, womit er zusammengestoßen war, etwas gesehen zu haben.

Auch die Tjalk will nach Eintritt der Flut wieder an der Unfallstelle gewesen sein, den Schooner jedoch dort nicht gesehen und von dem auf dem Schooner nach dem Zusammenstoß angeblich gezeichneten Flackerfeuer nichts bemerkt haben.

Das Seeamt kann hiernach in dem Verhalten des Kapitäns Ulrichs einen Verstoß gegen die Kaiserliche Verordnung über das Verhalten der Schiffer nach einem Zusammenstoße nicht finden, zumal eine vorsätzliche Übertretung der genannten Verordnung nicht festgestellt ist.

Als die Tjalk am Vormittage des 13. Dezember zweimal die Wendung versagte und der Kapitän, trotzdem sein Ankerspill unbrauchbar war, sich genötigt sah, um nicht noch weiter auf die Bank zu treiben, zu ankern, war das Schiff in einer gefährlichen Lage, zumal es auf den Grund stieß. Der Kapitän war deshalb vollständig berechtigt, ja sogar verpflichtet, um Menschenleben, Schiff und Ladung zu retten, ein Notsignal aufzusetzen.

Hätte der Kapitän in den zwei Stunden, in denen sein Schiff in dieser Lage war, Hilfe erhalten, so wäre unzweifelhaft die spätere Strandung vermieden. Als dann die Tjalk durch das Steigen des Wassers wieder flott geworden war, hat der Kapitän das Notsignal wieder weggenommen und auf's neue wiederholt versucht, sein Schiff mit Steuerbordshalsen an den Wind zu bringen.

Diese Versuche waren jedoch vergebens, höchstwahrscheinlich, weil das Schiff zu wenig Wasser unter dem Kiel hatte, wodurch seine Manövrierfähigkeit noch mehr beeinträchtigt wurde. Die Tjalk kam daher nach Verlust beider Anker und Ketten an der Nordostseite der Insel Spiekeroog auf Strand. In dieser Lage konnten die Menschenleben jeden Augenblick, wenn der Wind, wie zu erwarten war, nach Norden umging, in die größte Gefahr kommen, und war es für Kapitän Ulrichs geboten, wieder ein Notsignal aufzusetzen. In beiden Fällen war deshalb das Aufsetzen eines Notsignals als berechtigt anzusehen und den Ausführungen des Reichskommissars nicht beizupflichten.

Als dann die Rettungsboote bei der Tjalk anlangten und das letzte abends 10 Uhr dieselbe wieder verlassen wollte, war der Kapitän Ulrichs, wenn man die Strandungsstelle, die Jahreszeit, den Barometerstand, das schlechte, regnerische Wetter und besonders den, von dem ortskundigen Bootsführer ihm gegebenen Rat in Betracht zieht, verpflichtet, um nicht die ihm anvertrauten Menschenleben und sein eigenes Leben nutzlos in Gefahr zu bringen, das Schiff mit seinen Leuten zu verlassen.

Man konnte damals mit Grund befürchten, daß der Wind nördlich gehen würde; dies ist nun freilich nicht geschehen und die Leute hätten die Nacht an Bord bleiben können, das berechtigt aber nicht zu der Annahme, daß der Kapitän Ulrichs am Abend vorher das Schiff ohne hinreichenden Grund verlassen hat. Das Seeamt hat daher auch den Ausführungen des Reichskommissars zu 4 nicht beitreten können. Da nach allem diesem dem Kapitän Ulrichs weder Mangel an Besonnenheit noch an Umsicht und Sorgfalt nachzuweisen ist, war wie geschehen, zu erkennen.

Die Entscheidung des Ober-Seeamts lautet:

Auf die Beschwerde des Reichskommissars gegen den Spruch des Königlichen Seeamts in Emden vom 25. Februar 1902 über den Seeunfall der Tjalk „Norden" von Norden hat das Kaiserliche Ober-Seeamt in seiner zu Berlin am 20. Januar 1903 abgehaltenen

öffentlichen Sitzung, nach mündlicher Verhandlung der Sache entschieden,
daß die Beschwerde zurückzuweisen und die baren Auslagen des Verfahrens außer Ansatz zu lassen.

Gründe. Seitens des Reichskommissars sind vier Beschwerdepunkte gegen den Spruch des Seeamts Emden geltend gemacht worden.

1. Der Reichskommissar hat die Schuld an dem Zusammenstoße selbst, der am Morgen des 13. Dezember 1901 zwischen dem Geestemünder Lotsenschoner „Verena" und der Tjalk „Norden" stattgefunden hat, dem Führer der letzteren, Kapitän Ulrichs, beigemessen. Das Ober-Seeamt hat dieser Ansicht nicht beitreten können, vielmehr im wesentlichen sich der Auffassung des Seeamts angeschlossen, wonach bei den unvereinbaren Widersprüchen in den Aussagen der Besatzungen beider Fahrzeuge und beim Mangel fester Anhaltspunkte eine Überzeugung in der Richtung, wen die Schuld an dem Zusammenstoße treffe, nicht zu erlangen war.

Der Zusammenstoß ist dadurch herbeigeführt worden, daß der Lotsenschoner der von ihm überholten Tjalk nicht aus dem Wege gegangen ist, bis er sie klar passiert hatte, wozu er nach Artikel 24 der Kaiserlichen Verordnung zur Verhütung des Zusammenstoßens der Schiffe auf See, vom 9. Mai 1897 (Reichs-Gesetzbl. S. 203) verpflichtet war. Nach den übereinstimmenden Aussagen der Schonerbesatzung hat sie das grüne Licht der Tjalk erst kurz vor dem Zusammenstoße gesichtet, woraus sich erklärt, daß sie die Eigenschaft des Schoners als eines überholenden Fahrzeugs nicht erkannt hat. Nun hat der Kapitän Ulrichs vor dem Seeamt angegeben, daß die Lichter der Tjalk, abgesehen von dem nicht brennenden Hecklicht, hell brannten; vor dem Ober-Seeamt hat er diese Angabe dahin ergänzt, daß die Seitenlichter deutlich zu sehen, auch durch Segel nicht verdeckt waren. Entspricht diese Behauptung der Wahrheit, so erscheint die Annahme gerechtfertigt, daß die Besatzung des Lotsenschoners nicht genügend Ausguck gehalten hat. Eine zweifelsfreie Feststellung in diesem Sinne hat sich jedoch gegenüber der vor dem Seeamte gemachten Aussage des Seelotsen Gerdes, daß auf dem Lotsenschoner stets gut Ausguck gehalten worden sei, lediglich auf Grund der Ulrichs'schen Angaben nicht treffen lassen.

Wohl aber steht durch das Zugeständnis des Kapitäns Ulrichs fest, daß er nach dem Sichten des überholenden Schoners entgegen Artikel 10 der angeführten Kaiserlichen Verordnung es unterlassen hat, dem Schoner vom Heck aus ein weißes Licht oder ein Flackerfeuer zu zeigen. Seine vor dem Ober-Seeamt abgegebene Erklärung: „er habe ein Hecklicht nicht gezeigt, weil nach dem Kurse des Lotsenschoners es ausgeschlossen gewesen sei, daß dieser mit der Tjalk beim Überholen kollidiere; auch habe die Kompaßlampe nach rückwärts gestrahlt", vermag ihn nicht zu entschuldigen, da der genannte Artikel 10 unter keinerlei Voraussetzung von der Verpflichtung befreit, dem überholenden Fahrzeug ein Hecklicht zu zeigen. Wegen dieser Unterlassung trifft sonach den Kapitän Ulrichs der Vorwurf einer Pflichtversäumnis. Diese Pflichtversäumnis bietet aber keinen Anlaß, ihm die Befugnis zur Ausübung seines Gewerbes zu entziehen. Einmal geht, wie in dem Berichte der Reichtags-Kommission zu dem Entwurf eines Gesetzes, betreffend die Untersuchung von Seeunfällen, ausgeführt ist, die Absicht des Gesetzes keineswegs dahin, jedem, wenn auch erheblicheren Vergehen die Patententziehung folgen zu lassen; vielmehr soll dieselbe nur eintreten, wenn der Kapitän durch sein Vergehen das Vertrauen verscherzt hat, daß er fernerhin seiner Pflicht genügen werde. (Reichtagsdrucksache Nr. 95, I. Session 1877, Band 3, S. 328). Diese Voraussetzung trifft auf die vorliegende Pflichtversäumnis nicht zu. Es kommt aber noch hinzu, daß, wie oben ausgeführt, mit der Möglichkeit einer Vernachlässigung des Ausgucks auf Seiten der Schonerbesatzung gerechnet werden muß. Angesichts dieser Möglichkeit erachtet es das Ober-Seeamt keineswegs für ausgeschlossen, daß der Besatzung des Lotsenschoners, auch wenn das Hecklicht pflichtgemäß gezeigt worden wäre, dieses ebenso wie das grüne Seitenlicht der Tjalk entgangen und demgemäß die Eigenschaft des Schoners als eines überholenden Fahrzeugs nicht zum Bewußtsein gekommen wäre.

Mit Recht hat dagegen der Kapitän Ulrichs in dem Lotsenschoner, auch nachdem er gewendet hatte, gemäß Artikel 24 der mehrfach erwähnten Kaiserlichen Verordnung ein überholendes Fahrzeug gesehen, welches, da es die Tjalk noch nicht klar passiert hatte, ihr aus dem Wege gehen mußte. Als Ulrichs dann wahrnahm, daß dies nicht geschah, und infolgedessen ein Zusammenstoß zu gewärtigen war, hat er seinerseits die Maßnahmen ergriffen, welche ihm zur Abwendung der unmittelbaren Gefahr geboten erschienen. Daß diese Maßnahmen nicht mehr ausreichten, den Zusammenstoß zu verhindern, kann ihm nach Lage der Sache nicht zum Vorwurfe gemacht werden.

2. Der Reichskommissar hat dem Kapitän Ulrichs ferner die Verletzung der Kaiserlichen Verordnung vom 15. August 1876 (Reichs-Gesetzbl. S. 189) zum Vorwurfe gemacht; in seinen mündlichen Ausführungen vor dem Ober-Seeamte hat er diese Verfehlung als den

hauptsächlichsten Anlaß für seinen Antrag, dem Kapitän die Befugnis zur Ausübung seines Gewerbes zu entziehen, bezeichnet. Gemäß der angeführten Verordnung sollen nach einem Zusammenstoße von Schiffen auf See die Führer der beteiligten Schiffe, soweit sie ohne erhebliche Gefahr für das eigene Schiff und die darauf befindlichen Personen dazu imstande sind, so lange bei einander halten, bis sie sich darüber Gewißheit verschafft haben, daß keines derselben weiteren Beistandes bedarf; auch soll vor der Fortsetzung der Fahrt jeder Schiffsführer dem anderen den Namen, das Unterscheidungssignal sowie den Heimats-, den Abgangs- und den Bestimmungshafen seines Schiffes angeben, wenn er dieser Verpflichtung ohne Gefahr für das letztere genügen kann. Es kann dahingestellt bleiben, ob die Tjalk nach erfolgtem Zusammenstoß überhaupt in der Lage gewesen ist, an der Kollisionsstelle zu verbleiben; manche Umstände sprechen gegen diese Möglichkeit. Aber selbst wenn dem Kapitän Ulrichs eine Übertretung der genannten Kaiserlichen Verordnung zur Last fiele, würde dies zwar die Einleitung des Strafverfahrens auf Grund des § 145 des Strafgesetzbuchs, nicht aber einen auf Entziehung der Befugnis zur Ausübung seines Gewerbes gehenden Seeamtsspruch rechtfertigen.

Allerdings soll die seeamtliche Untersuchung nach § 4 Abs. 2 Ziffer 4 des Gesetzes, betreffend die Untersuchung von Seeunfällen, vom 27. Juli 1877 sich auch auf die Feststellung erstrecken, ob die zur Verhütung des Zusammenstoßens von Schiffen auf See und über das Verhalten nach einem solchen Zusammenstoßen erlassenen Vorschriften befolgt worden sind; zu einer Entziehung der Gewerbebefugnis kann aber das Seeamt und in der Beschwerdeinstanz das Ober-Seeamt auf Grund einer Verfehlung gegen diese Vorschriften nur gelangen, wenn zwischen ihr und dem Unfall oder dessen Folgen ein ursächlicher Zusammenhang besteht. Weder durch das Verweilen der Tjalk am Kollisionsorte noch durch die Angabe des Schiffsnamens usw. hätten aber die Folgen des Unfalls verhindert noch auch nur vermindert werden können.

3. Aus den gleichen Erwägungen hat auch der dritte von dem Reichskommissar dem Kapitän Ulrichs gemachte Vorwurf, daß er entgegen Artikel 32 der Kaiserlichen Verordnung vom 9. Mai 1897 ein Notsignal angewendet habe, ohne daß sein Fahrzeug in Not oder Gefahr gewesen sei, unberücksichtigt bleiben müssen, da nicht abzusehen ist, welchen Einfluß das Setzen der Notflagge auf die Folgen des Unfalls gehabt haben soll. Übrigens ist dem Ober-Seeamt darüber kein Zweifel beigekommen, daß die Tjalk zu der Zeit, als die Not-

flagge gesetzt wurde, in Gefahr war und deshalb der Kapitän durchaus pflichtgemäß gehandelt hat.

4. Wenn schließlich dem Kapitän Ulrichs zum Vorwurfe gemacht wird, daß er die gestrandete Tjalk ohne genügenden Grund verlassen habe, so hat das Ober-Seeamt auch hierin dem Reichskommissar nicht beitreten können. Bei der durch das Wetter und die örtlichen Verhältnisse an der Strandungsstelle gegebenen Sachlage hatte der Kapitän durchaus Grund zu der Befürchtung, daß plötzlich eine unmittelbare Gefahr für die Besatzung eintreten könne. Es kommt hinzu, daß ihm von dem Führer des Wangerooger Rettungsboots, den er als Sachverständigen ansehen durfte, der Rat erteilt wurde, das gefährdete Schiff zu verlassen. Die tatsächlichen Verhältnisse lassen sonach das Verhalten des Kapitäns Ulrichs gerechtfertigt erscheinen, ganz abgesehen davon, daß es auf die Folgen des Unfalls keine nachweisbare Einwirkung gehabt hat. Denn nichts berechtigt zu der Annahme, daß die Tjalk geringere Beschädigungen erlitten haben würde, wenn die Besatzung sie nicht verlassen hätte. Es fehlt sonach auch hier an einem ursächlichen Zusammenhange zwischen dem — überdies völlig vorwurfsfreien — Verhalten des Kapitäns Ulrichs und den Folgen des Unfalls.

Da die Beschwerde, der der Erfolg versagt blieb, vom Reichskommissar eingelegt worden ist, waren die baren Auslagen des Verfahrens außer Ansatz zu lassen. Das Ober-Seeamt erachtete es außerdem für angezeigt, dem Kapitän die Reisekosten für die Wahrnehmung des Termins aus der Reichskasse zu ersetzen.

139. Spruch des Seeamts zu Hamburg vom 30. Januar 1903, betreffend den Seeunfall des Schraubendampfers „August Korff" von Hamburg.

Der Spruch des Seeamts lautet:

Der Dampfer „August Korff" hat auf der Reise von Philadelphia nach Nordenham am 1. Dezember 1902 einen Bruch des Ruders erlitten und hat in der folgenden Nacht das Ruder nebst einem Teile des Ruderstevens verloren.

Zuerst ist der Bruch im Ruderherz oberhalb der Kupplungsbolzen konstatiert worden.

Ob dieser Bruch nicht dadurch verursacht ist, daß vorher der Rudersteven in der Verbindungssohle, welcher dort erwiesenermaßen durch starke Einfressungen geschwächt war, gebrochen war, hat nicht festgestellt werden können. Die Schiffsleitung trifft für diesen Unfall keine Schuld.

Die nach dem Unfall zur Rettung des Schiffes ergriffenen Maßregeln waren durchaus sachgemäß. Insbesondere gebührt dem Kapitän und der Besatzung für ihr mutiges Ausharren auf dem manövrierunfähigen Schiffe während dreier Wochen, trotzdem ihnen wiederholte Gelegenheit zum Verlassen des Schiffes geboten wurde, hohe Anerkennung.

Das Verhalten der englischen Dampfer „Philadelphian", „Albuera", „Acacia", „Marquette" und „Snowflake", welche dem hülflosen Schiffe Beistand geleistet haben, ist ebenfalls lobend anzuerkennen.

Tatbestand. Der Schraubendampfer „August Korff", Unterscheidungs-Signal RJWC, ist Eigentum der Deutsch-Amerikanischen Petroleum-Gesellschaft und wird geführt von Kapitän B. Wischhausen (Befähigungszeugnis zum Schiffer auf großer Fahrt). Der im Jahre 1894 in Geestemünde erbaute Dampfer ist zu 11488,0 cbm = 4055,25 britischen Registertons brutto, 7371,4 cbm = 2602,11 britischen Registertons netto vermessen und hat eine Maschine von 1650 indizierten Pferdestärken.

Dieser Dampfer hat am 1. Dezember 1902 auf der Reise von Philadelphia nach Nordenham einen Bruch des Ruders erlitten und ist am 23. Dezember durch den englischen Dampfer „Snowflake" in den Hafen von Falmouth eingeschleppt worden. Der Unfall hat sich unter folgenden Umständen ereignet:

Man hatte am 27. November morgens Philadelphia verlassen und während der Reise dauernd starken Wind mit schweren Seen angetroffen. Am 28. November nahm der Wind an Stärke zu und artete am 30. November und 1. Dezember zum schweren Sturm aus, in dem das Schiff sehr schwer arbeitete und ständig von Seen überflutet wurde. Gegen 2 Uhr 30 Minuten am Morgen des 1. Dezember lag das Schiff auf OSO-Kurs vor dem Winde, als der wachehabende zweite Steuermann Haesloop von dem Rudersmann darauf aufmerksam gemacht wurde, daß das Schiff nicht mehr steuern wolle und stark nach Backbord abfalle. Haesloop sandte den Bootsmann zum Steuerhaus, um nachzusehen, ob dort etwas passiert sei, stellte den Telegraphen auf halbe Kraft und rief den Kapitän. Der erste Maschinist Pagendarm hatte in seiner Koje einen starken Krach gehört, als ob in der Maschine etwas gebrochen sei und kam zugleich mit dem Kapitän an Deck. Beim Untersuchen des Ruders wurde gefunden, daß der Quadrant fast an Deck lag und sich auf und nieder bewegte. Es wurde hieraus geschlossen, daß das Ruder gebrochen sein müsse. Bei Tagesanbruch, als es hell wurde, haben sich der Kapitän und der erste Maschinist außenbords am Ruder hinuntergelassen und haben konstatiert, daß das Ruder einen Fuß oberhalb der Kupplung durchgebrochen war und hin und her schlug. Die Sorgleinen waren abgerissen; ob dies schon vor dem Brechen des Ruders passiert war, war nicht zu entscheiden. Um das Schiff vor den schweren hereinbrechenden Sturzseen zu schützen, wurde im Schiffsrat beschlossen, Ladung auszupumpen. Es wurden aus dem Hinter- und dem Vordertank etwa 1600 Tons, etwa der dritte Teil der Ladung, herausgepumpt, worauf das Schiff wesentlich besser lag und nicht mehr so stark von den Sturzseen zu leiden hatte. Es wurde darauf versucht, das Schiff durch Trossen, welche achteraus gelassen wurden, zu steuern, es hatte dies jedoch keinen Erfolg. Auch mißlang der Versuch, Ketten an dem lose im Wasser hin- und herschlagenden Ruder fest zu bekommen. Das Schiff trieb mit langsamer Fahrt in südöstlicher Richtung, das Wetter blieb anhaltend stürmisch mit hohem Seegang, in dem das Schiff schwer arbeitete. Der Schiffsort war am 2. Dezember nach dem Logg 49° 16′ N und 32° 16′ W. In der Nacht vom 1. auf den 2. Dezember ging das Ruder mit einem Teile des Hinterstevens vollständig verloren. Am folgenden Morgen, als Wind und See etwas abgenommen hatten, kam gegen 6 Uhr der englische Dampfer „Philadelphian" in die Nähe und fragte an, ob er das Schiff ins Schlepptau nehmen solle. Dies wurde bejaht und gegen 10 Uhr morgens hatte man die Schleppverbindung hergestellt, in der Weise, daß der „August Korff" voranfuhr, während der „Philadelphian" ihn von hinten mittelst Leinen steuerte. Der „Philadelphian" manövrierte so gut, daß der „August Korff" einigermaßen Kurs halten konnte und etwa 12 Seemeilen zurücklegte. Nunmehr wurde aber gegen 2 Uhr mittags der „Philadelphian" manövrierunfähig und signalisierte, daß die Schlepptrosse losgeworfen werden solle. Eine Anfrage des „Philadelphian", ob die Mannschaft des „August Korff" ihr Schiff verlassen wolle, wurde verneint, worauf der „Philadelphian" sich entfernte. Am folgenden Tage wurde bei anhaltendem stürmischen Wetter an der Herstellung eines Notruders gearbeitet. Dieses Ruder wurde am Morgen des 5. Dezember fertig, und war in der Ausführung gelungen, hatte jedoch, nachdem es über Bord gesetzt war, auf das Steuern des Schiffes keine Einwirkung, sodaß es am Abend wieder an Bord genommen werden mußte. In der Nacht vom 5. auf den 6. Dezember kam der britische Dampfer „Albuera" zu Hilfe und es wurde am Morgen des 7. Schleppverbindung mit diesem Dampfer hergestellt, in derselben Weise, wie vorher mit dem Dampfer „Philadelphian". Die „Albuera", welche als Kohlenschiff sehr unvorteilhaft geladen war, manövrierte so wenig geschickt, daß der „August Korff" zweimal rund herum fuhr und daß die Schlepptrosse schon nach einer halben Stunde brach. Am Nachmittag wurde nochmal mit Schleppen begonnen, jedoch brach die Schlepptrosse nach zwei Stunden wieder, bei zunehmendem stürmischen Winde. Am folgenden Morgen signalisierte die „Albuera", daß sie ihre Reise nach Boston fortsetzen wolle und dampfte davon. Am Morgen des 7. war auch der dänische Dampfer „Granaria" herangekommen, welcher bestimmt ablehnte, Schlepperhilfe zu leisten, welcher jedoch dem „August Korff" Proviant abgab. Am 8. Dezember morgens 8 Uhr kam der englische Dampfer „Acacia" und erklärte sich auf Anfrage bereit, den „August Korff" nach Queenstown zu schleppen. Am Nachmittag 1½ Uhr hatte man die Schlepptrosse befestigt und die „Acacia" begann bei frischem nordwestlichen Winde und hoher westlicher Dünung zu schleppen, während der „August Korff" mit seiner Maschine mithalf. Die „Acacia" hat vom 8. Dezember 1½ Uhr bis zum 11. Dezember 7 Uhr abends geschleppt und im ganzen 212 Seemeilen zurückgelegt. Zu dieser Zeit brach die Schlepptrosse und die „Acacia" setzte ihre Reise fort. Am 12. Dezember drehte der Wind nach Südwest und wuchs wieder zum vollen Sturm an mit hoher wilder See. Der „August Korff" arbeitete mit Maschine und Segeln. Am 13. und 14. Dezember hielt der Sturm an und artete zum Orkan aus, das Schiff arbeitete schwer und nahm wieder viel Wasser über. Am Abend des 14. Dezember kam der englische Dampfer „Marquette" auf gezeigte Notsignale heran und schickte, als er gehört hatte, warum es sich handelte, ein mit dem ersten Steuermann und 6 Mann besetztes Boot herüber, um wenn möglich, eine Verbindung mit dem Schiffe herzustellen. Es war dies bei der hohen See und dem schweren Sturm ein sehr waghalsiges Unternehmen. Es gelang der Bootsmannschaft aber glücklich an Bord des „August Korff" zu kommen, worauf ihr Boot aber alsbald längsseit am Bord des „August Korff" zerschellte. Die Bootsmannschaft mußte daher vorläufig an Bord des „August Korff" verbleiben. Am 15. Dezember morgens wurde durch Treibleinen eine Verbindung mit der „Marquette" hergestellt und diese begann um 8 Uhr langsam anzuschleppen. Es herrschte nach wie vor voller Sturm mit hoher See. Nachdem am Nachmittag um 1¾ Uhr die Schlepptrosse gebrochen war, signalisierte die „Marquette", daß sie sich in der Nähe halten wolle, bis das Wetter besser werde. Am folgenden Tage signalisierte die „Marquette", daß sie Mangel an Futter für die Pferde habe, worauf ihr im Einverständnis mit ihrer an Bord des „August Korff" befindlichen Bootsmannschaft signalisiert wurde, sie solle ihre Reise fortsetzen. Die „Marquette" blieb aber trotzdem in der Nähe. Als am Morgen des 17. Wind und See abgenommen hatten, wurde die englische Bootsmannschaft mit dem Rettungsboot des „August Korff" auf ihren Dampfer zurückgebracht. Die „Marquette", welche wegen Mangel an Kohlen das Schleppen nicht fortsetzen konnte, gab dem „August Korff" Proviant ab und setzte dann ihre Reise fort. Am 18. Dezember besserte sich das Wetter und es wurde am Morgen der englische Dampfer „Snowflake" gesichtet, welcher seinen ersten Steuermann herüberschickte und sich durch diesen bereit erklärte, den „August Korff" nach Falmouth zu schleppen. Als gegen 10 Uhr die Schleppverbindung hergestellt war, wurde der Dampfer „Bürgermeister Petersen", ebenfalls der Deutsch-Amerikanischen Petroleum-Gesellschaft gehörig, gesichtet, welchem signalisiert wurde: „Bleiben Sie bei uns, haben Hilfe nötig". Eine Anfrage, ob der „Bürgermeister Petersen" hinten steuern solle, wurde von dem Führer des „Snowflake" abgelehnt. Die „Snowflake" schleppte bis 1 Uhr 25 Minuten nachmittags, worauf die Schlepptrosse brach und die Schleppverbindung, da die Kompresse am Ankerspill des „August Korff" gebrochen war, an dem Tage nicht mehr hergestellt werden konnte. Am folgenden Tage wehte flauer Wind bei nebligem Wetter, die See nahm stark ab. Am Morgen wurde die Verbindung mit der „Snowflake" wieder hergestellt und das Schleppen fortgesetzt. Da das gute Wetter anhielt, gelang es der „Snowflake", ohne daß sich etwas Bemerkenswertes ereignete, den „August Korff" am 23. Dezember nach Falmouth zu bringen. Der Dampfer „Bürgermeister Petersen" begleitete den Schleppzug, um, falls das Wetter wieder schlechter werden würde, ebenfalls Hilfe zu leisten.

Es hat eine Besichtigung der Bruchstellen durch das Seeamt stattgefunden. Der zweite Bruch des Stevens befindet sich in der Verbindungssohle zwischen Schiff und Hintersteven, etwa in der Mitte.

Die Reederei hat mitgeteilt, daß das bei der Erbauung des Schiffes gelieferte Ruder schon nach einigen Reisen solche Einfressungen gezeigt habe, daß ein neues, 18 Zoll englisch breiteres Ruder im Jahre 1895 eingesetzt wurde. Dieses zweite Ruder mußte im Jahre 1897 wieder gegen ein neues Ruder ausgewechselt werden, welches aber im Juli 1898 schon solche Korrosionen zeigte, daß ein viertes, etwa 12 Zoll englisch breiteres Ruder als das erste im April 1899 eingesetzt wurde. Der Ruderschaft oberhalb der Kupplung ist für alle vier Ruder benutzt worden, die Kupplungsbolzen sind erneuert. Der Dampfer führte beim Germanischen Lloyd sowohl wie beim Bureau Veritas die erste Klasse und ist im März 1902 zuletzt gründlich besichtigt worden. Bei dieser Gelegenheit ist, wie das Attest des Germanischen Lloyd ergibt, konstatiert worden, daß einige Risse oder Einfressungen in der Verbindungssohle des Ruderstevens, welche schon vor vier Jahren beobachtet worden waren, sich verschlimmert hatten. Der Vertreter des Bureau Veritas soll deshalb angeregt haben, daß ein neuer Rudersteven in Auftrag zu geben sei und es ist vom Germanischen Lloyd die Klasse nur unter der Bedingung erneuert worden, daß der Hintersteven innerhalb 9 Monaten wieder besichtigt werden müsse. Diese 9 Monate waren, als der Unfall passierte, bis auf einige Tage abgelaufen. Dem Kapitän war von dieser vom Germanischen Lloyd erteilten Frist nichts bekannt, er hat aber noch in Philadelphia den Rudersteven und die Schraube besichtigen und untersuchen lassen, indem er das Schiff vorn tiefer pumpen ließ und die Schraube dadurch hinten aus dem Wasser brachte. Soweit damals der Rudersteven besichtigt werden konnte, wurde er in Ordnung befunden.

Der Reichskommissar hat den Bruch des Ruders mit diesen am Ruderstеven früher konstatierten Einfressungen in Verbindung gebracht und hat erklärt, daß die Schiffsleitung für den Unfall keine Verantwortung treffe. Es gebühre der Besatzung für ihre vorzügliche seemännische Haltung, sowie den verschiedenen englischen Dampfern, welche Hilfe geleistet haben, Anerkennung.

Gründe. Es ist hiernach nicht mit Sicherheit zu sagen, wodurch der Bruch des Ruders herbeigeführt ist. Als am Morgen nach dem Unfalle das Ruder besichtigt wurde, konnte nur der Bruch oberhalb der Kupplungsbolzen in dem Ruderschaft konstatiert werden. Die Fingerlinge waren, soweit sie sich über Wasser befanden und gesehen werden konnten, in Ordnung. Da das Ruder fast bis zu der Kupplung im Wasser lag, können die Zeugen nicht angeben, ob nicht einer der Brüche des Rudersteveus zu dieser Zeit schon vorhanden gewesen ist. Es ist möglich, daß tatsächlich zu dieser Zeit lediglich der Ruderschaft oberhalb der Kupplungsbolzen gebrochen war und daß dann durch das fortgesetzte schwere Schlagen des Ruders später der Rudersteven an den beiden anderen Stellen gebrochen ist, worauf das Ruder mit dem Stück des Stevens weggefallen ist. Das Seeamt erachtet es aber ebenfalls nicht für ausgeschlossen, daß, wie der Reichskommissar meint, der erste Bruch sich in der Verbindungssohle des Rudersteveus dort, wo früher die Einfressungen konstatiert worden sind, ereignet hat und daß dadurch, da nunmehr der Rudersteven unten seinen Halt verloren hatte, die späteren Brüche, zunächst des Ruderschafts, und durch das dann erfolgende Schlagen des Ruders der Bruch des anderen Teiles des Rudersteveus verursacht sind. Daß der Unfall mit den früher wiederholt konstatierten Mängeln des Ruders irgendwie zusammenhängen könnte, erscheint ausgeschlossen, da der Ruderschaft stets gut gehalten hat und die Kupplung des Ruders nicht gelockert gewesen ist. Die Reederei hat, wie die Verhandlung gezeigt hat, stets auf den Zustand des Ruders die gebührende Sorgfalt verwendet und hat auch in diesem Falle auf Veranlassung der Sachverständigen einen neuen Hintersteven in Bestellung gegeben. Das Schiff inzwischen mit dem alten, durch Einfressungen geschwächten Rudersteven weiter laufen zu lassen, war sie nach dem Gutachten der Klassifikationsgesellschaften berechtigt.

Daß auch die Schiffsleitung hiernach für den Unfall eine Verantwortung nicht treffen kann, liegt auf der Hand. Nach dem Unfall hat Kapitän Wischhausen die geeigneten Maßregeln ergriffen, um das Schiff, welches in der schweren See quer lag, vor dem Seeschlag zu schützen, indem er Ladung auspumpen ließ und es dadurch höher legte. Er hat gezeigt, daß er sein Schiff gründlich kannte und im Augenblick der Gefahr durch ruhige Überlegung die richtigen Maßregeln zu finden vermochte.

Ferner haben der Kapitän und seine ganze Besatzung während der folgenden drei Wochen einen hohen Grad von Mut und Ausdauer gezeigt. Es ist ihnen, trotzdem sie recht schweres Wetter durchzumachen hatten und ihnen wiederholt die Gelegenheit geboten war, ihr Schiff zu verlassen, wie übereinstimmend bekundet wird, nicht der Gedanke gekommen, das hilflose Schiff aufzugeben. Diesem durchaus seemännischen Verhalten ist es zu danken, daß es, nachdem endlich das Wetter sich gebessert hatte, gelungen ist, das Schiff in einen Nothafen zu bringen.

Das Seeamt hat dem Kapitän und der Besatzung für ihr mutiges Verhalten seine hohe Anerkennung ausgesprochen.

Gleichfalls gebührt den fünf englischen Dampfern, welche dem „August Korff“ je nach ihrer Leistungsfähigkeit Hilfe gewährt haben, Anerkennung; insbesondere hat die Bootsmannschaft des Dampfers „Marquette“ ihr eigenes Leben in erhebliche Gefahr gebracht, um dem anderen Dampfer Hilfe zu bringen.

140. Spruch des Seeamts zu Hamburg vom 3. Februar 1903, betreffend den Zusammenstoß des Finkenwärder Fischerewers H. F. 3 „Gesine“ mit dem Schleppzug des Dampfers „Arion“ von Bremen auf der Elbe.

Der Spruch des Seeamts lautet:

Der Zusammenstoß zwischen dem Ewer H. F. 3 „Gesine“ mit den im Schlepptau des Dampfers „Arion“ befindlichen Kähnen No. 61 und 62, durch welchen der Ewer zum Sinken gebracht wurde, ist durch den Kapitän Hartje des Ewers herbeigeführt, weil dieser entgegen seiner Pflicht, Kurs zu halten, über Stag gegangen ist, als vor ihm die Seitenlichter der „Urania“ erschienen, und dem Schleppzuge in die Seite gefahren ist.

Die Führung des Schleppzugs trifft keine Schuld, wenn es auch durchaus nicht in der Ordnung war, daß der Lotse Schmidt sich nicht an Deck befand.

Das Verhalten des Kapitäns Hartje ist wesentlich dadurch veranlaßt und wird dadurch entschuldigt, daß die „Urania“, nachdem der Schlepper, welcher sie von Grund abgeschleppt hatte, sie losgeworfen hatte, mehrere Minuten mit gesetzten Seitenlaternen in manövrierunfähigem Zustand im Fahrwasser getrieben hat.

Tatbestand. Am Abend des 25. Januar 1903 ereignete sich auf der Unterelbe in der Nähe des zweiten Feuerschiffs ein Zusammenstoß zwischen dem Finkenwärder Fischerewer H. F. 3 „Gesine“ und einem aus dem Dampfer „Arion“ und zwei Leichtern bestehenden

Schleppzuge, durch welchen der Ewer zum Sinken gebracht wurde, während die Besatzung des Ewers sich auf einen der Leichter retten konnte.

Der Ewer H. F. 3 „Gesine", Unterscheidungs-Signal RTHW, war Eigentum der Seefischer Peter Heinr. Hartje und August Karl Klüsendorf in Finkenwärder, von denen der erstere Inhaber eines Befähigungszeugnisses zum Schiffer auf Küstenfahrt mit Hochseefischereifahrzeugen ist, und das Schiff zur Zeit des Unfalls führte. Die „Gesine" war ein aus Holz im Jahre 1875 erbauter Besahnewer von 82 cbm = 28,95 britischen Registertons Brutto-Raumgehalt.

Der Schleppzug bestand aus dem Schleppdampfer „Arion" vermessen zu 347,0 cbm = 122,51 Registertons Brutto-Raumgehalt, Unterscheidungs-Signal QHDB, den Kähnen No. 61, Unterscheidungs-Signal QFCP und No. 62, Unterscheidungs-Signal QFCR. Alle drei Fahrzeuge stehen im Eigentume des Norddeutschen Lloyd in Bremen. Der Dampfer „Arion" wurde geführt vom Kapitän Silbersdorff (Befähigungszeugnis zum Schiffer auf Küstenfahrt).

Hinter dem Dampfer lag als erster im Schleppzuge der Kahn No. 62, hinter diesem Kahn No. 61. Die Schlepptrosse zwischen Dampfer und Kahn 62 war 90 Faden. Die Trosse zwischen den beiden Kähnen etwa 30 Faden lang.

Durch die in der seeamtlichen Verhandlung in allem wesentlichen übereinstimmenden Zeugenaussagen ist folgender Hergang des Unfalls festgestellt.

Der „Arion" hatte mit den Kähnen im Tau am 25. Januar 1 1/4 Uhr morgens Bremerhaven mit der Bestimmung nach Hamburg verlassen und um 5 1/2 Uhr morgens beim ersten Feuerschiff den Cuxhavener Lotsen C. Schmidt an Bord genommen. Es wehte frischer SW—SSW-Wind, es war etwas regnerisch, aber doch ziemlich gut feuersichtig. Nach Passieren des zweiten Feuerschiffs begab sich der Lotse im Einverständnis des Kapitäns unter Deck, um Abendbrot zu essen. Kurz darauf sichtete der Kapitän an Backbord voraus zwei weiße Lichter, anscheinend die Hecklichter zweier in die Elbe einsegelnder Fischerewer, welche der Schleppzug langsam überholte. Als der „Arion" sich schon etwa querab von dem hinteren dieser Ewer, der „Gesine", befand in einem seitlichen Abstande von etwa 100 m, gewahrte Kapitän Silbersdorff recht voraus ein rotes und ein grünes Licht. Er meinte wegen der hohen Lage dieser Lichter, daß sie einem elbabwärts gehenden Dampfer, dessen Toplicht verlöscht sei, angehörten. Er wich daher unter Backbordruder nach Steuerbord aus und zeigte dieses Manöver durch einen Ton mit der Dampfpfeife an. Zugleich ließ er den Lotsen rufen. Die Führer der Schleppkähne ließen, als sie das Signal des Schleppers hörten, auf ihren Kähnen gleichfalls Hartbackbordruder geben. Gleich darauf bemerkten sie, daß einer der an Backbord befindlichen Ewer über Stag gegangen war und auf Steuerbordbug liegend sein grünes Licht zeigend, direkt auf die Trosse zwischen „Arion" und dem Kahne 62 zuhielt. Der Kapitän des letzteren rief dem Ewer noch zu, er solle wenden, erhielt aber vom Kapitän Hartje die Antwort, er könne ja nicht wenden wegen des Schiffes. Erst jetzt gewahrte Kapitän Löwe voraus blickend etwas an Backbord voraus ein größeres Segelschiff, welches ohne Segel mit dem Steven elbabwärts lag. Gleich darauf erfolgte die Kollision. Der Ewer lief gegen die Schlepptrosse, diese etwa acht Fuß vom Steven des Kahnes zerreißend, und wurde zugleich an Steuerbordseite hinten von dem Kahne angerannt, welcher etwa einen Meter tief eindrang. Es wurde der Besatzung sofort klar, daß der Ewer sinken würde und sie kletterte deshalb auf den Kahn 62 über. Kapitän Hartje wollte noch aus der Kajüte Papiere bergen, fand dort aber schon soviel Wasser vor, daß er unverrichteter Dinge wieder an Deck eilen mußte. Der Ewer segelte ohne Besatzung weiter und ist anscheinend bald darauf von selbst wieder über Stag gegangen, denn er kam bald darauf über Backbordbug liegend wieder zurückgesegelt und kollidierte nunmehr fast Steven gegen Steven mit dem schon stark herumgeschwoiten Kahne No. 61. Er trieb dann an Steuerbordseite dieses Kahnes entlang und sank, als er eben hinter dem Kahne war. Nach der ersten Kollision hatte der Kahn 62 sofort Anker geworfen, die Kähne schwoiten herum und lagen dann eben frei von dem etwas südlicher vor Anker liegenden, mehrfach erwähnten Segelschiffe, der „Urania". Als der Kahn 62 durch die Kollision und das Brechen der Trosse aufgehalten wurde, lief ihm der Kahn 61 auf und beschädigte ihn an Steuerbord hinten.

Auf dem Dampfer „Arion" hatte man erst im letzten Augenblicke gesehen, daß der Ewer in den Schleppzug hineinlief und gleich darauf bemerkt, daß die Schlepptrosse gebrochen war. Man holte die Trosse ein und trieb während dieser Zeit an der noch ihr rotes Seitenlicht zeigenden „Urania" vorbei. Als der „Arion" darauf zurückkehrte, um die Kähne wieder ins Tau zu nehmen, hatte die „Urania" inzwischen die Seitenlichter weggenommen und eine Ankerlaterne aufgehängt. Der „Arion" nahm darauf die Kähne wieder ins Tau und brachte sie nach Cuxhaven.

Der Ewer „Gesine" hatte zwischen dem ersten Feuerschiff und der Galliot gefischt und befand sich mit einem guten Fang auf der Rückfahrt nach Cuxhaven. Bei dem herrschenden SW — SSW-Winde konnte der Ewer gut mit vollen Segeln den Kurs elbaufwärts steuern. Von dem 2. nach dem 3. Feuerschiffe lag der Ewer SOzO an. Das 2. Feuerschiff wurde in einer Entfernung von etwa zwei Schiffslängen südlich passiert. Etwa 8—9 Minuten später meldete der auf Ausguck stehende Bestmann ein rotes und ein grünes Licht an Backbord voraus. Kapitän Hartje, welcher am Ruder stand, sah darauf gleichfalls diese Lichter etwa 1—2 Strich über Backbord. Er setzte zunächst noch 2—3 Minuten seinen Kurs fort, indem er nur etwas anluvte. Jetzt gewahrte der Bestmann die Raaen des die Seitenlichter zeigenden Segelschiffs und rief dem Kapitän zu, er sehe die Masten und Raaen, der Kapitän müsse über Stag gehen. In diesem Augenblicke hörte Kapitän Hartje auch das Backbordrudersignal des an seiner Steuerbordseite auflaufenden Schleppers. Hartje gab jetzt Hartbackbordruder, um über Stag zu gehen und hinter dem Schlepper, von dessen Anhang er in diesem Moment noch nichts bemerkt hatte, herumzugehen.

Als der Ewer durchgedreht war und auf Steuerbordbug lag, gewahrte Hartje die Seitenlichter der Kähne, konnte nunmehr aber die Kollision nicht mehr vermeiden. Er ließ die Besahnsschote loswerfen; die Fock stand noch back, der Ewer fiel aber nicht schnell genug ab, sondern rannte vor dem Steven des Kahnes gegen die Trosse.

Das Viermastschiff „Urania", dessen Seitenlichter von dem Schleppzug und dem Ewer voraus gesichtet worden waren, war auf der Fahrt elbaufwärts gegen 4 Uhr morgens desselben Tages bei der Tonne D auf Grund geraten; dicht neben ihr etwas innerhalb der Tonne D saß das gleichfalls der Reederei B. Wencke Söhne gehörige Schiff „Terpsichore" fest. Der derselben Reederei gehörige Schlepper „Tugboat", welcher zur Stelle war, nahm zuerst die zuletzt festgekommene „Urania" ins Tau und schleppte sie nach etwa einstündiger Bemühung rückwärts frei und in tieferes Wasser. Der Schlepper drehte darauf die „Urania" herum, sodaß sie stromrecht mit dem Bug elbabwärts lag und warf sie dann los, trotzdem der Lotse König der „Urania" den Kapitän Wilhelm des Schleppers ersuchte, das Schiff noch etwas höher hinauf zu schleppen. Der Schlepper hielt sich nicht weiter bei der „Urania" auf, weil er der „Terpsichore" schleunige Hilfe bringen wollte. Lotse König ließ jetzt die „Urania" etwa 5 Minuten mit der Flut stromaufwärts treiben, um noch etwas mehr vom Ufer abzukommen und von der Tonne E freizukommen. Es wurde dann der Anker geworfen und die „Urania" lag jetzt etwa querab von der Tonne E gut im Fahrwasser.

Als die „Urania" wieder flott wurde, hatte man die zwei roten Lichter, welche bis dahin aufgehängt waren, wegnehmen und die Seitenlampen setzen lassen. Diese Seitenlichter sind weggenommen und durch Ankerlaternen ersetzt worden, sobald der Anker gefallen war.

Der Reichskommissar hat die Ursachen der Kollision in einem Zusammentreffen unglücklicher Umstände gefunden, ohne dem Führer des Ewers oder des Schleppzugs einen Vorwurf zu machen. Es wäre richtiger gewesen und würde die Situation geklärt haben, wenn die „Urania", während sie in manövrierunfähigem Zustande im Fahrwasser trieb, die roten Lichter wieder gesetzt hätte. Es sei auch zu tadeln, daß der Lotse Schmidt des „Arion" nicht auf der Brücke gewesen sei.

Gründe. Der Ewer „Gesine" lag, als er die Elbe aufsegelte, beim Winde mit Steuerbordhalsen, er war demnach auf Grund der Kaiserlichen Verordnung unter allen Umständen verpflichtet, seinen Kurs zu halten, gleichgültig ob ihm ein Dampfer oder ein Segelschiff begegnete. Dieselbe Verpflichtung hatte der Ewer als überholtes Schiff dem Schleppzuge gegenüber. Als dem Ewer an Backbord voraus die Lichter der „Urania" erschienen, hätte Kapitän Hartje also Kurs halten und es dem Gegensegler überlassen müssen, ihm auszuweichen. Er hat diese Vorschrift nicht befolgt, sondern ist über Stag gegangen und dadurch dem an seiner Steuerbordseite aufgelaufenen Schleppzug in die Seite gefahren. Der Unfall ist also zunächst durch ein gegen die bestehenden Segelvorschriften verstoßendes Verhalten des Ewers herbeigeführt.

Es frägt sich weiter, ob etwa die Situation eine solche war, daß der Ewer zu diesem vorschriftswidrigen Manöver gezwungen war, wie Kapitän Hartje zu seiner Entschuldigung vorbringt.

Nun ist es richtig, daß Kapitän Hartje in dem Augenblick, als er über Stag ging, erkannt hatte, daß er ein Segelschiff vor sich hatte, welches keine Segel führte und bei dem auch kein Schlepper zu sehen war. Unter diesen Umständen war er nach Artikel 21 und 27 der Kaiserlichen Verordnung seinerseits verpflichtet, an der Verhütung der zu befürchtenden Kollision mitzuwirken. Das von ihm jetzt gewählte Manöver ist aber trotzdem nicht gerechtfertigt. Sein diesbezügliches Vorbringen muß schon daran scheitern, daß er einräumt, in dem Augenblick, als er über Stag ging, noch gar nicht bemerkt zu haben, daß der an seiner Steuerbordseite laufende Schlepper zwei Kähne im Tau hatte. Daß es sich um einen langen Schleppzug handelte, war daran zu sehen, daß der Schlepper drei Toplichter führte, und es waren vom Bestmann schon vorher diese drei Lichter sowohl wie die roten Seitenlichter der Schleppkähne gesehen worden. Wenn Kapitän Hartje dies nicht auch beachtet hat, so ist dies nur durch mangelnde Aufmerksamkeit auf den Schleppzug zu erklären. Diese Unaufmerksamkeit hat aber offenbar in erster Linie das Überstaggehen veranlaßt, denn es darf billig bezweifelt werden, daß Kapitän Hartje gerade dieses Manöver, welches das Schiff in direkte Gefahr der Kollision bringen mußte, gewählt hätte, wenn er rechtzeitig gesehen hätte, daß ein so langer Schleppzug an seiner Steuerbordseite lag. Wenn der Schlepper ohne Anhang gefahren wäre, wie Kapitän Hartje annahm, so wäre das Manöver des Ewers allerdings von Erfolg gewesen, da er dann hinter dem „Arion" passiert wäre und jeder Gefahr einer Kollision mit der „Urania" aus dem Wege gegangen wäre.

Bei der vorhandenen Sachlage verbot sich aber das Überstaggehen von selbst, weil dadurch, selbst wenn voraus durch die „Urania" Gefahr drohte, die Sachlage nur verschlimmert wurde. Es kann aber auch nicht als erwiesen angesehen werden, daß der Ewer sich in einer sehr kritischen Lage befunden habe, als voraus die Raaen und Masten der „Urania" auftauchten. Wie Kapitän Hartje und sein Bestmann bestätigen, waren die Lichter der „Urania" etwa 2 Strich an Backbord erschienen und waren in dieser Peilung geblieben. Wenn es richtig wäre, daß Kapitän Hartje nach Erscheinen der Lichter etwas angeluvt hat, so hätten die Lichter sogar noch weiter nach Backbord gekommen sein müssen. Unter diesen Umständen hätte der Ewer sicherlich, nachdem er erkannt hatte, daß er ein keine Segel führendes also nicht manövrierfähiges Segelschiff vor sich hatte, durch Hartanluven die „Urania" südlich passieren können, umsomehr, als in diesem Augenblick auch der Schlepper, wie sein Signal anzeigte, nach Steuerbord abfiel und er damit dem Ewer an Steuerbordseite Platz machte. Es ist zu berücksichtigen, daß der Ewer vorher etwa 7 Strich am Winde gelegen hatte, also noch in der Lage war, mindestens zwei Strich anzuluven.

Es mag dem Kapitän Hartje zugegeben werden, daß auch bei diesem Manöver eine gewisse Gefahr gelaufen wurde. Auf der anderen Seite brachte das Überstaggehen den Ewer aber direkt in eine hoffnungslose Lage, es kann deshalb nur angenommen werden, daß der Kapitän zu diesem Manöver lediglich dadurch veranlaßt ist, daß er fälschlicher Weise annahm, der Schlepper fahre ohne Anhang.

Die Führung des Schleppers „Arion“ oder der Kähne kann nach Sachlage keinerlei Vorwurf treffen. Als überholendes Fahrzeug hatte der „Arion“ mit Anhang allerdings dem Ewer aus dem Wege zu bleiben, dieser Verpflichtung entsprach aber umgekehrt die Verpflichtung des Ewers, Kurs zu halten. Wie ausgeführt, ist der Unfall dadurch herbeigeführt, daß der Ewer seiner Verpflichtung nicht nachgekommen ist, die Führung des Schleppzugs trifft hierfür keinerlei Mitschuld. Der Schleppzug fuhr ferner an der richtigen Seite des Fahrwassers, führte die vorschriftsmäßigen Lichter und konnte auch, als die Kollision drohend wurde, nichts zu ihrer Vermeidung tun.

Es kommt hiernach zwar für den Unfall nicht in Frage, war aber doch als ordnungswidrig zu bezeichnen, daß der Lotse Schmidt des „Arion“ unter Deck Abendbrot gegessen hat. Wenn der Lotse im Dienst ist, hat er sich an Deck aufzuhalten, und dies gilt nicht zum wenigsten für das Lotsen eines langen Schleppzugs im Fahrwasser der Elbe.

Dem Kapitän Hartje gereicht es zur Entschuldigung, daß er allerdings durch die im Fahrwasser treibende „Urania“ in eine schwierige Lage gebracht ist. Es besteht kein Zweifel daran, daß die Zeit, während welcher auf dem Ewer und dem „Arion“ die Lichter der „Urania“ beobachtet wurden, zusammenfällt mit der Zeit, in welcher die „Urania“ ohne Schlepper mit gesetzten Seitenlichtern elbaufwärts trieb. Als Kapitän Hartje diese Seitenlichter zuerst erblickte, mußte er sie für die Lichter eines entgegenkommenden Fahrzeugs halten, und es ist klar, daß die Situation für ihn eine bessere gewesen wäre, wenn er hätte erkennen können, daß es sich nicht um ein entgegenkommendes, sondern um ein manövrierunfähig stromaufwärts treibendes Schiff handelte. Während es sich in dem ersteren Falle für ihn verbot, unter Abfallen vom Winde nach Backbord auszuweichen, da er dann den Bug eines entgegenfahrenden Schiffes hätte kreuzen müssen, hätte er im letzteren Falle dem treibenden Schiffe rechtzeitig unter Steuerbordruder ausweichen und so die Gefahr vermeiden können.

Trotzdem kann das Seeamt die Ansicht des Reichskommissars nicht teilen, daß die „Urania“ richtiger getan hätte, während des Treibens wieder ihre zwei roten Lichter aufzustecken. Wenn dies auch, wie ausgeführt, die Situation geklärt hätte, so kann man hier nur die bestehenden gesetzlichen Bestimmungen gelten lassen. Diese besagen aber, daß ein Schiff nur dann die roten Lichter zu führen hat, wenn es infolge eines Unfalls manövrierunfähig ist. Der Unfall, welchen die „Urania" durch Festkommen erlitten hatte, war mit dem Flottwerden erledigt. Wenn sie nachher manövrierunfähig trieb, so lag dies daran, daß der Schlepper sie losgeworfen hatte und daß sie keine Segel stehen hatte. Ein Segelschiff, welches seine Segel noch nicht gesetzt hat, ist aber ebensowenig infolge eines Unfalls manövrierunfähig, wie ein Dampfer, welcher sich ohne Dampf aufzuhaben, treiben läßt. Cf. Spruch des Seeamts vom 13. Mai 1902, betreffend den Unfall des Schleppers „Terschelling".

Solche Schiffe müssen, wenn sie in Fahrt sind, d. h. weder vor Anker liegen, noch am Lande befestigt sind, noch am Grunde festsitzen, die Seitenlichter führen, dürfen aber die roten Lichter der durch Unfall manövrierunfähigen Schiffe nicht führen. Die Beschränkung der Bestimmung des Artikel 4 auf durch Unfall manövrierunfähige Schiffe scheint ihren guten Grund auch darin zu haben, daß eine weitergehende Vorschrift leicht zu Mißbräuchen Anlaß geben könnte.

Es mag aber sein, daß hier eine Ergänzung der Vorschriften für enge Gewässer praktisch wäre, nach den bestehenden Vorschriften hat die „Urania" die richtigen Lichter geführt.

Richtiger wäre es aber gewesen, wenn die „Urania", um das längere Treiben in manövrierunfähigem Zustande zu vermeiden, sofort ihren Anker geworfen hätte, nachdem der Schlepper sie losgeworfen hatte.

Inhalt (Fortsetzung von Seite 2 des Umschlags)

Seite

131\. Spruch des Seeamts zu Flensburg vom 26. November 1902, betreffend den Zusammenstoß des Kieler Dampfers „Podbielski“ mit einem mit Beurlaubten des russischen Schulschiffs „Okean“ bemannten Boote im Kieler Hafen 749

132\. Spruch des Seeamts zu Hamburg vom 27. Mai 1902 und Entscheidung des Kaiserlichen Ober-Seeamts vom 27. November 1902, betreffend den Seeunfall des Schraubendampfers „Hamburg“ von Hamburg 753

133\. Spruch des Seeamts zu Emden vom 27. November 1902, betreffend den Seeunfall der Bark „Elli“ von Oldersum 765

134\. Spruch des Seeamts zu Hamburg vom 13. Dezember 1902, betreffend den Seeunfall des Schraubendampfers „Bergedorf“ von Hamburg 768

135\. Spruch des Seeamts zu Hamburg vom 25. März 1902 und Entscheidung des Kaiserlichen Ober-Seeamts vom 16. Dezember 1902, betreffend den Seeunfall des Vollschiffs „Brunshausen“ von Hamburg 775

136\. Spruch des Seeamts zu Königsberg vom 29. Dezember 1902, betreffend den Seeunfall des Schraubendampfers „Commerzienrath Fowler“ von Memel 788

137\. Spruch des Seeamts zu Flensburg vom 3. Januar 1903, betreffend den Untergang des in Düsseldorf beheimateten Dampfbaggers „G. G. 4“ in der Ostsee 790

138\. Spruch des Seeamts zu Emden vom 25. Februar 1902 und Entscheidung des Kaiserlichen Ober-Seeamts vom 20. Januar 1903, betreffend die Seeunfälle der Tjalk „Norden“ von Norden 793

139\. Spruch des Seeamts zu Hamburg vom 30. Januar 1903, betreffend den Seeunfall des Schraubendampfers „August Korff“ von Hamburg 804

140\. Spruch des Seeamts zu Hamburg vom 3. Februar 1903, betreffend den Zusammenstoß des Finkenwärder Fischerewers H. F. 3 „Gesine“ mit dem Schleppzug des Dampfers „Arion“ von Bremen auf der Elbe 811

FSC
www.fsc.org
MIX
Papier | Fördert
gute Waldnutzung
FSC® C083411

Kolibri 360 GmbH
Ferdinand-Jühlke-Straße 7
99095 Erfurt, Deutschland
produktsicherheit@kolibri360.de